대중매체 속 언어와 사회

강소영 · 이혜용 공저

지식과교양

머리말

이 책은 학부에 재학 중인 학생들이 한 학기 동안 배운 내용을 토대로 특정 주제를 깊이있게 바라보려 노력한 끝에 나온 것이다. 대학원에서 학생들은 교육이나 연구활동 등을 통해 연구대상을 바라보는 논리적, 객관적 시선을 갖게 되고 이를 학술체제에 맞게 기술하는 법을 익히게 된다. 하지만 학부 학생들은 기존의 닫혔던 생각을 열고 언어자료를 분석하는 방법까지만을 배우기 때문에, 논문을 어떻게 쓰는지를 모르는 학생들이 많다. 아직은 미숙할 수도 있는 학부 학생들의 논문을 걱정하는 시선이 당연해 보이기도 하다.

예전에는 대학원에 진학하여 전문적인 연구자로서 살아가고 싶어 하는 학생들이 많았으나, 요즘에는 대학을 최종 목적지로 삼고 있는 학생들이 많다. 언어학처럼 취업에 유리한 학문이 아닌 경우는 더더욱 연구하려는 학생들이 많지 않다. 이러한 상황을 염두에 두면, 아직은 미숙한 학생들이지만 언어학에 대한 그들의 진지한 접근 만큼이나 생각의 깊이가 얕아 보이진 않다.

이 책에 실린 여러 편의 글은 대학 학부생이 작성한 논문이지만 그들에게 언어를 분석하는 방법, 변화된 사회에 맞춰 자신을 이 사회에서 어떻게 자리매김하고 있는지를 살피는 방법 등 사회언어학의 시선에서 언어재료를 바라보는 다양한 분석틀을 아주 잘 가르쳤다고 자부하는 교수자의 시선에서는 나름 훌륭한 글이다. 소수의 힘있는 자들의 '말'은 방송매체에서 굳이 의식하지 않아도 자주 흘러나오고 있다. 하지만 대다수 힘없는 자들의 '말'은 찾아내고 읽어내야 눈에 띄게 된다. 힘이 없는 자들은 인종, 성별, 학력 등 다양한 면에서 소외되고 있기 때문에 그들이 사용하는 '말' 역시도 관심의 대상에서 멀어지게 된 것이다. 당연히 학술논문에서도 그들의 목소리를 담은 연구는 많지 않은 상황이며, 언제나 수업을 진행하는 교수자에게 학생들이 읽어볼 만한 최신의 글을 소개하는 것이 어려운 숙제이기도 했다.

오늘 이 책은 그러한 교수자의 열망과, 자신의 치열한 한 학기의 고민을 글로 남겨놓고 싶은 학생들의 갈망이 만나 만들어진 작품이다. 그래서 다소 서툴지만 기존 학자들이 보지 못한 새로운 시선들이 이 안에 가득 담겨져 있다. 아직 사회 경험이 많지 않아 자신의 생각을 입증할 만한 다양한 근거들을 만들어내지 못했을 수 있다. 그들은 언어 분석만도 힘든 상황이다. 가치관 형성에 언어가 어느 정도 기여하는지를 분석하는 것은 더더욱 힘든 일일 수 있다. 하지만 대학원을 상정하지 않고 학부 수업시간에 모든 것을 가르쳐줬던 교수자들과, 학부이지만 누구보다 진지하게 학문 연구에 매달려 보려 노력한 학생들이 있어 일정 정도 이상의 글을 만들어낼 수 있었다.

이 책은 남성과 여성이라는 성의 구별이 언어를 분화시키는 요인으로 작용한다는 인식에서 출발하였다. 그러나 최근 대학의 진학률이 높아지고 특히 여성의 진학률이 예전과 비교할 수 없을 정도로 높아지면서 사회의 일원으로 당당하게 서있는 여성들이 많아졌으니 성의 구별이 언어를 분화한다는 것은 시대착오적이라고 말할 수도 있다. 하지만 여전히 남녀 간의 언어사용양상에 차이가 있다는 다수의 선행연구들을 보면, 현재의 우리에게 남은 숙제는 '남녀 간의 언어 차이가 어떤 의미를 갖는가' 하는 점일 것이다. 성차는 언어 연구의 변인으로 작용함에 틀림 없으나, 이를 바라보는 언중의 시선 속에 담긴 의미, 즉 사회적인 가치관이나 문화적 맥락이 반영된 언어사용양상을 분석하는 일은 여전히 남은 과제이다.

이 책은 크게 두 가지로 나뉘어 있다. 첫 번째는 남성, 여성을 어떻게 바라보는가 그리고 이는 전통적인 관습과 어떻게 같고 다른가이다. 두 번째는 남성, 여성은 어떻게 말하는가이다. 상대방과 대화를 주고받는 과정에서 주도권 싸움은 피할 수 없는 일이다. 따라서 각자의 언어책략이 있을 것이며, 이것이 성별로 어떤 차이를 가지는지, 성차에 구애받지 않고 사용되는 전략이 있다면 이는 어떻게 해석해야 하는 것인지 등을 담았다. 작고 소박한 글이지만, 사회의 담론을 형성하는 데 큰 보탬이 될 것이라 생각한다.

이 책을 내기로 마음먹고 원고를 모아 수정작업에 돌입한 지 한 달이 지났다. 학기말에 분석, 정리하여 리포트를 낸 상태라고 해도 논문의 형식으로 가다듬는 작업은 정식으로 논문을 써본 적이 없는 저자들에게는 힘든 일이었을 것이다. 10번도 넘게 원고 수정을 요청하는 책임저자에게 불평 한 마디 하지 않고 뜨거운 여름 내내 수정작업을 해준 저자들에게 감사의 마음을 전한다. 그리고 상업적으로 도움이 되지 못할 이 책을 기꺼이 맡아서 출판해준 지식과 교양 편집 팀에게도 감사드린다.

대학원에 진학하여 학문정진의 꿈을 가진 학생들도 있지만, 대부분 취업의 길로 들어서야 하는 학생들이다. 그들에게 이 책이 작으나마 위로가 되길 바란다. 아울러 읽는 분들에게도 언어 속 권력지형도를 느낄 수 있는 좋은 기회이길 바란다.

2025년 8월

책임저자 강소영

| 목차 |

3부 : 공손성과 헤지(hedge)

부록

제1부

어휘

남녀를 바라보는 시선

강소영

1. 언어와 성별 이미지

사회언어학은 성별, 계층, 인종, 나이 등 사회적 요인에 따라 언어가 어떻게 다르게 사용되는지를 연구하는 학문이다. 인간은 태어나면서부터 크고 작은 사회집단의 구성원이 되게 마련이며, 따라서 각 집단 내에서 다른 이들과 의사소통을 하기 위해 그들만의 언어를 배우게 된다. 이런 견지에서 보면, 언어 속에 그들의 집단 내 정체성이 반영된 표현들이 존재할 것이란 가정은 적절하다.

본 장은 남성과 여성이 사회적, 문화적으로 다른 경험을 하기 때문에 그들의 성 정체성과 소속감이 반영된 표현들이 존재할 것이며, 이것이 사회가 여성에게 요구하는 방식과 어떻게 같고 다른지를 살펴보려 함이 목적이다. Lakoff(1975)에 따르면 여성은 자신의 감정이 이입되는 'extremely charming, lovable, cute, adorable'같은 형용사를 자주 사용한다고 한다. 즉 남성은 'That dog looks good'이라고 할 말을 여성은 'That puppy is adorable'와 같이 대상을 바라보는 애정 깊은 시선이 드러난 형용사를 사용한다는 것이다. 마찬가지로 남자가 여자를 대상으로 표현할 때는 bunny(활발하고 매력적인 여자), kitten(말괄량이), cookie(귀여운 여인) 등을 사용하는데, 여성이 남자를 대상으로 표현할 때는 big guy(체격이 큰 순한 남자), stud(섹시한 남자) 등을 사용하는 것도 차이가 나는 부분이다. 여자는 작은 동물이나 음식처럼 약하고 남성의 지배 아래 놓일 수 있는 대상으로 은유화되는 데 비해, 남성은 크고 힘이 센 대상으로 은유화되는 것이다.

따라서 성별로 사용하는 어휘가 같고 다름이 있는지, 그리고 성(性)을 은유화하는 방식에 차이가 있는지를 살펴보는 것은 유의미하다.

2. 성별 어휘 사용 양상

2.1. 남녀의 평가어휘

우리 사회의 사회, 경제적 변화와 함께 성정체성, 성역할과 관련한 스테레오 타입에도 많은 변화가 있어 왔다. 강소영(2009)[1]은 여성과 남성에 대해 어떤 이미지를 가지는지를 묻는 설문조사결과를 바탕으로, 여성이 외적인 이미지를 중시한다거나(예쁘다), [-성숙]한 대상이길 요구받는(청순하다) 분위기가 존재한다고 주장했다. 반면에 남성은 강한 느티나무처럼 자신감에 넘치고 강한 것(당당하다, 늠름하다), 결과에 상관없는 공격성, 용기(용감하다, 씩씩하다) 등을 요구하는 사회 분위기

1) 강소영, 「여성다움을 나타내는 어휘의 의미구조」, 『한국어의미학』30, 2009, 31-58

가 있다고 분석하였다.(강소영, 2010)[2]

그러나 시대의 변화와 함께 남성, 여성에게 요구되는 자질에는 변화가 나타나기도 했다. 특히 상대의 긍정적인 면모를 높이 평가하는 칭찬의 덕목에서 시대의 흐름이 엿보인다. 아래는 2025년 설문결과에서 남녀의 칭찬어휘로 새롭게 등장한 '좋다'의 예이다.

(1) 가. (점심식사에 초대를 받아서)

갑 : ①와, 식당 좋은데

을 : 그래, 다행이다. 맘에 드는지 걱정했는데

갑 : ②왜? 요즘 퓨전 퓨전하는데, 이렇게 정통 한식인 곳이 별로 없어

을 : ③그래, 고맙다.

갑 : ④야, 이렇게 좋은 곳에 나를 초대해주니, 음, 역시(👍)

상대방의 반응에 감사의 표현을 사용(③)한 데서 알 수 있듯이 '와, 식당 좋다'의 '좋다'는 사물에 대해 긍정적인 평가를 내리는 칭찬의 표현이다. 칭찬을 통해 상대와 나의 인간관계가 새롭게 환기될 뿐만 아니라 (④) 상대를 점심식사에 초대할 때 어떤 행동이 사회적으로 바람직한지 즉 모범적인 것인지(퓨전〈전통 한식)를 알 수 있게 한다(②와 ④). 따라서 상대를 칭찬할 때 사용한 어휘는 사회적 가치관이나 문화 규범을 강화하거나 재생산해줄 수 있으며, 달리 말하면, 남성과 여성이 상대를 칭찬한 어휘를 통해 어떤 사회적 가치관을 그 안에 내포하고 있는지를

2) 강소영, 「남성다움의 연상어휘들이 갖는 의미체계 연구」, 『탈경계인문학』 3-1, 2010, 153-183.

알 수 있을 것으로 기대된다.

2.2. 여성의 변화된 남녀 이상형

본고는 현재의 칭찬화행의 경향을 분석하기 위해 상대에게 어떤 점이 칭찬할 만한 것인지를 묻고 그때 어떤 어휘를 사용하는지를 묻는 설문을 실시했다. 상대방과 자신의 지위 차나 친밀성 여부에 따라 사용하는 어휘가 다를 수 있지만, 우선적으로 남성과 여성에게 어떤 이미지를 요구하는지를 보는 것이 먼저였으므로 '당신이 칭찬할 만한 여성/남성을 생각하며, 그(그녀)에게 어떤 표현을 사용할까요?'라는 단순한 질문을 던졌다.[3] 설문은 수업을 듣는 학생들 56명을 대상으로 한 것인데, 결과는 아래와 같다. 여학생들을 대상으로 했기 때문에 남성의 입장에서 바라보는 여성상은 제외하고 구성하였으며, 1회로 나타난 형용사들은 삭제하고 정리한 것이다.

(2) 성별 칭찬화행 시 여성이 사용한 어휘
여성이 대상일 때 : 좋다〉잘 맞다〉 즐겁다〉 재미있다
남성이 대상일 때 : 괜찮다〉따뜻하다〉귀엽다〉 착하다〉 좋다

여성과 남성을 상대로 하여 사용된 어휘목록에 편차가 크기 때문에 공통된 자질을 뽑아내긴 어려워 보인다. 하지만 남성은 괜찮은 사람, 여성은 좋은 사람이길 원하는 그들의 목소리를 읽을 수 있다. 물론 여성은

3) 이는 강소영, 『방송매체 속의 여성어』, 지식과 교양, 2023에서 연구한 결과, 친밀도의 변인에 크게 구애를 받지 않았기 때문에 뺀 것이기도 하다.

즐겁고 재미있는 사람, 즉 일단은 자신과 잘 맞는 웃음코드를 가지고 있어야 하는 사람임이 보이었고, 남성은 특징적인 자질 즉 따뜻하다, 귀엽다, 착하다처럼 마음과 행동의 씀씀이가 구체적으로 제시된 점이 인상적이었다.

'괜찮다'(남자) '좋다'(여자)는 외모와 마음 모두가 평가 대상인 어휘이다. 우선 괜찮다의 예문부터 볼 것인데, '괜찮다'는 실력(나)이나 외모(가) 인품(다) 등 사람을 평가하는 자리에서 사용되며 [보통이상임]을 의미한다.

(3) 가. 얼굴은 괜찮게 생겼는데 마음은 모르겠어
나. 초보자치고는 괜찮은 솜씨인데
다. 그는 볼수록 괜찮은 사람이다

'좋다' 역시 마찬가지여서 아래에서처럼 다방면에서 '보통 이상'의 수준에 있음을 의미한다.

(4) 가. 그녀의 성격은 더할 수 없이 좋다
나. 사람을 대하는 그의 태도가 좋다
다. 혈색이 좋다
라. 염치가 좋다

(4)는 '좋다'의 사용 예문으로 성품이나 인격(가), 말씨나 태도(나), 신체적 조건(다), 인간관계(라) 등 다방면에서 [보통 이상의 수준이어서 만족할 만한 상태]를 나타낸다. '괜찮다'와 마찬가지로 '좋다' 역시 의미망이 넓어서 두루 사용되기에 적절하며 따라서 학생들의 질문에서도 가장 많이 사용된 것으로 보인다.

여성이 남성에게 요구하는 자질은 귀엽다, 착하다 등 여러 가지가 제시되었는데, 이는 강소영(2023)에서 여자가 남자에게 요구하는 자질과 일부 겹치기도 한다. 강소영(2023)은 2018년에 방영된 〈하트시그널2〉를 대상으로 젊은 남녀가 상대를 평가하는 어휘를 조사, 분석하였다. 아래는 2018년도 방송자료에 등장한 남녀 칭찬어휘와 2025년도 설문자료 결과를 정리해 순위대로 나열한 것이다.

	여성이 생각한 남성상		여성이 생각한 여성상	
	2025	2018	2025	2018
1	괜찮다	괜찮다	좋다	괜찮다
2	따뜻하다	귀엽다	잘 맞다	예쁘다
3	귀엽다	멋지다, 착하다	즐겁다	멋지다
4	착하다	예쁘다	재미있다	귀엽다
5	좋다			

〈표1〉 2018년과 2025년 여성이 원하는 남녀의 이미지

〈표1〉에서 보듯 앞선 2018년과 2025년 여성이 칭찬했던 대상은 남녀 모두 '괜찮은 사람'으로, 2025년에 새롭게 등장한 '좋다'와 동일하게 의미망이 넓다. 이는 2018년에 유의미한 분포를 보인 '멋지다' 역시 동일한 것으로 아래처럼 의미망이 넓다

(5) 가. 유능하고 멋있는 남자 만나서 아들 낳고 잘 살고 싶다
나. 스티브같이 멋있는 남자 아이하고 파티 때 파트너도 될 수 있고
다. 멋있는 사람이란 자유인으로 해석된다.
라. 청소년기의 남자라면 한번쯤 선망해 보는 멋있는 인물이다

멋지다의 사전적 의미는 [보기에 썩 좋거나 훌륭하다]이다. '썩 좋다'에서 알 수 있듯이 좋음의 정도차가 있을 뿐, '좋다'와 의미가 겹친다. 결과적으로 능력(가), 외모(나). 가치관(다) 등 다방면에서 썩 좋을 때 사용하는 어휘로 '멋지다'는 '괜찮다' '좋다'와 함께 의미망이 넓어 가장 많이 지적된 것으로 보인다.

2025년과 비교해 2018년에서 눈에 띄는 것은 '예쁘다'이다. 2025년도에는 남성이든 여성이든 칭찬의 어휘로 등장하지 않는데, 2018년에는 남녀 모두 묘사어로 사용되었다. 물론 여성을 평가할 때는 '예쁘다'를 많이 사용하는데 비해, 남성에게는 극히 드물게 사용한다는 점[4]은 [외모에서 나타나는 미감]을 의미로 하는 '예쁘다'의 사용 예문에서 예측되는 사항이기도 하다.

(6) 가. 예쁜 {머리 모양, 눈, 코, 손가락, 옷맵시}
　　나. 말을 잘 들어서 예쁘구나

(6-가)에서 보듯 외양을 나타내는 많은 어휘들이 '예쁘다'의 수식대상에 포함되어, 이는 외양에서 느껴지는 미감을 반영한 어휘라 할 수 있다. 외모를 중시여기는 사회 분위기를 지양하는 우리의 문화관습에 빗대면 예쁘다고 칭찬을 받는 것은 그리 긍정적인 것은 아니다. 따라서 '예쁘다'는 상대에게 유순하게 굴어야만 칭찬을 들을 수 있는 부정적인 상황(6-나)을 연출하기도 한다.

그래서이겠지만, 2018년도에는 '예쁘다'의 새로운 양상이 목격되기

4) 비록 순위에 있기는 하지만, 횟수는 미비했다.

도 한다.

(7) 가. 웃을 때 웃는 모습이 예쁜 남자
  나. 예쁘고 성격 좋고

(7-가)는 여성이 남성에게 이상형을 말할 때 '웃을 때 예쁜 남자'라고 말하는 장면으로 여성이 여성에게 능력, 성격, 외모 등 다방면의 평가를 내릴 때 사용하는 '외모 특정적'인 '예쁘다'(7-나)와는 의미가 다소 다르다. 남성이 예쁜 경우는 사회에서 요구하는 남성다움의 정도까지 이르진 못하더라도 나름대로 매력을 가질 만한 요소가 있을 경우를 말하기 때문에 외모를 총칭하여 미감을 느낄 때 사용하는 여성의 '예쁘다'와는 차이가 있는 것이다. 이처럼 외모지향적인 어휘의 사용이 여성에게 한정되었다는 것은 긍정적인 현상은 아니며, 따라서 2025년도에는 아예 나타나지 않은 것으로 보인다.

반대로 2018년이든 2025년이든 여성에게는 보이지 않은 자질인데 남성에게 칭찬의 대상이 되는 어휘가 있다. 바로 '착하다'인데 이는 [정신적인 미감을 가져다주어 즐거움을 주는 자질]로 사전에 정의되었다.

(8) 가. 때 묻지 않은 순수하고 착한 마음씨를 가진 것을 늘 자랑스러워 했다
  나. 착한 {*용모, *외모, *맵시, *손짓}

(8)에서 보듯 '착하다'는 용모, 손짓 등 외양적인 모습은 수식할 수 없어 내면의 아름다움에서 오는 미감이 그 대상임을 알 수 있다. 남성의 중요기준으로 내면의 아름다움을 고려하고 있음을 보인 경우라 하겠다.

그러나 사전적 정의와 별개로 실제 구어전사 자료를 살펴보면, 타인을 위해 배려를 하는 남성의 모습에서 감동을 받은 경우에 자주 쓰인다. 아래는 2018년에 방영된 〈하트시그널2〉에서 가져온 예로, 여성이 남성의 배려심에 대해 '착하다'를 사용함을 보인 경우이다.

(9) 가. 어, 오빠 되게 착하다, 어, 스크램블에그 저거까지 다 한 거야?
　　나. 성격은, 내가 좋아하는, 분위기 다 이렇게, 띄어주시고, 말도 재밌게 해주시는 분인데, 나는, 되게 착각이라고 할 수도 있는데, 유쾌한 분이--. 착한 분 같아

'착하다'의 대상은 아침잠을 줄여서 음식을 만들어준 남자(가)이거나 설친다는 말을 들을 수도 있는데 이를 물리치고 구성원들을 위해 기꺼이 나서주는 남자(나)이다. (9)의 경우를 보건대, '착하다'는 단순히 내면의 아름다움만이 대상이 아니라 그 마음이 행동으로 나타났을 때 묘사대상으로 삼고 있음을 알 수 있다. 여성은 그러한 남성의 태도를 '착하다'로 칭찬함으로써 남성을 평가하는 주요 기준으로 삼고 있는 것이다.

'귀엽다'는 2018년이든 2025년이든 남성을 평가하는 어휘로 사용되었다. '귀엽다'의 [-미성숙]자질을 고려하면 여성이 기존에 부여받았던 작은 동물, 연약한 이미지와 일치하는 면이 있다.[5] 그런데 오히려 남성에게서 이 자질을 발견하려 함이 특징적이다.

우선 '귀엽다'의 용례를 보이면 다음과 같다.

---

5) 실제로도 구어전사 자료에서는 남성이 자신보다 나이가 어린 여자(남자)에게 '귀엽다'를 더 많이 사용하고 있었다. 하지만 지금은 여성의 생각만 알아본 설문자료이기 때문에 이는 반영하지 않았다.

(10) 가. 귀여운 아이를 낳아 기르고 싶다
나. 귀여운 자식은 매로 키우랬다

[모양이나 행동이 앙증맞고 곱살스러워 예쁘고 정겹다]는 사전적 의미에 어울리듯 예문의 대상은 '귀여운 자식(아이)'이다. 부모:성숙=아이:미성숙의 관계를 고려하면 '귀엽다'는 [-성숙]의 변별자질을 가진 어휘라 할 수 있다.

그런데 〈표1〉을 보면, 이런 자질을 가진 귀엽다를 2025년에는 남성에게만 사용하고 있다. [-성숙]의 의미자질을 여성이 우호적으로 여기지 않았다는 것을 알 수 있는데, 이런 단서를 제공하는 예문이 있다.

(11) 여자3 : 저, 처음 봤을 때 어땠어요?
남자4 : 너?
여자3 : 네
남자4 : 귀여운 학생? 귀여운 학생이구나
여자3 : ①귀여운@@

(11)은 여자 대학생과 34살 남자의 대화로, 나이를 기준으로 [-성숙]하게 보일 수 있는 여성에게 '귀엽다'를 사용한 경우이다. 그러나 귀엽다는 말 다음에 이어진 어이없는 웃음(①)에서 알 수 있듯이 청자인 여성의 반응은 긍정적이지는 않았다. 여성이 스스로에게 [-성숙]의 의미자질을 부여하기를 꺼릴 수 있음을 보이는 것으로, 여성이 여성에게 칭찬할 때 '귀엽다'를 더 이상 사용하지 않는 결과와도 일치한다.

마지막으로 남성에게 칭찬의 어휘로 사용한 '따뜻하다'를 볼 차례인데, 이는 2010년 여성(남성)다움의 연상어휘 설문조사 결과에서 '여성'

에게 주어진 자질로 나왔던 형용사[6]인데, 2018년에는 상위 순위에 오르지 못하다가 2025년 설문에서는 남성에게 칭찬의 어휘로 사용되어 눈길을 끈다. '따뜻하다'가 사용된 예문을 보이면 다음과 같다.

(12) 가. 누구보다도 따뜻하게 미소 지을 줄 아는 사람이야
나. 내민 손을 따뜻하게 잡아주니
다. 따뜻한 웃음 앞에서 내 긴장된 어깨가 스르르 내려갔다
라. 어머니의 품처럼 따뜻했다

(13) 가. 봄이 되여 날이 ᄯᅡᄯᅳᆺᄒᆞ고(1894 천로 상:122)
나. ᄯᆞᆺᄯᆞᆺᄒᆞ다 溫(1880 한불 463)

(12)의 '따뜻하다'는 [감정, 태도, 분위기 따위가 정답고 포근하다]의 의미를 가진 단어로, 원래는 온 몸에서 전해지는 감각(13)을 의미하였다. 그러나 지금은 미소(가), 손동작(나), 웃음(다), 품(라) 등과 공존하는 데에서 알 수 있듯이 감각기관(시각, 촉각, 청각)을 자극하여 타인에게 즐거운 감정을 불러일으키는 것으로 의미가 변화하였다. 그리고 결국 (12-라)처럼 모성애를 대표하는 형용사로 사용되었으나 2025년 설문결과에서 이 자질은 남성에게 요구되는 어휘였다.

지금까지 본 것처럼 여성이 중요하게 여기는 남성과 여성의 자질은 시간을 두고 변화를 겪어왔다. 고등교육을 받고 사회에 진출하여 남성과 동등한 자리에 오른 여성들의 숫자가 많아지는 것과 동일한 결과이다 하지만 여전히 전통 고수자로서의 여성, 가정을 지키는 여성 등의 문

6) 이는 강소영, 「여성다움을 나타내는 어휘의 의미구조」, 『한국어의미학』30, 2009, 31-58를 참고하기 바란다.

구로 전통적인 규범화된 질서 속에서 여성에게 강요되는 자질을 포장하여 전달하려는 세력들 또한 존재하고 있다. 지금까지 여성의 역사가 그러했듯이 사회의 변화는 여성에게서 먼저 시작되었으며, 따라서 앞으로의 흐름 역시 여성들의 선도적인 의식으로부터 견인될 것으로 보인다. 여성들이 주도적으로 '어떠한 행위가 남녀별로 적절한가'를 결정짓고 이러한 문화적 기대치를 사회화를 통해 전달해야 할 필요성이 높아진 것이다. 앞에서 여성이 상대의 어떤 면을 칭찬의 대상으로 생각하는지를 살펴본 연구는 현재의 여성을 진단하고 그들에게 필요한 것은 무엇인지를 생각하게 하는 데 도움이 될 것이라 생각한다.

3. 성별 은유 표현

3.1. 인지언어학적 은유

전통적인 성차별적 고정관념이 그대로 남아있는 것은 속담이다. 속담에 사용된 여성 은유는 대부분 두 개념 사이의 유사성에 바탕을 둔 구조적 연구로서, 크게 여성을 사물, 동물, 식물, 음식물이나 그 밖의 물질로 보고 있었다.(전혜영 1995). 여기서 말하는 구조적 은유는 인지언어학을 배경으로 한다.

인지언어학(Cognitive linguistics)은 인간 마음의 본질, 더 나아가서 인간의 본질을 규명하기 위함이 목적으로, 그동안의 언어에 대한 추상적, 형식적 정의나 기술이 언어표현의 개념이나 관계 혹은 구조를 밝히는 데 충분한 기여를 하지 못했다는 반성적 사고에서 출발하였다. 예를 들면, 인간의 하위에 속하는 남성, 여성, 소년, 소녀를 '±인간', '±남성',

'±성숙'의 자질로 나누어 본다면(Lyons 1977 : 202) 성숙함의 의미가 시대에 따라 달라지기 때문에 이로써 소년, 소녀를 남성, 여성과 구별할 수 있다는 말이 설득력을 잃을 수도 있다. 우리나라와 미국의 사회, 문화적 배경을 고려하면 더더군다나 '성숙'이 객관적이고 타당한 기준인지 의심할 수 있을 것이다. 결국 의미는 '+/-'로 나눌 수 있을 만큼 명확하게 경계가 나뉘는 것이 아니며, 사회, 문화적 배경에 맞춰 각자의 입장에 맞게 재정의해야 할 수도 있을 것이다.

이러한 배경 아래 인지언어학적 은유는 각자의 체험에 근거하여 물리적, 추상적인 세계를 어떠한 물건이나 물질로 이해하였는가를 보이는 방식을 연구대상으로 한다. 이를 테면 아래와 같은 예를 들 수 있다.

(1) 가. 가슴이 타오를 듯 뜨거워졌어
나. 갑자기 마음이 식었어. 그래서 이별했어

(1)는 사랑과 관련한 표현들로, 사랑이 정점에 이를 때는 [사랑의 감정을 불]에 비유하고 있다. 따라서 더 이상 사랑하지 않을 경우에는 '식었다'로 표현하는 것이다. 물론 사랑에 대한 경험은 모두 동일한 것은 아니어서 개별적으로 다른 표현들도 나타난다.

(2) 가. 정말 몰랐어요 사랑이란 유리 같은 것, 아름답지만 깨어지기 쉽다는 걸(원준희, 사랑은 유리 같은 것)
나. 나의 일기장 안에 모든 말을 다 꺼내어줄 순 없지만, 사랑한다는 말, 이 밤 그 날의 반딧불을 당신의, 창 가까이 띄울게요, 음 좋은 꿈이길 바라요(아이유, 밤편지)

(2-가)는 [사랑은 유리]라고 표현해 영원할 것만 같았던 사랑이 유리처럼 깨져 없어질 수 있음을 노래하고 있다. 이에 비해 (2-나)는 사랑한다는 말을 일기장 안에 써놓고 이를 물건처럼 꺼냈다 넣었다 할 수 있는 대상으로 나타내었다. (2-나)의 사랑을 전달하는 방식 역시 비유적이다. 사랑하는 마음을 반딧불처럼 생각하여 나의 맘이 당신의 밤을 지키는 빛이기를 희망하고 있다. 사랑은 물건과 같고 사랑의 마음은 반딧불과 같은 것이다. 이와 같이 '사랑'이란 추상적인 개념을 반딧불이나 유리와 동일시함으로써 동일한 대상이지만 화자가 경험한 양상의 차이가 드러나게 된다. 이는 아리스토텔레스 이래 문학에서 정의 내렸던 은유의 개념과 다른 모습이다. 비교되고 동일시되는 두 개체 사이의 객관적 유사성에 기초하여 판단을 내리던 은유가 아닌 것이다.

인지언어학적 은유관은 은유의 기능이 수사적 목적에 있는 것이 아니라 인간이 세상을 살아가면서 경험하고 느꼈던 방식을 구조화함으로써 우리의 일상적인 실재(realities)를 규정하는 것이 핵심이므로, 우리의 일상적 표현을 주요 연구대상으로 하며 여러 문장 속에 공통적으로 존재하는 개념을 찾아낸다. 따라서 기존의 (문학적) 은유와 달리 개념적 은유라고도 부르는데, 크게 세 가지로 나뉜다[7]. 첫 번째는 구조적 은유(structural metaphor)로 한 개념이 다른 개념의 관점에서 은유적으로 구조화되는 것을 말한다. 이를 테면 [사랑은 불]과 같은 은유를 들 수 있는데, 사랑에 빠지는 순간이 불이 점화되는 장면을 연상시키고 사랑이

---

7) 이는 Lakoff&Johnson의 『삶으로서의 은유』(노양진, 나익주 역, 1995)를 참고한 것이다. 한국어의 감정 은유에 대해서는 임지룡,「한국어 기본 감정어의 은유적 개념화 양상」,『현대문법연구』32, 한국문법학회, 2003, 141-167를 읽어보면 더 많은 내용을 알 수 있을 것이다.

한창 진행일 때는 불붙어 있는 뜨거움을 느끼는 것으로 인식하는 등 사랑이 불이 붙었다 사라지는 과정으로 묘사되고 있는 것이다. 두 번째는 추상적인 감정, 경험, 사건 등에 존재론적 지위를 부여하는 존재론적 은유(ontological metaphor)이다. 앞의 예시 [사랑은 유리]처럼 추상적인 정신세계를 눈에 보이는 유리로 구체화한 것이 대표적이다. 마지막으로 지향적 은유로, 추상적인 개념을 보다 쉽게 공간 지향 개념으로 이해하는 것이다. 위-아래, 안-밖, 중심-주변 등 공간적 지향성과 관련을 맺고 있다.

(3) 가. 사랑에 들떠서 어떻게 해야 할지 모르는 철없는 나
나. 이별 후 잠수상태야. 집에서 안 나와

(3)은 사랑을 하면 위로 올라가듯이 들'뜨는' 감정을 가지는데 사랑이 끝나면 물 밑으로 가라앉는 잠수 상태로 변화한다. 긍정적이고 밝은 이미지를 가진 '위' 지향적인 태도와 부정적이고 어두운 이미지를 가진 '아래' 지향적인 태도가 드러난 셈이다. 따라서 사랑을 둘러싼 예시에서 [행복은 위 : 슬픔은 아래]처럼 어떤 개념에 공간적 지향성을 주는 것이다.

3.2. 성별 은유표현의 실제

앞서 언급했듯이 전혜영(1995)에서는 여성을 사물, 동물, 식물, 음식물이나 그 밖의 물질로 보는 것 등으로 정리하였다. [여성은 사물이다] [여성은 동물이다] [여성은 식물이다] [여성은 음식물이다] 등의 은유가 속담에 깔려 있는 셈이다. 앞에서 보았듯이 인간의 사고과정은 대부

분 은유적이다. 우리의 사유방식이 세대를 거듭하며 정교하게 다듬어져 전해져 온 것이 속담이라면 속담 안에 드러난 여성의 개념적 은유는 우리의 사고과정을 고스란히 반영하고 있을 것으로 보인다. 전혜영(1999)에 정리된 여성 관련 속담들을 유형별로 정리하면 다음과 같다[8].

(4) 가. 계집하고 그릇은 있는 대로 쓰인다
나. 그릇과 여자는 돌리면 깨진다
다. 여자와 바가지는 내돌리면 깨진다
라. 계집과 옹기그릇은 내돌리면 깨진다

(4)는 여자와 계집이 그릇과 바가지, 옹기그릇과 대응되어 '깨지거나 쓰이는' 물건으로 은유화된 예이다. 여자는 결혼하여 집안의 일을 도맡아 했기 때문에 그녀들이 자주 사용하는 물건들이 대응된 것이며, 특히 '(내)돌리면 깨진다'처럼 밖의 활동을 금지당했던 여성들의 현실을 보여주기도 한다.

(5) 가. 여자와 집은 가꿀 탓이다
나. 여자와 집은 임자 만날 탓이다
다. 여자와 집은 손질하기에 달렸다
라. 아랫목과 계집은 먼저 차지한 놈이 임자다

(5)는 여자를 집으로 본 은유로, 가꾸어야 하는 존재(가,다)이며, 주인이 있는 사물(나)이다. 따라서 누군가 차지하면 그의 소유물로 전락할

8) 아래 예시 역시 전혜영(1999)에서 옮겨온 것이다.

수밖에 없는 존재(라)인 것이다.

(6) 가. 얻기 쉬운 여자가 버리기도 쉽다
나. 가구는 빌리면 버리고 여자는 돌리면 버린다
다. 계집도 팔아먹겠다
라. 빚값에 계집 빼앗긴다

(6)은 그밖의 물건과 동일시됨을 보인 예로, 물건처럼 얻거나(가) 버리거나(나) 팔거나(다) 빼앗을 수 있는(라) 존재이다.

(7) 가. 여자와 옷은 새것이 좋다
나. 여자는 의복과 같고 형제는 수족과 같다
다. 여자와 돗자리는 새 것이 좋다

(7) 역시 그 밖의 물건인 '옷'과 동일시된 예시로, 사람이 옷 없이 살 수 없듯이 여자 없이는 살 수 없음을 고백(나)한다. 그러나 형제는 자신과 떨어질 수 없는 수족인 데 비해 여자는 언제든지 갈아입을 수 있는 옷에 비유됨으로써 옷을 갈아입듯 여자를 바꿀 수 있는 인식을 보여주고 있다. 이는 무조건적으로 '새 것'을 외치는 예시(다)에서도 동일하다.

(8) 가. 개와 여자는 맞아야 길이 든다
나. 여자가 날뛰면 집안이 망한다
다. 여자는 사흘을 안 때리면 여우가 된다.
라. 암탉이 울면 집안이 망한다.

(8)은 동물은유로, 여성이 '암캐, 암소, 암말, 암탉' 등의 가축으로 비유되고 있다. 가축은 집안의 소유물로, 그들의 인신처분은 전적으로 주인에게 달렸다. 따라서 날뛰면 안 되며(나) 말을 듣지 않을 경우 때려서(가, 다) 길을 들게 해야 한다(가). 여자가 비주체적 인간임을 보여주며, 결혼과 동시에 집안의 소유물로 전락한 신세였음을 알 수 있다.

(9) 가. 여자는 늙으면 독사된다
나. 남자는 나이 먹으면 어른이 되고, 여자는 나이 먹으면 여우가 된다
다. 여자와 가재는 가는 방향을 모른다
라. 뱀굴과 여자의 속은 모른다

(9)는 동물들이 상징하는 속성을 중심으로 여자의 부정적인 면을 부각시킨 속담이다. 여기서는 간사하거나 음란한 속성을 가진 존재(뱀, 독사)이거나 요망스러운 존재(여우)를 부각시키고 있다. 또한 명확한 목적이나 방향을 정하지 못하고, 쉽게 결정을 내리지 못하는 무능력한 존재(가재)이기도 하다.

(10) 가. 고운 꽃이 먼저 꺾인다
나. 향기로운 꽃이라야 벌나비도 모인다
다. 무뿌리처럼 늘씬하다
라. 여자와 가지는 젊어야 좋다

(10)은 식물에 여성을 비유한 것으로 가장 많이 나오는 것은 '꽃'이다. 물론 남성은 벌나비(나)이거나 꽃을 꺾는 존재(가)로 형상화되는데, 여

성이 어디로도 움직일 수 없는 수동적인 존재(꽃)로 묘사되는 것과 대조적이다.

(11) 가. 계집하고 복어는 패야 입맛이 난다
나. 여자와 군밤은 곁에 있으면 먹게 된다
다. 여자는 찬바람이 들면 속 빼먹는 호두 같다
라. 통째로 삼켜도 비린내도 안 나겠다
마. 여자와 날고기는 오래 두고 보지 마라
바. 계집과 음식은 훔쳐먹는 것이 별미다

(11)은 여성을 음식에 비유한 것(바)들로, 복어(가), 군밤(나), 호두(다), 물고기(라) 날고기(마)들이 그 대상이다. 남성은 이를 먹는 주체자이며, 여성은 삼키거나 몰래 먹을 수 있는 요리이다. 물론 콩이나 군밤처럼 심심할 때 집어먹을 수 있는 군것질의 대상이기도 하다. 어느 것을 가져와도 여성은 주체적인 존재가 아니라 잉여적인 대상일 뿐임이 명백해진다.

속담은 오랜 세월을 통하여 민중의 경험 속에서 발생하여 오늘날까지 우리의 삶 속에 의식적으로나 무의식적으로나 영향을 미치고 있다. 산업화 이후 여성의 삶이 달라진 이후에도 우리에게 구비전승되어 살아남은 속담은 우리의 풍속, 제도, 사고방식 등을 이해하는 데 좋은 재료가 된다. 속담을 통해 본 여성은 물건이나, 동물, 식물들의 은유로 비유되었다. 주로 남성 주체의 대상으로 존재하였으며, 그 중에서도 선택을 당하거나 소유물로 취급받는 '물건'으로 여성을 표현한 속담이 광범위하게 쓰이고 있었다. 지금까지 사용되고 있는 속담의 오랜 역사를 고려하면, 사회는 변화되었지만 여성과 관련한 일반인들의 시선이 크게 변화되지 않았음을 보여주는 결과이기도 하다.

그렇다면 시대의 변화에 따라 여성을 바라보는 시선은 변화되었을까? 속담의 대부분이 가리키는 조선시대는 남성의 그늘 속에 여성이 살았기 때문에 속담 또한 이상해보이지 않는다. 그러나 남성들의 지배에서 벗어나 교육을 받고 사회의 일원으로 당당하게 설 수 있었던 그 '처음'인 신여성이라면 속담의 여성상과는 다른 모습이어야 한다는 가정을 내릴 수 있다. 이른바 개화, 신문명 담론이 휩쓸던 1920년, 30년이라면, 자유와 해방의 담론을 그 어느 때보다도 치열하게 고민하고 외쳤던 근대라면, 속담 속의 여성과는 변화된 모습이 발견될 수 있을 것이란 가정을 할 수 있다.

당시의 변화된 시대상을 보이는 은유 예시들을 들면 다음과 같다.[9]

(12) 가. 여성이 반역의 기를 들고 남성에게 항거하고 있기는 벌써 오래전의 사실인바

나. 인격을 확립키 위하여는 반드시 반기를 높이 드는 날이 있어야 할 줄 안다

다. 우리는 생활 운동에 열중하다. 그리하여 그의 승리가 있게 하라

라. 유학을 갔다오면 얼마나 영웅이 되어질 것처럼 처녀영웅심을 가슴에 품고

(12)는 '항거하다, 반기를 높이 든다, 승리하다, 영웅'과 같은 어휘에서 알 수 있듯이 당시 여성의 삶은 '전쟁'과 같은 몸부림이었음을 보여

9) 이는 강소영, 『언어와 여성』, 지식과 교양, 2013에서 예문을 옮겨온 것이다. 예문 속 철자는 현대에 맞게 고쳐둔 것임을 미리 알려둔다.

준다. [삶은 전쟁] 은유를 담은 예들로, 조선시대의 억눌린 삶에서 벗어나 인격체로 거듭나기 위해서(나) 여성은 당시의 사회를 뒤집어 엎고 승리(다)를 가져오는 영웅(라)이기를 희구하고 있다.

하지만 당시 여성의 삶은 전통적인 풍습에서 벗어나지 못하였다.

(13) 가. 항상 밧줄로 얽어매인 것 같은 느낌이 있어서 사람이 자라지 못하고

나. (여학생을) 자기가 거느리고 살 아내나 며느리로 보는 오늘 남자들로서

다. 더 좀 똑똑하고 애교있는 시중군이 되어 달라 하는 것이 오늘 남자의 여학생에게 바라는 첫 조건이오

라. 아무리 생각해도 여자는 선천적으로 남자의 지도 아래에 있어야 될 것 같아요

(13)은 밧줄로 얽어매놓은 여성(가), 따라서 독립된 존재로 살지 못하고 '조금 똑똑하지만 애교 넘치는 시중꾼(다)'에 불과한 여성이 당시 남자가 바라보는 '여성상'임을 보여준다. 그래서 여성은 거느림의 대상(나)이거나 남자의 아래 있는 존재(라), 즉 [여성은 아래 : 남성은 위]와 같은 지향적 은유가 그 당시에 성립함을 알 수 있다.

(14) 가. 성적표를 받아들자 힘이 불끈 솟았다.

나. 감독의 한 마디에 다들 사기가 충천해졌다

다. 별것도 아닌 일에 의기소침해 있는 모습이 보기 안 좋았다.

라. 절망의 구렁텅이에 빠져 헤어나오질 못하고 있었다.

(14)는 지향적 은유를 보이는 예시로, 긍정적일 때는 힘이 '솟거나'(가) 사기가 '충천'(나)한다. 모두 '위'를 지향하는 은유들이다. 그러나 뜻이 꺾여 마음이 작아질 때는 '침잠하거나'(다) 밑에서 허우적댈 뿐 위로 올라오지 못한다(라). 한국인들은 위는 긍정적인 것으로 아래는 부정적인 것으로 보는 인식이 팽배한데. 이에 견주면 [여성은 아래] 은유는 여성이 스스로의 힘으로는 헤어나오지 못하는 부정적인 상태에 빠져 있다고 말할 수 있다.

그래서 새색시가 느꼈을 감옥(골방, 감금)에서 벗어나려 했지만(15-가), 여전히 시집에 갇히는 몸이 된 여성들(15-나)이 많다고 고발하기도 한다.

(15) 가. 골방 속에 다년간 감금을 당하였든 새색시들이 별안간 석방을 당하니까

나. 작년 가을에 혼인이 결정된 것을 싫다 싫다 못하여 기어코 시집에 갇히는 몸이 되어 가고 말았습니다.

지금까지 기존의 속담을 대상으로 여성 관련 은유를 점검한 결과, 전통적 여성은 가축이나 물건으로 비유되어 재산증식을 위해 주인인 남자의 통제 아래 죄인처럼 살아가는 노예 신세와 다를 바 없었음을 재구하였다. 물론 해방 이후 신문명의 물결 속에서 아직 여성은 전통적 여성의 모습과 다를 바 없었음도 알 수 있었다. 그렇다면 여성의 대학교육과 사회진출이 일반적인 이 시대의 여성은 조금더 변화된 모습일까? 몇 해 전 여자와 남자를 어떤 개념으로 보고 있는지 살피기 위해 목적어로 여성과 남성이 등장한 구문을 모아 검토한 결과를 보면 그다지 긍정적이

지 않다.

(16) 가. 남자가 몇 년 후에 여자를 버리더군요

나. 여자를 꿰어 차고 계시든가

다. 그 자식이 벌써 그 여자를 주워 먹어버린 것만 해두 알 만한지

라. 여자는 새삼 키워 봐야 오래 쓰지도 못 한다

(16)에서 여성은 사거나 구하거나 버리거나 빼앗는 물건(가)으로 은유되거나 주워 먹는 음식물(나)이나 키우는 식물(라)로 은유되었다. 이는 속담에서의 모습과 동일하다. 게다가 [달아매거나 끼워 지니다]인 ' 꿰어 차다'의 대상이 되어 여전히 남성에게 매달린 노리개처럼 여겨지는 것도 [여성은 아래] 은유와 비슷하다.

언어는 보수적인지라 세상의 변화를 수용하는 게 다소 늦다. 따라서 여성이 사고파는 대상이거나 누군가의 장식물로 존재한다는 사실은 지금까지 없어지지 못한 채 남아있는 과거의 흔적일 수 있다, 주체적으로 살아가는 능동적 존재로서의 여성은 아직까지 언어표현에 반영되지 않았을뿐, 우리의 곁에 무수히 존재하고 있다. 세상의 장애를 걷어내며 사회의 또다른 권력의 축으로서의 자리매김을 열심히 수행하고 있는 여성들의 모습을 보고 있으면, 이제 우리를 둘러싼 매체들 속에서 진정한 여성의 위치를 발견하여 의미를 부여해야 할 책임이 후학들에게 있음을 느낀다. 학생들의 글을 통해 이를 확인하고 여성에 대한 고정적 시각을 걷어내기 위한 우리의 노력에는 어떠한 것이 있을지 이야기해 볼 필요가 있을 것이다.

남아·여아 대상 애니메이션에 나타난 대상어 사용 비교

김재홍, 이세영

Ⅰ. 서론

현시대에서 애니메이션은 어떤 가치를 가지는가? 애니메이션은 단순 오락의 목적을 넘어, 어린이부터 청소년, 성인까지 전 연령의 일상에 밀접히 닿아있는 하나의 문화 축으로 자리 잡고 있다. 유니세프의 2017 세계아동현황보고서 '디지털시대의어린이' 발표에 따르면 전 세계 인터넷 사용자의 1/3이 어린이와 청소년으로 집계[1])되었음을 알 수 있다. 이는 아동과 미디어가 더 이상 뗄 수 없는 관계가 되었음을 시사한다. 디지털 미디어 환경에서 애니메이션은 아동의 일상과 성장 과정에서 필수적으로 작용하는 매체로 기능한다. 실제로 식당이나 카페의 아동 동반 테이블에서 아동을 돌보기 위하여 스마트폰 또는 태블릿 피씨로 아동에게

1) unicef, 「Children in a Digital World」, THE STATE OF THE WORLD'S CHILDREN 2017』, 2017.

애니메이션을 보여주고 있는 모습도 일상에서 쉽게 볼 수 있다. 이는 애니메이션이 아동의 일상에서 매우 중요한 위치를 차지하는 대표적인 미디어임을 보여준다.

안선경, 정익중(2024)은 "아동과 같은 미성숙한 수용자는 비판적 사고와 판단력이 충분히 발달하지 않아 무분별한 콘텐츠에 쉽게 노출될 위험이 있으며, 이는 장기적으로 심리적, 정서적 발달에 부정적인 영향을 초래할 수 있다"고 밝힌 바 있다.[2] 이러한 맥락에서 애니메이션은 아동의 언어 습득, 사회적 규범 내면화, 그리고 성역할 정체성 형성에까지 깊은 영향을 미치는 사회화 도구로 작용할 수 있다. 아동은 미디어 속 언어와 행동을 자연스럽게 내면화하게 되고, 이는 성별 고정관념이나 사회적 기대를 강화하는 데 중요한 역할을 한다. 특히 미디어 콘텐츠의 성격에 따라 행동과 정서 발달에 다차원적 영향이 발생하며, 선정적이거나 성적 대상화와 부각된 표현은 외모 중심적 사고를 심화시키고 자기 성적 대상화를 촉진할 수 있다. 결국 아동용 애니메이션의 언어는 아동의 성역할 인식과 언어 습관 형성에 상당한 영향을 미치기에, 본고에서는 아동 대상 미디어가 전하는 언어적 메시지가 성별 고정관념 재생산에 미치는 영향을 검토하고, 향후 아동용 콘텐츠의 성평등적 언어 사용 방향을 제시하는 데 기여하고자 한다.

2) 안선경, 정익중, 「부모가 인식한 초등학생 자녀의 부정적 미디어 영향에 관한 잠재프로파일분석」, 『유아정책연구』 제18권 제3호, 2024, 4쪽.

Ⅱ. 선행 연구 정리 및 연구의 방법

2.1 선행 연구 정리

본 연구에 선행하여 진행된 애니메이션 관련 기존 연구에는 애니메이션 캐릭터의 젠더 정체성을 조사한 연구[3]와, 『완소! 퍼펙트 반장』의 반여성주의적인 부분을 검토하여 애니메이션이 소녀들에게 전파하는 미의 기준과 성역할에 대한 고정 관념, 자아실현에 미치는 부정적인 영향을 탐구한 연구가 있다.[4] 또한, 유아 만화 프로그램에 재현된 성역할을 분석한 연구도 있다.[5] 애니메이션의 내용이나 캐릭터를 통해 애니메이션에 드러난 여성에 대한 시각을 분석한 기존 연구는 찾아볼 수 있지만, 어휘 중심으로 대상어를 조사한 연구는 존재하지 않는다.

여성어 관련 연구에서도 남성과 여성의 언어적 특성 차이를 분석하거나, 여전히 전통적 이데올로기 아래에서의 여성다움과 직결되는 외모 중심의 형용사가 빈번히 나타난다는 점을 밝힌 연구를 찾아볼 수 있다. 차현실(1999)은 남성과 여성의 언어적 특성 차이를 분석하며, 현대 여성에 대한 판단 기준이 외모에서 내적 아름다움으로 변화하고 있음을 언급하였으나,[6] 강소영(2009)은 여전히 전통적 이데올로기 아래에서의 여성

---

3) 성례아,「애니메이션 캐릭터의 젠더 정체성」,『한국콘텐츠학회논문지』 제7권 제11호, 2007, 150-157.

4) 황진미,「기막힌 반여성주의 애니메이션 : 완소! 퍼펙트 반장」,『창비어린이』 제14권 제4호, 2015, 233-241.

5) 엄정윤, 윤영민,「유아 만화 프로그램에 재현된 성역할 분석」,『한국방송학보』 통권 제29-2호, 2015, 149-184.

6) 차현실.「담화방식에 나타난 여성상과 여성의 사회적 위상」,『언어와 여성의 사회적 위치』. 서울 : 태학사, 1999.

다움과 직결되는 외모 중심의 형용사가 빈번히 나타난다고 밝혔다.[7]

그러나 아동 애니메이션에서 드러나는 여성어 어휘에 관한 연구는 존재하지 않기에, 본고에서는 어휘를 통해 드러나는 여아 대상 애니메이션 속 여성의 성역할, 이상적인 여성상과 이미지를 조사하고, 이를 남아 대상 애니메이션과 비교함으로써 아동 대상 애니메이션을 분석하고자 한다.

2.2 연구 목적 및 가설 설정

본 연구의 목적은 남아 대상과 여아 대상 애니메이션에서 여성 대상어의 사용 빈도와 양상 차이를 비교/분석하는 데 있다. 더불어 민현식(1995)의 논문에 등장한 여성 대상어가 실제 아동용 애니메이션 대사에서 어떻게 구현되는지 확인하고, 여성 대상어 중 두드러지게 드러나는 표현에 대해 분석하려고 한다. 이렇게 대중매체 속 여성 언어 표현의 양상과 구조적 불평등을 실증적으로 탐색하고자 하는 목적에 따라 다음과 같은 두 개의 가설을 설정하였다.

가설 1 : 남아 대상 애니메이션보다 여아 대상 애니메이션에서 여성 대상어가 더 많이 등장할 것이다.

가설 2 : 여성 묘사어 중에서는 외양을 묘사하는 어휘가 가장 많이 등장할 것이다.

민현식(1995)의 연구는 본 연구의 가설 1과 가설 2의 설정에 핵심적인 이론적 기반을 제공한다. 가설 1인 “남아 대상 애니메이션보다 여아

---

7) 강소영.「여성다움을 나타내는 어휘의 의미구조」.『한국어의미학』제30권, 2009.

대상 애니메이션에서 여성 대상어가 더 많이 등장할 것이다."는 여성 관련 지칭어와 묘사어가 남성보다 다양하고 풍부하게 발달해 있다는 분석[8]에 근거한다. 특히 외모나 성적 매력과 관련된 여성어는 속어 및 은어의 영역에서도 활발하게 사용되며, 이는 여성 캐릭터가 중심이 되는 여아 대상 애니메이션에서 더욱 자주 나타날 가능성이 있다. 여아 대상 애니메이션은 주로 여성 시청자를 대상으로 하며, 여성 캐릭터의 외모, 성격, 행동에 대한 언급이 중심이 되기 때문에 여성 대상어의 사용 빈도 역시 상대적으로 높을 것으로 예측된다.

가설 2인 "여성 묘사어 중에서는 외양을 묘사하는 어휘가 가장 많이 등장할 것이다."는 민현식(1995)의 분석 중 여성에 대한 외모 묘사어가 매우 세분화되고 다양하게 발달해 있다는 점[9]에서 도출되었다. 여성의 외모는 미적 기준에 따라 평가되는 경향이 강하며, 머리부터 발끝까지 신체 각 부위에 대한 표현이 정교하게 존재한다. 이러한 특성은 남성에 대한 외모 표현이 상대적으로 단순하고 다양하지 않은 것과 대비된다. 이와 같은 언어 구조는 여성 캐릭터가 등장하는 애니메이션에서 외양 중심의 어휘가 빈번하게 사용될 가능성을 시사하며, 이에 따라 여성 묘사어 중 외양을 중심으로 한 표현이 가장 높은 비율로 나타날 것이라는 가설이 설정되었다.

2.3 연구 대상

8) 민현식, 「국어의 여성어 연구」, 『아시아여성연구』 제34권, 1995, 7-64.
9) 위의 글, 7-64쪽.

2.3.1 특정 성을 대상으로 하는 어휘

여성 대상어는 여성에 대해서 쓰이는 어휘로 이는 민현식(1995)이 정의한 바이다. 그는 아래와 같이 여성대상어를 분류하였다.

> "여성 대상어를 '여성에 대해서만 쓰이는 어휘'라고 할 때 '대해서'의 뜻은 크게 (1) '어머니, 처녀, 해녀, 미인'과 같은 여성 지칭어, (2) '정숙하다, 얌전하다, 요망스럽다, 시집가다, (애)낳다'와 같이 여성을 직접 묘사하거나 여성이 주체가 된 행위를 설명, 묘사하는 여성 묘사어, (3) '똬리, (여성)화장품, 쓰개치마, 강강술래'와 같은 여성 관련어의 세 영역을 포함한다."[10)]

위의 여성어에 대한 정의를 바탕으로 남성어에 대한 정의 또한 마련하였다. 남성 대상어를 '남성에 대해서만 쓰이는 어휘'라고 하고, '아저씨', '영감' 등 남성을 직접 가리키는 남성 지칭어, '신사답다', '장가가다' 등 남성을 직접 묘사하거나 남성이 주체가 된 행위를 묘사하는 남성 묘사어, 그리고 남성사에 관련된 것으로 남성의 성품이나 놀이, 용품 관련어를 포함하는 남성 관련어를 설정하였다. 아래의 개념 정의를 기반으로 남아 대상 애니메이션, 여아 대상 애니메이션의 대상어를 추출하여 분석할 예정이다.

〈여성어〉 대체로 또는 완전히 여성에 대해서만 쓰이는 어휘

여성 지칭어 : 여성을 직접 가리킨다.

---

10) 위의 글, 7-64쪽.

여성 묘사어 : 여성을 직접 묘사하거나 여성이 주체가 된 행위를 설명, 묘사한다.

여성 관련어 : 여성사에 관련된 것으로 여성의 성품이나 놀이, 용품 관련어 등으로 나눌 수 있다

〈남성어〉 대체로 또는 완전히 남성에 대해서만 쓰이는 어휘

남성 지칭어 : 남성을 직접 가리킨다.

남성 묘사어 : 남성을 직접 묘사하거나 남성이 주체가 된 행위를 설명, 묘사한다.

남성 관련어 : 남성사에 관련된 것으로 남성의 성품이나 놀이, 용품 관련어 등으로 나눌 수 있다

2.3.2 애니메이션 선정 기준

연구 대상이 되는 애니메이션 선정 기준은 다음과 같다. 여아 대상, 남아 대상 애니메이션은 모두 어린이 채널에서 방송된 애니메이션으로 한정했다. 세부 기준으로는 여아 대상 애니메이션은 주 타겟 시청층이 여성이며, 주인공 및 내용 진행 과정에 상당한 부분을 차지하는 인물이 대부분 여성인 애니메이션으로 선정하였다. 마찬가지로 남아 대상 애니메이션은 주 타겟 시청층이 남성이며, 주인공 및 내용 진행 과정에 상당한 부분을 차지하는 인물이 대부분 남성인 애니메이션으로 선정하였다.

애니메이션 선정 과정에서 시대 선정은 현재 20대 초반이 5-10세 시절에 해당하는 시기인 2009년부터 2015년까지 방영된 작품으로 한정하였다. 오늘날 20대는 새로운 경험과 변화를 적극적으로 수용하며, 유행과 밈(meme) 등의 대중문화를 만들어내 확산시킨다. 따라서 현재의

문화 주축이 되는 20대가 유아기 시절 접했던 애니메이션을 분석하는 것은, 단순히 과거의 미디어에서 드러나는 언어의 양상을 밝히는 데 그치는 것이 아니라, 오늘날 한국 대중문화와 사회적 가치관 형성의 기반을 이해하는 데에도 중요한 의미를 지닌다. 즉, 2009-2015년 사이의 애니메이션이 20대의 집단적 기억과 문화적 취향, 그리고 세대별 유행과 밈(meme)의 토대가 되었음을 고려할 때, 이 시기 작품을 연구 대상으로 삼는 것은 현재의 문화 현상을 설명하는 데 적합하다. 이에 따라 『치링치링 시크릿 쥬쥬』(2012)[11], 『완소! 퍼펙트 반장』(2009)[12], 『마법변신! 아이돌 프린세스 리틀프릿』(2011)[13], 『아이 엠 스타!』(2012)[14], 『변신자동차 또봇』(2010)[15], 『헬로 카봇』(2014)[16], 『터닝메카드』(2015)[17]

---

11) 『치링치링 시크릿 쥬쥬』의 세계관은 인간 세계인 시크릿 타운과 수많은 마법 세계, 그리고 마녀 세계로 이루어진다. 주인공인 요정 '쥬쥬'는 공주가 되고 싶어 동화 나라의 규칙을 어기고 왕자를 만났다가 검은 마녀에 의해 동화 나라에 봉인 당하게 된다. 마법의 힘이 약해진 쥬쥬가 자신을 도울 친구를 찾으러 인간 세계로 가고, 그 과정에서 다양한 사건이 발생하며 진행되는 애니메이션이다.

12) 주인공인 반장 신미미를 중심으로 아름다워지기 위한 소녀들의 고민을 소재로 벌어지는 고등학교의 에피소드를 담고 있다. 주인공 신미미 주변에는 반 친구들을 비롯하여 MM3(무지무지 인기 많은 문제아 3인조 - 남)와 프린세스 로즈 클럽(예쁜 학생들만 가입할 수 있는 동아리에서 예뻐지고 싶은 학생이라면 누구나 가입할 수 있는 동아리로 변화함 - 여자 2명, 남자 1명이 주축)이 있다.

13) 주된 배경이 되는 동화 왕국의 소멸 위기를 극복하기 위해서는 인간계 사람들의 마음에 들어있는 행복인 '해피니스톤'을 모아야 한다. 이를 위해 동화 나라의 마법펫들이 인간계에 내려와 해피니스톤을 가질 수 있는 '공주다운 품성'을 지닌 전설의 프린세스를 찾으며 벌어지는 이야기이다. 매화마다 변신, 가무, 환상적인 기술의 사용이 등장한다는 특징이 있다.

14) '라임'이 절친인 마린의 권유로 아이돌 양성 명문 학교인 스타라이트로 편입하고, 여러 라이벌과 만나며 아이돌로서의 마음가짐과 밝고 활기찬 활동을 그린 애니메이션이다. 여기서 주인공과 주요 인물들이 속해 있는 스타 라이트 학교는 학생 전원이 현역 아이돌인 아이돌 육성 학교이다.

15) 초등학생 쌍둥이 하나와 두리가 아빠 차도운이 만든 변신자동차 또봇 x와 또봇 Y로

를 연구 대상으로 선정하였다.

또한, 각 애니메이션의 1-3화만을 분석 대상으로 삼았다. 이는 애니메이션의 초반부가 세계관, 주요 캐릭터, 서사구조, 그리고 반복적으로 등장하는 언어적/시각적 패턴을 가장 효과적으로 드러내는 구간이기 때문이다. 보통의 애니메이션 및 TV 시리즈물의 첫 에피소드는 시청자에게 작품의 세계관, 인물 관계, 기본 설정, 주요 갈등 구조를 빠르게 소개하고, 시리즈 전체의 정체성과 메시지를 전달하는 역할을 하므로 이 부분을 분석하는 것은 작품의 반복되는 구조와 언어 특성, 그리고 메시지의 주된 전달 방식을 파악하는 데 가장 효과적이다.

Ⅲ. 남·여 대상 애니메이션 속에 사용된 성별 대상어

남아 대상 애니메이션으로 선정된 『변신자동차 또봇』(2010), 『헬로카봇』(2014), 『터닝메카드』(2015)와 여아 대상 애니메이션으로 선정된 『치링치링 시크릿 쥬쥬』(2012), 『완소! 퍼펙트 반장』(2009), 『마법변신! 아이돌 프린세스 리틀프릿』(2011), 『아이 엠 스타!』(2012)의 1~3회를 대상으로 스크립트를 전사한 후, 대상어 어휘와 등장 횟수를 전수조사

악당을 물리치고 납치당한 아빠를 구하며 이야기가 전개된다. 매 회차에서 자동차 폭주 사고가 일어나며, 이러한 사고를 일으킨 범인을 쫓는 이야기이다.

16) 초등학교 1학년인 차탄은 남극에 계신 할아버지가 보낸 소포를 통해 변신 자동차 카봇과 만나게 되는데, 카봇은 주인공인 차탄이 겪는 문제를 해결해 주는 비밀 친구이다.

17) 메카 생명체인 작은 차 형태의 메카니멀(메카 + 애니멀)은 우주의 전쟁을 막기 위해 만들어졌지만 악의적 목적으로 사용될 위험이 있었기에 우주 곳곳으로 흩어진다. 그 중 지구에 떨어진 메카니멀을 찾기 위해 온 블루랜드와 레드홀의 우주인들, 그리고 그들을 우연히 만나며 사건을 일으키는 지구인들을 중심으로 이야기가 전개된다.

하였다. 조사 내용을 토대로, 여아/남아 대상 애니메이션별 전체 대상어 개수, 대상어 종류별 횟수, 지칭어 횟수, 묘사어 횟수, 관련어 횟수 통계를 집계하였다. 그 결과를 제시하면 다음과 같다.

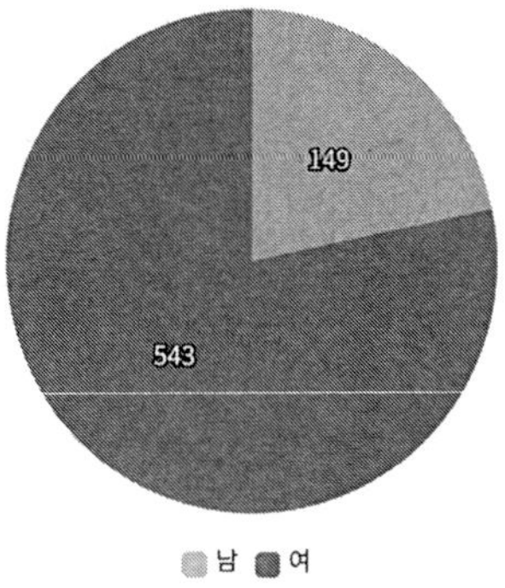

〈표 1〉 〈남·여〉 대상어 사용 횟수

먼저, 여아 대상 애니메이션과 남아 대상 애니메이션의 대상어 사용 횟수와, 대상어 종류별 사용 횟수를 조사하였다. 여아 대상 애니메이션에서는 대상어가 543회로 나타났다. 여아 대상 애니메이션의 대상어는 전체의 약 78.5%에 해당하는 숫자다. 반면 남아 대상 애니메이션의 대상어는 149회(21.5%)로, 여아 대상 애니메이션의 성별 대상어에 비해 숫자가 많지 않다.

숫자만의 차이가 아니라 앞서 나눴던 지칭어, 묘사어, 관련어의 분포 현황에서도 차이가 난다. 아래는 그 분포를 표로 나타낸 것이다.

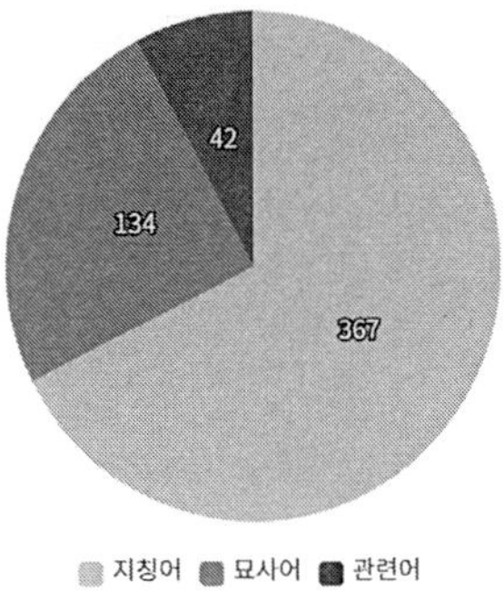

〈표2〉 여아 대상 애니메이션의 대상어

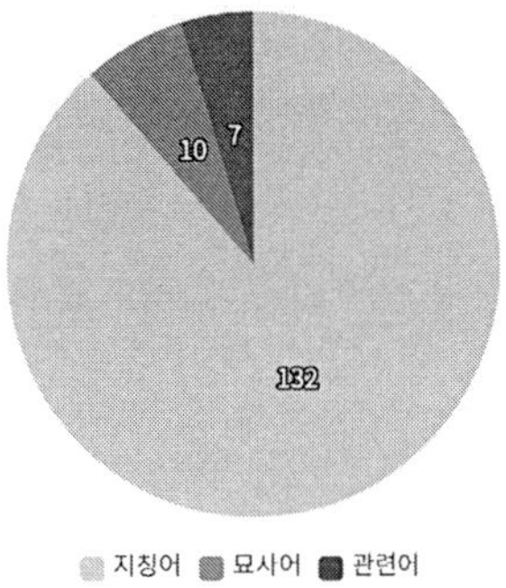

〈표3〉 남아 대상 애니메이션의 대상어

〈표2〉에서 알 수 있듯 여아 대상 애니메이션에서는 대상어가 543회 나타났다. 그 중 지칭어가 367회로 가장 많이 사용되었으며, 묘사어 134회, 관련어는 42회 사용되었다. 남아 대상 애니메이션에서는 대상어가 149회로, 지칭어가 132회로 가장 많이 사용되었으며, 묘사어 10회, 관련어가 7회 사용되었다.

남아 대상 애니메이션과 여아 대상 애니메이션 모두 지칭어, 묘사어, 관련어 순으로 많이 사용되었다는 공통점이 있었으나, 남아 대상 애니메이션에서는 전체 대상어 중 지칭어가 약 90%를 차지하고, 묘사어와 관련어는 각각 약 6%, 약 4%로 매우 적게 나타났다는 점이 눈에 띈다. 이에 반해 여아 대상 애니메이션에서는 지칭어 약 67.6%, 묘사어가 약 24.7% 등장하였다. 여아 대상 애니메이션 관련어의 경우 약 7.7%로 남아 대상 애니메이션에 비해서는 많이 등장하였지만, 전체에서 차지하는 비율은 적게 나타났다. 다음 절에서는 대상어의 세부현황을 하나씩 살펴보려 한다.

3.1 남·여 지칭어 사용 현황

본고에서 논의의 대상으로 삼은 6편의 애니메이션에 등장한 대상어 중에서 지칭어의 사용 현황부터 보면 다음과 같다.

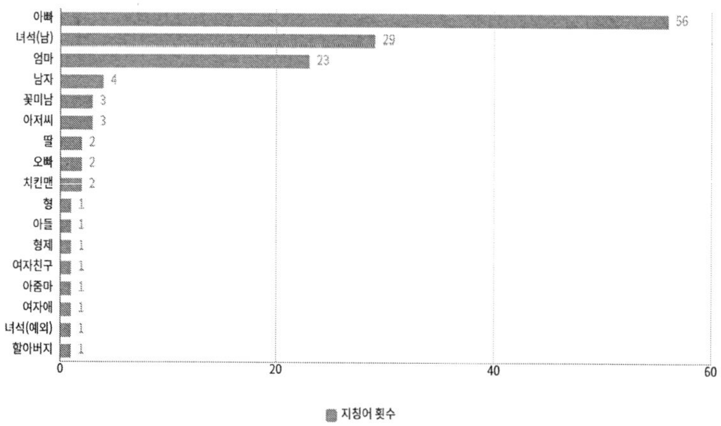

〈표4〉 남아 대상 애니메이션 지칭어 사용 종류 및 횟수

남아 대상 애니메이션의 지칭어 사용에서는 엄마, 아빠, 딸, 아들 등과 같은 가족 지칭어가 86회(66%)로 과반을 넘는 비율을 차지했다. 그 외에는 남성에게 '녀석'이라는 지칭어가 29회(17.5%)로 다수 사용되었다.

조사 결과, 애니메이션에서 사용된 어휘들이 '꽃미남(4회)'을 제외하고 대부분 일반적인 지칭어이거나, '치킨맨(2회)'과 같이 만화에서만 등장하는 남성 지칭어로 나타났다. 이러한 결과는 애니메이션에서 사용된 지칭어가 대부분 보편적이고 일상적인 단어로 이루어져 있음을 의미한다. 즉, 특별히 여성과 다른 남성성을 구별하여 강조하지 않고, 생물학적인 성에 따라 자연스럽게 쓰이는 표현이기 때문에 지칭어 사용 자체에서는 뚜렷한 성차적 특징이나 젠더 고정관념이 드러나지 않는다.

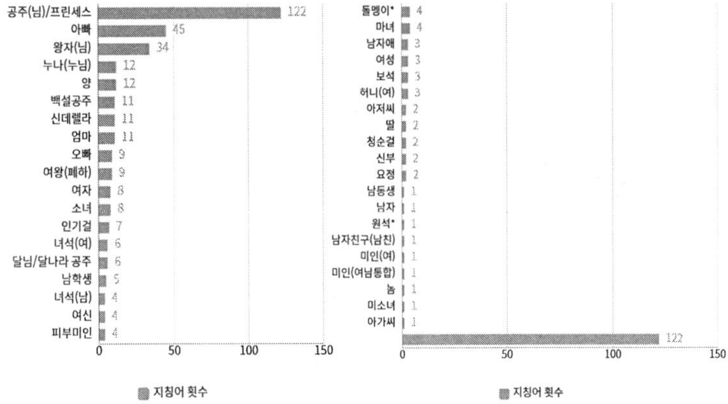

〈표 5〉 여아 대상 애니메이션 지칭어 사용 종류 및 횟수

여아 대상 애니메이션 대상어 중 지칭어에서도 엄마, 아빠, 누나 등의 가족 지칭어가 다수 등장하는 양상을 보였다. 또한, 아빠, 엄마, 누나와 같은 가족 지칭어와 달리, '오빠'라는 지칭어는 가족을 부르는 호칭으로 사용된 것이 아닌 그 대상이 여주인공들이 응원하는 아이돌을 칭한다는 점이 특징적이다. 이는 현대 아이돌 문화와 팬 문화를 적극적으로 반영한 프로그램의 특성과 관련이 있다. '오빠'라는 호칭은 여성이 자신보다 나이가 많은 남자 형제를 부르는 가족 호칭이지만, 케이팝 팬덤에서 여성 팬들이 자신이 좋아하는 남자 아이돌을 '오빠'라고 부르는 문화가 확산되었고, 아이돌을 하나의 큰 소재로 하는 『아이 엠 스타!』에서도 이가 드러난 것이라고 볼 수 있다. 이는 해당 애니메이션의 특수한 맥락에서 비롯된 결과임을 고려할 필요가 있다.

가족 지칭어가 가장 많은 수를 차지했던 남아 대상 애니메이션과는 달리, 여아 대상 애니메이션에서는 '공주/프린세스'가 전체 지칭어의 약 33.2%로 가장 많이 등장했다. '공주/프린세스'는 『아이 엠 스타!』를 제외한 『치링치링 시크릿 쥬쥬』, 『완소! 퍼펙트 반장』, 『마법변신! 아이돌 프린세스 리틀프릿』의 세 애니메이션에서 공통적으로 많이 등장했으며, 남아 대상 애니메이션에서는 한 번도 나타나지 않았다는 점이 특징이다. 이러한 애니메이션들에서는 '공주/프린세스'라는 지칭어와 관련되어 '공주'가 되려면 어떻게 해야 하는지, 공주에게 어울리는 것은 무엇인지 등 공주와 결부하여 성격이나 행동, 외모를 묘사하는 묘사어와 관련어를 다수 사용하는 양상을 보였다.

먼저 공주의 외모와 덕목을 보이는 예문은 다음과 같다.

(1)

"프린세스라 함은, 백설 공주처럼 달콤하게 노래하고. 신데렐라처럼 화려하고 멋지게 춤추고. 달나라 공주처럼 아름다운 법. 그것이 프린세스! 그것이 프린세스의 증표!"(마법변신! 아이돌 프린세스 리틀프릿)

(2)

"아름다운 신데렐라 공주"(치링치링 시크릿 쥬쥬)

"왜냐면 백설 공주는 언제나 예쁘고 근사한 걸요!"(마법변신! 아이돌 프린세스 리틀프릿)

(1)을 통해 여아 대상 애니메이션에서는 '공주'라는 이상적인 여성상에 대한 이미지, 그리고 공주가 될 여성이 갖춰야 할 외적 소양을 이야기한다. 이는 아동들의 여성과 외모에 대한 인식에 영향을 미치는 중요한 포인트가 될 것이다.

가족 지칭어 외에 주목할 만한 지칭어로는, 34회 등장한 왕자가 있다. '왕자'는 남아 대상 애니메이션에서는 등장하지 않는 지칭어로, '왕자님 같다'라고 말할 때 사용되거나, 실제 '왕자'라는 인물의 등장으로 주인공이 이름을 부를 때 사용되었다. '왕자님 같다'라는 표현이 쓰인 예문은 다음과 같다.

(3)

"프린스 오빠, 백설 공주에게 입 맞춘 왕자님 같아!, 신데렐라와 춤 춘 왕자님 같아!, 달나라 공주님한테 프로포즈한 왕자님 같아!"(마법변신! 아이돌 프린세스 리틀프릿)

위 예시에서 애니메이션 속 여자 주인공들은 자신이 좋아하는 남성의 모습을 고전 동화 속 왕자의 모습에 빗대어 표현하고 있다. 〈치링치링 시크릿 쥬쥬〉에서는 묘사가 아닌 실제 왕자 캐릭터가 등장하기도 한다. 이러한 '왕자'라는 지칭어의 잦은 등장은 여자 주인공 옆에 왕자의 존재를 필수적인 공주가 되기 위한 요소로서 언급하고, 공주가 되기 위해서는 왕자가 옆에 있어야만 한다는 인식을 심어주는 방향으로 영향을 미칠 수 있다.

그 외에 주목할 만한 외모 관련 지칭어로는 7회 등장한 인기걸, 4회 등장한 피부미인, 여신, 2회 등장한 청순걸이 있었다. 인기걸은 인기+걸(소녀)를 합친 어휘로써, 청순+걸(소녀)를 합친 어휘인 청순걸과 함께 〈완소! 퍼펙트 반장〉에 집중적으로 드러난다. '인기걸'이라는 지칭어는 다른 외모 지칭어인 청순걸, 그리고 피부미인 등과 맥락적으로 관련이 있다는 점에서 특이하다. 〈완소! 퍼펙트 반장〉에서 주인공인 미미는 인기걸이 되기 위한 방식으로 올바른 세안, 올바른 자세, 올바른 말투를 가져야 한다고 말하고, 피부미인이 기본이라는 점을 들어 친구들을 외적으로 청순하게 보이도록 변화시켜 인기걸로 만들고자 한다. 이러한 면에서 친구들 사이에서 인기가 많은 학생이 되기 위해서는 청순하고, 피부가 좋아야 한다는 이미지를 심어줄 수 있어 외모지상주의적인 사고를 하게 만들 수 있다는 우려가 생긴다.

3.2 남·여 묘사어 사용 현황

다음으로, 여아와 남아 대상 애니메이션 대상 묘사어에 대해 알아보고자 한다. 먼저, 남아 대상 애니메이션에서 사용된 어휘들은 다음과 같다.

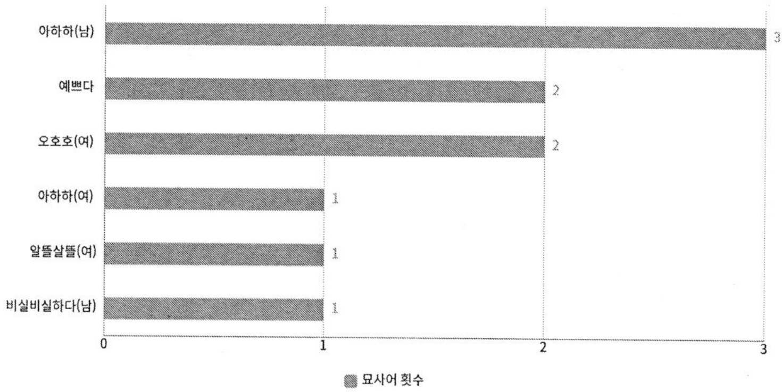

〈표 6〉 남아 대상 애니메이션 묘사어 사용 종류 및 횟수

〈표 6〉에서 알 수 있듯 묘사어가 10회 사용되었으며, 이는 134회 사용된 여아 애니메이션에 반해 현저히 적은 횟수이다. 이러한 결과는 단순히 남아 대상 애니메이션의 주제가 싸움이나 대결 중심이라는 점 뿐만

아니라 남성을 묘사하는 어휘 자체가 여성에 비해 세분화되어 있지 않고, 실제 사용 빈도 또한 매우 낮다는 점에서 기인한다. 남아 대상 애니메이션에서는 여성 또는 남성을 묘사하여 고정된 이미지를 형성하거나, 이상적인 성별의 모습을 드러내는 내용과 대화가 덜 보여진다는 것이다.

또한, 본 연구에서는 묘사어의 하위 분류로 '아하하', '오호호' 등의 의성어와 의태어 또한 포함하여 분석하였는데, 묘사어 중 60%가 오호호, 아하하 등의 웃음을 묘사한 행동 묘사어라는 점이 특징적이었다. 여자 캐릭터의 경우 '오호호'와 '아하하'를 모두 사용하고, 남자 캐릭터는 '아하하'만을 사용하는 경향을 보였다. 웃음소리 관련 예문을 보이면 다음과 같다.

(4)

가. "목표 지점 시내 출동! 출동~ 아하하하! (변신자동차 또봇)

나. (딩요엄마가 차고 밖에 서 있고 차고 안에서는 또봇Y가 차도운인 척 목소리를 내고 있다.)

또봇Y : 아, 딩요 어머니. 근데 딩요는 여기 안 왔는데요.

딩요엄마 : 오호호호. 아 네. 그래요? 오호호호. 아 그런데 요즘 통 안 보이시던데.

또봇Y : 네 신종 플루가 좀.이 아니라 요즘 신종 사고가 많아서 정신이 없네요.

딩요엄마 : 네? 아하하하하. 아이고~ (변신자동차 또봇)

위의 예문에서 남성 웃음 소리 '아하하'는 주인공 차두리가 시민을 구하기 위해 또봇Y(차두리의 파트너 변신 자동차)와 함께 출동을 외치는 자신감 넘치는 장면이다. 반면 여성 웃음소리 '오호호'와 '아하하'는 주요 등장 인물인 주딩요의 엄마가 학원에 가지 않은 딸을 찾아 또봇과 대화하는 장면에서 나타난다. 이때 딩요 엄마는 자신의 딸의 행동에 약간 머쓱해하며 '오호호'라는 웃음소리로 상황을 무마하고, 이후 대화가 어색하게 이어지자 대답을 대신해 '아하하'라는 웃음소리를 내는 모습을 보인다. 이러한 차이는 음운적 측면에서 '아'와 '오'가 가지는 어감의 차이로도 해석할 수 있다. '아'는 입을 크게 벌려 내는 소리로 개방적이고 밝은 음가를 가지고, '오'는 입술을 둥글게 내는 소리로 점잖고 우아하거나 여성적인 이미지를 가진다. 하지만 애니메이션에서의 실제 사용 양상을 보면 단순히 음운만으로 남성과 여성의 웃음이 이분법적으로 구분되지는 않는다. 애니메이션에서도 여성 캐릭터 역시 '아하하'라는 웃음소리를 머쓱하거나 쑥스러울 때 사용하는 장면이 나타나고, 남성 캐릭터 역시 호기롭고 자신감 있는 분위기에서 사용하였다. 즉, 맥락이나 감정 상태 등에 따라 여성과 남성이 모두 동일한 웃음소리를 쓸 수 있다는 점을 확인할 수 있다.

결국 '아하하'와 '오호호'의 선택은 캐릭터가 처한 맥락, 대화의 흐름, 감정에 따라 달라지며, 한 캐릭터가 상황에 따라 두 가지 웃음소리를 모두 사용하는 예가 실제로 나타난다. 이는 최근 미디어 언어에서 웃음소리 역시 고정적으로 성별이 분리된다기보다, 다층적 맥락에 따라 더 유연하게 변용되고 있음을 의미한다. 따라서 남녀의 웃음 음운이 무조건적으로 성차를 드러낸다고 단정하기보다는, 개별적 맥락에서의 용법 · 의미 변화에 주목하는 것이 더욱 현실적이다.

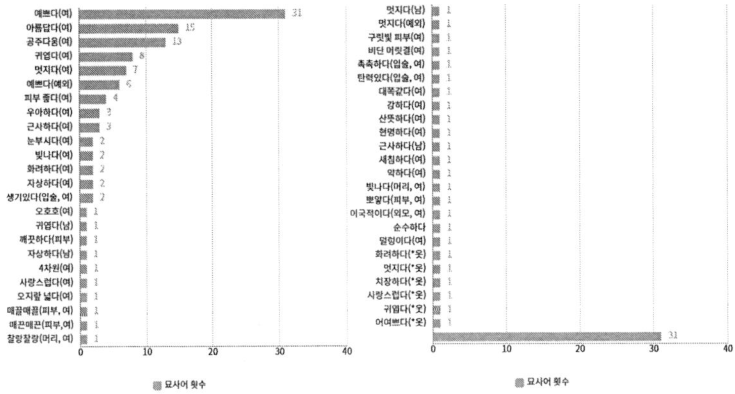

〈표 7〉 여아 대상 애니메이션 묘사어 사용 종류 및 횟수

또 남아 대상 애니메이션과는 상반되게, 여아 대상 애니메이션에서는 묘사어 38 종이 총 134회 등장하였다. 그 중, 예쁘다가 23%로 가장 많이 사용되었으며, 사용된 31회 모두 여성에게 사용되었다.

(5)

가. "어차피 나 같은 건 예뻐지긴 글렀어. 반장처럼 원래 피부가 좋고 얼굴이 예쁜 사람은 이런 내 맘 절대 이해 못 할 거야." (완소! 퍼펙트 반장)

나. "진짜 예쁘다. 새로운 공주 후보야!" (치링치링 시크릿 쥬쥬)

다. "왜냐면 백설 공주는 언제나 예쁘고 근사한걸요!" (마법 변신! 아이돌 프린세스 리틀프릿)

남성에 대한 묘사어는 134회 중 4회로 여자에 대한 묘사어 117회에 비교하여 현저히 낮은 빈도로 나타났다. 남성에 대한 묘사어는 귀엽다, 자상하다, 근사하다, 멋지다가 각 1회씩 사용되었다. 이는 간단히 외모나 성격에 대해 총칭하는 어휘로 빈도가 적게 나타났다. '자상하다'는 주로 다정한 성격을 나타내고, '근사하다'는 외모가 멀끔함을, '멋지다'는 외모나 전체적인 분위기를 통틀어 이야기하면서 여성 묘사어에 비해 비교적 적은 종류로 세분화되어 묘사되는 양상을 보였다.

여성에 대한 묘사어 역시 예쁘다, 아름답다와 같이 외모에 대해 총칭하는 표현이 '사랑스럽다, 귀엽다, 현명하다'와 같이 성격이나 행동에 대한 표현도 나타났다. 그러나, 여자에 대한 묘사어는 '피부'에 대해 깨끗하다, 매끌매끌하다, 매끈매끈하다, 뽀얗다, 좋다, 구릿빛이다, '머리'에 대해 찰랑찰랑하다, 비단 머릿결이다, '입술'에 대해 생기 있다, 촉촉하다, 탄력 있다 등 얼굴을 피부, 입술, 머릿결 등으로 세부적으로 나누어 묘사하였다. 사람의 분위기나 전체적인 평가에 대해서도 우아하다, 눈부시다, 빛나다 등으로 다양하게 표현하였다.

(6)

"달빛처럼 대쪽 같은 분이야!" (마법변신! 아이돌 프린세스 리틀프릿)

"하~ 얘도 4차원이네." (완소! 퍼펙트 반장)

"하! 오지랖 넓은 반장, 너 보러 온 거 아니거든?" (완소! 퍼펙트 반장)

뿐만 아니라 긍정적 표현의 '대쪽 같다'와 부정적 표현의 '4차원', '오지랖 넓다' 등의 성격 묘사어도 다양하게 나타났다.

자료 수집 및 통계 산출 과정에서, 여아 대상 애니메이션에서 등장하는 대상어 중 예외 처리된 어휘들에서 여성의 옷에 대한 묘사어와 관련어가 다수 등장한다는 점을 발견하였다. 예시로 『완소! 퍼펙트 반장』에서는 묘사어로 예쁘다, 관련어로 원피스가 사용되었다. 『마법변신! 아이돌 프린세스 리틀프릿』에서는 묘사어로 화려하다, 멋지다, 치장하다, 예쁘다, 어여쁘다, 귀엽다 등이 사용되었고, 관련어로는 드레스가 등장했다. 또한, 『아이 엠 스타!』에서는 관련어로 치마, 블라우스, 부츠, 코디센스가 나타났다.

이러한 다양한 옷에 대한 묘사어와 관련어들은 이상적인 여성상을 전제하고 여성을 그 틀 안에 가둔다. 여성에 대한 직접적인 평가나 규정은 아니지만, '옷'을 입는 주체는 여성이고 서술 또한 이런 '옷'을 입은 또는 입게 될 여성을 평가하는 내용이 많기 때문이다.

(7)

"유리구두의 공주님"(치링치링 시크릿 쥬쥬)

"금, 은, 보석으로 화려하게 치장된 멋진 레이스 드레스! 줄무늬, 물방울무늬, 스팽글의 어여쁜 캐주얼! 사랑스런 장식이 돋보이는 귀여운 옷! 이거면 공주다움도 단번에 쑥!"

(마법변신! 아이돌 프린세스 리틀프릿)

"네! 매번 공주 변신을 할 때마다 아름다운 의상으로 갈아입고서, 공주다움을 키우는거야!"

(마법변신! 아이돌 프린세스 리틀프릿)

위 대사에서 치장하다, 화려하다, 어여쁘다 등의 묘사어는 옷의 외양과 분위기 등을 설명하는 묘사어이다. 그러나, 이러한 옷을 입으면 '공주다움'이 올라간다고 이야기하는 것을 통해 옷을 입을 사람의 외양과 연관된다. 따라서, '옷'에 대한 여성 대상어들은 직접적으로는 옷을 대상으로 하고 있지만, 간접적으로 여성을 설명하는 어휘이다. 이뿐만 아니라 여성이 입어야 하는 '옷'에 대한 규정 또한, 다양한 여성의 '옷'에 대한 가능성을 배제하고 여성 이미지를 한정하고 일반화하는 효과를 불러일으킬 수 있다는 점에서 중요하다.

여아 대상 애니메이션의 묘사어 통계 산출 과정에서 남성에게 주로 사용된다고 여겨져 남성 묘사어로 분류되었던 '멋지다'가 여성에게 혼용되는 사례들을 다수 발견할 수 있었다. '멋지다'는 『완소! 퍼펙트 반장』에서 여성을 대상으로 2회 사용되었다. 『마법변신! 아이돌 프린세스 리틀프릿』에서는 남성에게 1회, 여성에게 1회 사용되었고, 『치링치링 시크릿 쥬쥬』에서는 여성에게 멋지다가 1회 사용되었고, 『아이 엠 스타!』에서는 여성에게 3회 사용되었다. '멋지다'가 사용된 예문은 다음과 같다.

(8)
가. "프린스 오빠 너무 멋있어!" (마법변신! 아이돌 프린세스 리틀프릿)
나. "반장 완전 멋졌던 거 알지?" (완소! 퍼펙트 반장)
다. (자신의 꿈을 이야기하는 여성에게) "누님 정말 멋져요!" (아이 엠 스타!)

'멋지다'의 사전적 의미는 '보기에 썩 좋다.', '썩 훌륭하다.'로 외양뿐만 아니라 능력, 태도, 행동 등 긍정적 평가를 포괄하는 형용사이다. 애니메이션 내 실제 사용 예문을 보면, 단순히 외모를 칭찬하는 맥락보다는 인물의 태도나 행동을 평가하는 맥락에서 더 많이 사용되었다. 이를 통해 '멋지다'가 남녀를 분간하지 않고 두루 사용될 수 있는 묘사어 표현으로 변모했다는 점을 도출할 수 있다. '멋지다'뿐만 아니라 '자상하다'와 '근사하다', '귀엽다'까지 남성과 여성에게 공통으로 사용되는 양상을 보인다. 그러나 세 어휘가 '멋지다'의 빈도보다 비교적 적은 횟수로 등장하고 있어 다른 애니메이션에서도 이러한 결과가 나타나는지를 확인해야 할 필요가 있다고 생각하여 '멋지다'만을 분석하였다.

이처럼, 남성에 비해 여성의 외양과 성격, 그리고 분위기 등을 지나치게 많이 세분화하고 더 다양한 어휘로 표현하는 양상과 구체적 어휘들은 세상이 '여성'의 외모를 바라보는 가혹한 관점이 아동이 보는 애니메이션에도 반영되어 있다는 점을 보여준다. 이는 여아들이 아동 애니메이션을 시청함으로써 노출되는 '어휘'들을 통해 무의식적으로 세상이 여성을 바라보는 사회적 시선을 학습하고, 이상적인 여성상이 되기 위해 '노력'하는 서사를 통해 외모나, 성격 등에 치중한 비정상적인 자아실현 목표를 설정하게 될 우려가 있다.

3.4 남·여 관련어 사용 현황

마지막으로, 여아와 남아 대상 애니메이션 대상 관련어에 대해 알아보고자 한다. 먼저, 남아 대상 애니메이션에서는 7회의 관련어가 사용되며, 42회 사용된 여아 대상 애니메이션과 비교하여 적은 횟수로 나타났다. 사용된 단어는 의리(남) 6회, 잔소리(여) 1회로 총 두 가지 단어밖에 나타나지 않았다. 관련어가 여성에 비해 적은 횟수로 나타난 점 또한 묘사어와 비슷하게 악당과 싸우거나 영웅의 역할을 하는 인간이 아닌 로봇 등과 교류하는 내용이 주를 이루는 남아 대상 애니메이션의 특성상 대화 내용이 다소 한정되기 때문으로 추측해 볼 수 있다. '의리'라는 단어가 관련어의 약 85.7%를 차지하는 것 또한 이러한 특성의 결과로 추측된다.

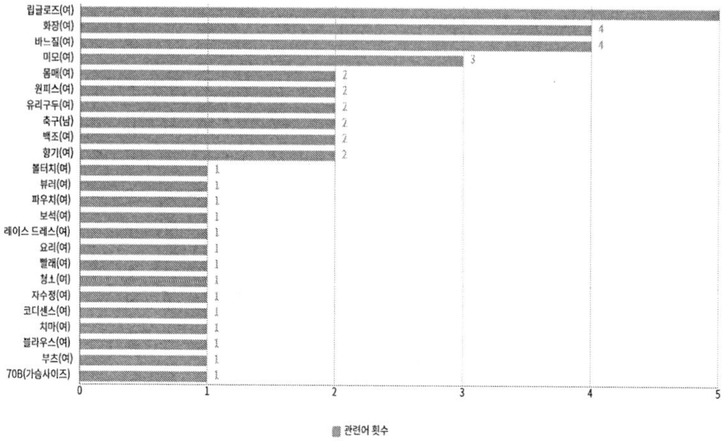

〈표 8〉 여아 대상 애니메이션 관련어 사용 종류 및 횟수

여아 대상 애니메이션 관련어는 총 42회로, 총 7회인 남아 대상 관련어와 비교하여 6배 많이 나타났다. 또한, '축구' 2회를 제외한 40회의 어휘는 모두 여성 관련어로 나타났다. 여성 관련어에는 립글로즈, 뷰러, 파우치, 볼터치 등 화장과 관련된 어휘, 미모, 몸매, 70B와 같이 몸과 관련된 어휘, 바느질, 요리, 빨래, 청소와 같이 가사와 관련된 어휘, 블라우스, 치마, 원피스 등 옷과 관련된 어휘가 있었다.

(9)

가. "아! 립글로즈! 깜빡했다. 립글로즈는 좌우로 빈틈없이 발라주는데, 입술 끝은 입을 살짝 벌린 상태에서 발라주는 게 포인트니까 절대 잊지 마! 많이 발랐을 땐 티슈로 살짝 눌러 줘. 자연스럽고 생기 있는 입술로 진정한 인기 걸이 돼 보자구!" (완소! 퍼펙트 반장)

나. "요리에 빨래, 청소... 뭐든 못하는 게 없으시고, 공주님은 참 대단하세요."(마법 변신! 아이돌 프린세스 리틀프릿)

옷이나 화장 도구와 관련한 어휘 또는 몸에 대한 평가가 드러나는 어휘들은 여아 대상 애니메이션에만 다수 등장하는 양상을 보인다. 이러한 관련어에 노출된 여아들이 화장하고, 치마나 드레스 같은 옷을 갖춰 입는 것이 좋고 멋진 것이라는 세상이 바라보는 여성 이미지를 내재하고, 잘못된 이상적 여성상을 형성함으로써 부정적인 메시지를 전달할 수 있다는 우려를 제기할 수 있다. 또한, '가사'에 대한 어휘들이 여성에게만 드러나는 것을 통해 애니메이션이 '가사'의 영역을 여성에게 한정하며 여성의 성역할을 고정적으로 규정하는 방향으로 영향을 미칠 수 있다.

3.5 연구결과 분석

본고는 선행 연구 정리 결과, 남성 대상 애니메이션보다 여아 대상 애니메이션에서 여성 대상어가 더 많이 등장할 것이라 가정하고 이를 여러 편의 애니메이션을 대상으로 살펴보았다. 그 결과를 요약하면 다음과 같다.

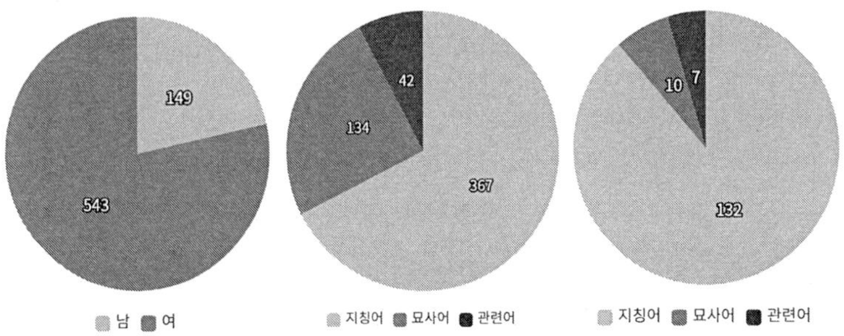

〈표 9〉 〈남·여〉 대상어 사용 횟수 / 여아 대상 애니메이션 대상어 / 남아 대상 애니메이션 대상어

통계 조사 결과, 전체 대상어 692회 중 여아 대상 애니메이션에서 나타난 대상어는 543회로 78.5%, 남아 애니메이션에서 나타난 대상어는 149회로 21.5%를 차지하며 남성 대상 애니메이션보다 여성 대상 애니메이션에서 대상어가 더 많이 나타났다. 또한, 전체 대상어뿐만 아니라 지칭어, 묘사어, 관련어 모두 여성 대상 애니메이션이 많이 나타난 것으로 조사되었다. 지칭어는 여아 대상 애니메이션에서 367회, 남아 대상 애니메이션에서는 132회로 남성 대상 애니메이션보다 여성 대상 애니메이션에서 지칭어가 더 많이 나타났다. 묘사어는 여아 대상 애니메이션에서 134회, 남아 대상 애니메이션에서는 10회로 남성 대상 애니메이션보다 여성 대상 애니메이션에서 묘사어가 더 많이 등장했다. 관련어는 여아 대상 애니메이션에서 42회, 남아 대상 애니메이션에서는 7회로 남성 대상 애니메이션보다 여성 대상 애니메이션에서 관련어가 더 많이 나타났다. 따라서 가설 1은 참인 것으로 검증되었다.

두 번째로 여성 묘사어 중에서는 외양을 묘사하는 어휘가 가장 많이 등장할 것이라는 가설을 세우고 연구대상 애니메이션 속 묘사어를 살펴보았다. 우선, 외양 묘사어는 성격이나 행동을 묘사하는 어휘를 제외한 사람의 외양에서 드러나는 전체적인 분위기, 몸, 얼굴 등을 평가하거나 묘사하는 어휘로 정의하고 가설을 검증하였다.

남아 대상 애니메이션에서 등장하는 묘사어 10회 중 외양 묘사어는 예쁘다와 비실비실하다로 30%에 해당한다. 행동이나 성격 묘사어가 70%로 외양 관련 묘사어보다 많기 때문에 가설 2는 남아 대상 애니메이션에서는 거짓인 것으로 검증되었다.

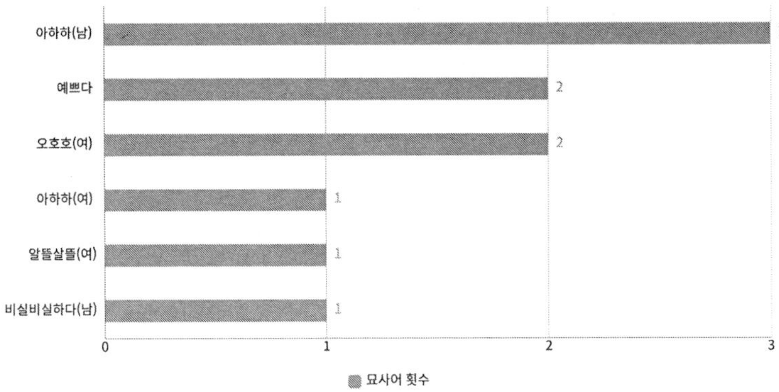

〈표 6〉 남아 대상 애니메이션 묘사어 사용 종류 및 횟수

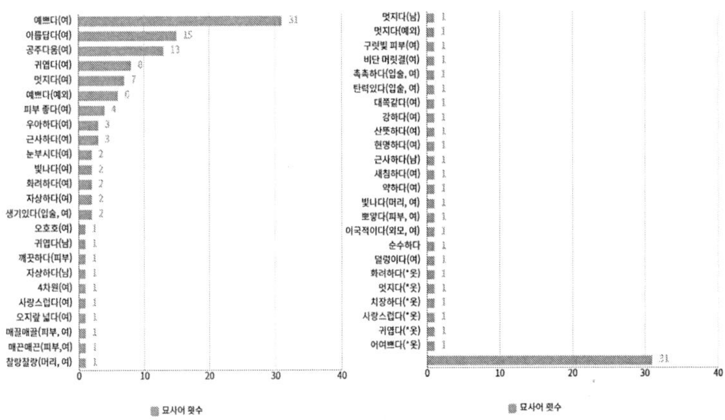

〈표 7〉 여아 대상 애니메이션 묘사어 사용 종류 및 횟수

여아 대상 애니메이션에서는 묘사어 중 외양을 묘사하는 어휘가 총 96회로 전체의 71.6%를 차지하며 28.4%인 행동이나 성격 묘사어보다 많게 나타났다. 따라서, 가설 2는 여아 대상 애니메이션에서는 참인 것으로 검증되었다.

마지막으로 여아 대상 애니메이션의 여성 대상어의 사용양상과 그 효과를 어휘 중심으로 살펴보았다. 우선 가족 지칭어가 가장 많은 수를 차지했던 남아 대상 애니메이션과는 달리, 여아 대상 애니메이션에서는 '공주/프린세스'가 전체의 약 33.2%로, 122회 사용되었다. '공주/프린세스'는 『아이 엠 스타!』를 제외한 『치링치링 시크릿 쥬쥬』, 『완소! 퍼펙트반장』, 『마법변신! 아이돌 프린세스 리틀프릿』의 세 애니메이션에서 공통적으로 많이 등장했다. 애니메이션들에서는 '공주/프린세스'라는 지칭어와 관련되어 '공주'가 되려면 어떻게 해야 하는지, 공주에게 어울리는 것은 무엇인지 등 공주와 결부하여 성격이나 행동, 외모를 묘사하는 묘사어와 관련어를 다수 사용하는 양상을 보였다. '공주/프린세스'와 이와 결부하여 등장하는 다양한 묘사어는 사회가 여성에게 요구하는 능력과 외양을 반영한 이상적인 여성상의 예시로서 작용한다. 이렇듯 아동 애니메이션에서 '공주'가 되어야 함을 강조하고, 공주가 되기 위한 행동을 규정하는 것은 이상적인 여성상인 '공주'의 성격, 분위기, 외양 등을 한정하고, 사회가 규정하는 '공주'에 부합하도록 요구하는 것으로 해석할 수 있다.

묘사어는 예쁘다가 23%로 가장 많이 사용되었으며, 사용된 31회 모두 여성에게 사용되었다. 묘사어의 경우에는 남성에 비해 여성의 외양과 성격, 그리고 분위기 등을 지나치게 세분화하고 다양한 어휘로 표현하는 경향이 보인다는 점이 특징적이었다. 구체적으로 나누어진 어휘들은 여성의 외모를 바라보고 평가하는 사회의 가혹한 관점이 아동이 보는 애니메이션에도 반영되어 있다는 점을 시사한다. 이는 여아들이 아동 애니메이션을 시청함으로써 노출되는 '어휘'들을 통해 무의식적으로 여성에 대한 사회적 시선을 학습할 뿐만 아니라 이상적인 여성상이 되기 위해 '노력'하는 서사를 통해 외모나, 성격 등에 치중한 비정상적인 자아실현 목표를 설정하게 될 우려가 있다.

여성 관련어에는 화장과 관련된 어휘, 몸과 관련된 어휘, 가사와 관련된 어휘, 옷과 관련된 어휘가 있었다. 이러한 여성성 관련어에 노출된 여아들이 화장하고, 치마나 드레스 같은 옷을 갖춰 입는 것이 좋고 멋진 것이라는 이데올로기를 비판 없이 수용할 수 있다는 우려를 제기할 수 있다. 또한, '가사'에 대한 어휘들이 여성에게만 드러나는 것을 통해 애니메이션이 '가사'의 영역을 여성에게 한정하며 여성의 성역할을 고정적으로 규정하는 방향으로 영향을 미칠 수 있다.

4. 결론

본 연구에서는 남아 대상 애니메이션과 여아 대상 애니메이션의 어휘 차이를 통계적으로 규명하고, 여아 대상 애니메이션에 등장한 여성 지칭어, 여성 묘사어, 여성 관련어를 조사하여 남아 대상 애니메이션과 비교하였다. 그 결과, 여아 대상 애니메이션에서 여성 대상어가 더 많이 등장하였고, 남성에 비해 여성의 외양과 성격, 그리고 분위기 등을 세분화하여 다양한 어휘로 표현하는 경향을 보여, 여성의 외모를 평가의 대상으로 바라보는 사회적 시선이 아동이 보는 애니메이션에도 반영되어 있음을 지적하였다. 여성에 대한 왜곡된 사회적 시선을 학습할 뿐만 아니라 외모에 치중한 비정상적인 자아실현 목표를 설정하게 될 수 있음이 우려되는 바이다. 이런 점에서 이 글은 내용과 캐릭터 위주로 애니메이션에서 드러나는 여성 시각에 대한 분석을 진행하거나 남성과 여성의 언어적 특성 차이나 언어에서 드러나는 이데올로기를 분석했던 기존 연구를 확장하고, 주제를 통합한 연구를 진행했다는 점에서 의의가 있다.

이러한 연구의 의의에도 불구하고 본 연구에는 몇 가지 한계를 가지고 있다. 첫 번째는 많은 애니메이션을 검토하지 않았다는 것이다. 2009년부터 2015년 사이에는 본 연구에서 다룬 7가지 애니메이션 외에도 매우 많은 수의 애니메이션이 방영되었다. 따라서 표본의 수가 부족하고, 다양한 장르에 대한 가능성을 검토하지 못했을 가능성이 있다. 두 번째는 전 회차 분석이 아니라는 점이다. 실제 조사 결과 1-3화는 애니메이션의 도입부 부분으로, 대화는 많았지만, 세부적인 세계관이나 배경을 설명하는 경우가 많아 실질적인 스토리 진행과는 동떨어진 내용이 주가 되는 경우도 있었다. 세 번째는 선정 기준이 명확하지 않았다는 점이다. 조사 대상이 10-15년 전 과거에 TV로 방영되던 애니메이션이기 때문에 주된 시청자층과 시청률 등 구체적인 수치를 확인할 수 없어 선정 기준이 명확하지 않다는 한계가 있다. 네 번째는 여아 애니메이션 어휘 분석에 더 초점을 맞추었기 때문에 1개 더 많은 표본을 조사했다는 점이다. 따라서 연구를 확장하고, 발전시키기 위해서는 향후 지속적인 관련 연구를 통해 더욱 세부적인 조사 및 분석과 연구 검증이 필요할 것이다.

한국 뉴스기사 속 여성 연예인 묘사 어휘의 시대별 변화와 외래어 활용 양상 분석
: 2010년대와 2020년대 비교를 중심으로

김 민 지

1. 서론

현대 사회에서 '여성다움'이란, 여성의 외모, 성격, 사회가 요구하는 성별에 따른 덕목 등을 규정하고, '~다움'의 틀 내에서 여성의 이미지가 구체화된다. 이렇게 형성된 사회적 '여성다움'의 정의는 다양한 어휘, 관용적 표현 등을 통해 드러나는데, 과거 전통적인 '여성다움'은 '부드럽다', '순종적이다', '얌전한' 등의 형용사나 '현모양처', '성녀' 등의 단어를 통해 당시 사회적으로 규정된 이상적 여성상을 형상화해 왔다. 그러나 이는 개성과 다양성을 존중하며, 다원화된 가치를 지향하는 21세기에 접어듦에 따라, 새로운 '여성다움'의 개념으로 점차 변화/발전하게 된다. 다양한 여성 묘사 어휘를 통해 드러나는 현대의 '여성다움'은 단일한 고정된 가치 내에서 규정되는 것이 아닌, 다각화된 시선과 가치관을 반영하여 다양한 형상으로 묘사된다. 또한 현대의 다양한 대중 매체 속에 등장하는 '여성 연예인'은 대중이 소비하는 대상인 동시에, 대표적으로 규정되는 여성 이미지를 집약적으로 나타내며, 이러한 여성 연예인에 대한 여성 묘사들은 사회가 바라보는 '여성'에 대한 이미지를 상징적으로 구현해낸다. 이때 여성 묘사 어휘가 사용되는 다양한 대중 매체 중, '뉴스 기사'는 공적인 언어를 사용하는 소통의 장으로써, 다양하고 구체적인 어휘 표현을 통해 시대적 흐름과 내포된 이데올로기를 효과적으로 포착해낸다. 따라서 본 연구는 현대 사회의 온라인 뉴스에 게시되는 다양한 기사 속 여성 연예인을 대상으로 사용되는 형용사, 동사, 명사 등을 중심으로 여성을 바라보는 사회적 시선과 대중들의 인식을 분석하고, 이를 통해 미디어 매체 속에서 변화하는 '여성' 이미지와 문화적 흐름을 살펴보고자 한다.

이때, 특히 스마트폰의 대중화와 SNS의 확산 등 대중 매체적 환경에 급격한 변화와 더불어, 미디어 환경의 과도기적 흐름에 맞춰 다양한 여성 이미지가 적극적으로 소비되기 시작한 2010년대와 미투 운동 이후 여성 서사의 다각화가 본격적으로 시작된 2020년대(2024, 2025)를 각각 비교 분석하여 각 시기별 여성 묘사 어휘의 특징들을 알아보고자 한다.

2. 선행연구 정리와 연구의 방법

2.1. 선행연구 정리

초기 여성어 연구는 주로 신문이나 문학 작품에서 나타난 문체나 표현 방식에서의 남녀간 언어적 차이에 주목하며, 형식적 측면에서의 차별이나 여성을 대상으로 한 은어, 여성 어법과 남성 어법의 구조적 차이 등을 중심으로 이루어졌다. 김선희, 이석규(1992)는 "수 세기 동안의

'남존여비'의 성관을 가지고 있던 우리 민족의 언어는 역시 남녀차별의 흔적이 남아 있었다."고 밝히며, 일반적인 어휘에서 남성형이 여성형까지를 포괄하거나 남성형이 앞에 오고 여성형이 뒤따르는데 속어나 비어 등 부정적인 어휘에서는 여성형이 앞서는 것으로 나타난다는 점을 지적했다. 민현식(1995)은 여성에 대한 묘사어가 남성에 비해 미적 기준에 편중되어 있으며, 특히 신체의 각 부분을 세분화하여 다양한 부분 외모 묘사 표현들을 발전시켜 왔음을 드러냈다. 또한 그는 전통적으로 여성 묘사어가 행동 보다는 외모 중심으로 형성되어 왔다는 점을 주목했다. 이처럼 초기 연구들은 여성의 언어와 말 자체의 특징에 초점을 두는 경향을 보였다.

그러나 현재에 들어와서 소설, 영화, 드라마 등 다양한 담화 장르의 발전과 더불어 여성어의 의미작용과 여러 페미니스트 이론 등이 맞물려, 언어를 사회 문화적 과정의 일부로써 인식하고 재해석하기 시작했다. 이와 관련하여 박충선(1999)는 우리 사회에서 현실적 변화를 직접적으로 반영하기도 하고 때로는 행동 및 의식개혁을 주도하는 막강한 영향력을 지닌 대중매체의 특성을 언급하며, 텔레비전의 드라마에서 나타나는 여러 성차별적 요소들을 지적했다. 이는 곧 여성어가 사용되는 구체적 상황을 고려하여 의미의 다양성에 주목하여 언어를 통한 젠더 정체성, 사회적 가치의 반영 등 언어와 사회 구조 간의 복합적 연계를 밝히며 여성어 연구의 확장 과정을 보여준다. 다만, 드라마나 예능 프로, 영화 등 각종 대중문화 콘텐츠 중심으로는 여성에 대한 묘사 방식에 관한 연구들이 활발히 진행된 반면, 언론 보도 및 뉴스 기사 속 여성 묘사어에 관한 연구는 상대적으로 찾아보기 힘들었다.

따라서 본고는 다양한 이슈들을 시의성 있게 전달하며 사회적 담론을 형성하는 뉴스기사에 초점을 맞춰, 다양한 이미지로 묘사되는 여성 이미지의 변화 양상과 시대별 뉴스기사 속 여성 연예인 묘사 어휘를 분석하고자 한다.

선행연구의 흐름을 바탕으로, 본 연구는 두 가지 가설을 설정했다.

> 가설1. 2010년대와 2020년대 모두 여성 연예인의 외양을 묘사하는 어휘가 가장 많이 사용될 것이다.
>
> 가설2. 2010년대와 비교하여, 2020년대의 여성 연예인을 묘사하는 뉴스 기사 속 어휘는 단순한 외형적 평가에서, 분위기, 성격, 가치관 등 비물리적 특성에 대한 묘사로 다변화될 것이다.

2.2. 연구의 방법

뉴스 기사 선정 기준의 경우, 2020년대의 경우 보다 최신 자료를 수집하기 위해 2024년, 2025년 1월 1일~12월 31일까지 온라인에 게재된 기사로 한정했다. 2010년은 비교대상 군이므로 2010년 1월 1일~12월 31일까지 게시된 기사로 한정하였고, 둘 모두 기사제목 및 본문에서 '여성 연예인'(특히 배우, 아이돌)을 중심으로 서술한 기사를 채택했다.

본 연구의 주요 목적은 여성 연예인을 묘사하는 어휘의 사용 양상 및 변화를 통해, 시대별 '여성다움'이 표현되는 양상을 탐색하는 것이다. 따라서 논란이나 범죄와 같은 비일상적 사건에 의해 나타난 언어적 표현이 아닌, 일상적이고 반복적으로 소비되는 여성상이 표현된 기사만을 분석 자료로 채택했다. 부정적 사건을 다룬 기사는 여성 연예인 개인의 특성 및 객관적인 묘사보다, 해당 사건을 중심으로 한 도덕성 여부, 언론의 가치 판단이 개입될 가능성이 높다고 판단하였기 때문이다. 특히 부정적 사건을 다룬 경우, 여성 연예인의 일상적이거나 일반적인 이미지의 재현이 아닌, 예외적이고 감정적인 언어가 사용되었을 우려가 있으므로, 이들을 제외하고 사회적 평가, 활동에 대한 내용을 포함한 기사를 우선적으로 수집했다.

또한 정확도 및 조회된 횟수를 고려하여 2025년도 뉴스 기사에서 사용된 여성 묘사 어휘 31개, 2024년도 뉴스 기사에서 사용된 여성 묘사 어휘 30개, 2010년도 뉴스 기사에서 사용된 여성 묘사 어휘 30개로 총 91개의 어휘를 선정했다. 이러한 기준들을 통해 대중이 실질적으로 소비하는 영향력이 큰 포털 사이트를 기준으로, 중복되지 않는 다양한 기사의 자료들을 확보하기 위해 노력했다.

3. 2010년대와 2020년대 '여성' 묘사 어휘와 사용 비교

3.1. 여성 묘사 어휘의 대상 세분화

여성을 묘사하는 어휘의 구체적인 사용 방식을 분석함을 통해, 사회적 요구에 따른 묘사 대상의 변화 과정 또한 살펴볼 수 있었는데, 2010년대의 여성 연예인 기사는 '외모'를 대상으로 한 묘사가 전체의 68.8%를 차지하며, 이는 사회에 만연해 있는, 여성의 시각적으로 보여지는 부분, 즉 신체적(물리적) 아름다움에 집중하고 평가하는 양상을 보였다. 또한 '인형', '여신', '미녀' 등의 명사와 '외양'을 대상으로 한 '깜찍하다', '예쁘다'와 같은 형용사 사용이 두드러졌는데, 이러한 어휘 사용을 통해 여성의 미적 이미지를 최고의 가치로 부각하는 당시 미디어 환경과 대중들의 인식을 엿볼 수 있었다.

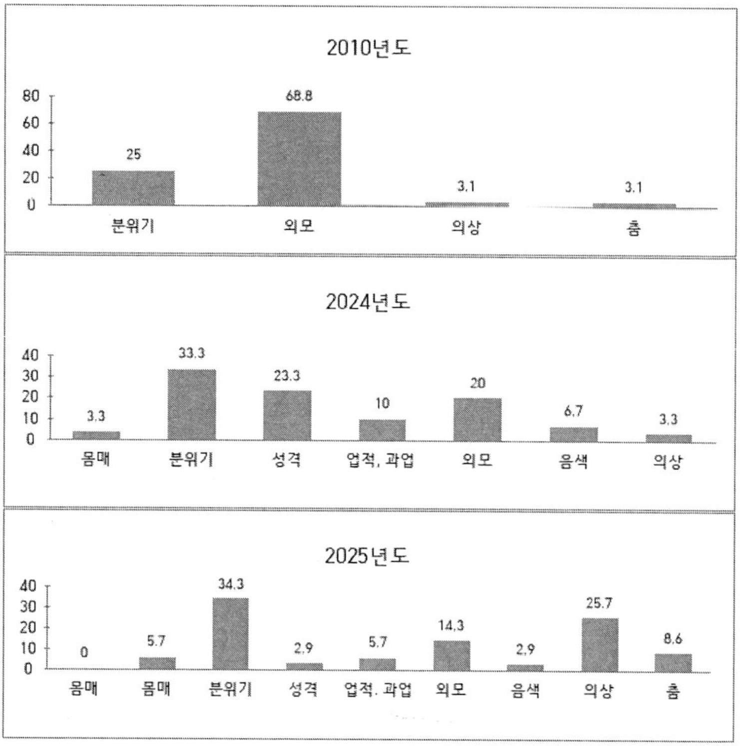

〈표1〉 여성 묘사 어휘의 현황 (위쪽부터 2010, 2024 , 2025년도 통계)

반면 2024년과 2025년으로 넘어오면서, 여성 연예인 기사의 묘사 대상은 점차 외모에서 '분위기', '성격', '의상', '업적'등 다양하게 세분화되는 양상이 나타났다. 2024년도는 분위기(33.3%) 〉 성격 (23.3%) 〉 외모(20%) 〉 업적, 과업(10%) 순으로, 2025년도는 분위기(34.3%) 〉 의상(25.7%) 〉 외모(14.3%) 〉 춤(8.6%) 순으로 각각 외모에 대한 묘사 비율의 감소와, 묘사대상의 다변화 양상을 보여주었다.

외모의 경우 "공항에 활짝 핀 사나 꽃"과 같이 '(사람이름)+꽃'의 합성을 통해 대상의 꽃처럼 아름다운 외양을 나타내거나, '탄탄한 복근', '시원한 이목구비', 시간이 지나도 변하지 않는 아름다운 얼굴을 빗댄 '방부제 미모'등의 표현들이 사용되었다.

의상의 경우 '차분한 아이보리 톤 투피스 정장', '시크한 블랙 룩', '화려한 패션' 등의 표현이 사용되었으며, 업적의 경우 '눈부시다', '독보적이다' 등의 표현이 주로 나타났다.

'분위기'의 경우 '어떤 사람이나 사물이 지니는 독특한 느낌' 을 의미하며, '청초한 자태', '유니크한 매력', '압도적인 카리스마', '걸리쉬 무드' 등 실제 외모나 의상 등 시각적인 대상 하나를 명확히 구분하여 묘사하진 않으나, 해당 인물이 지닌 여러가지 요소들로 인해 복합적으로 유발되는 비가시적이고 추상적인 느낌과 인상에 대한 표현으로 나타났다. '탄탄한 몸매', '화려한 블랙 앤 화이트 룩' 등 눈에 보이는 가시적 특성이나 구체적인 형태로 묘사된 외모나 의상 등의 예시와 달리, 수용자가 느낀 감정이나 인상으로 구성된 '분위기' 묘사는 인물에 대한 해석적인 언어로 작동하며 이는 미디어에서 '여성'이 시각적 소비 대상을 너머, 감성적 소비 및 공감의 대상으로 활용될 수 있음을 시사한다.

이러한 차이는 사회적 가치관의 변화, 여성 연예인에 대한 대중의 기대 변화 등 사회, 문화적 흐름을 반영한다. 이를 통해 현대의 여성에 대한 다층적 평가와, 각자의 개성을 중시하는 사회적 인식변화와, 스타일, 퍼포먼스 등 다양한 분야로의 관심 확장을 바탕으로, 여성 연예인 및 여성 이미지가 능동적이고 다양한 시각으로 해석되었음을 알 수 있다.

3-2. 형용사 사용 양상 및 수식 대상의 변화

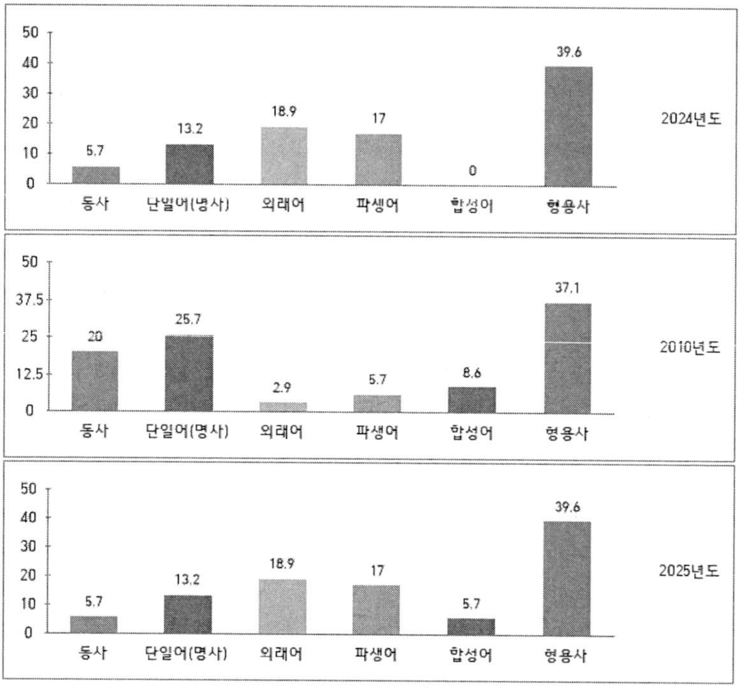

〈표2〉 여성 묘사 어휘 중 형용사 사용 현황(위쪽부터 2010, 2024, 2025년도 순의 통계)

연도별 가장 많이 사용된 어휘 형태는 모두 형용사였으며, 2010년의 외래어 사용 비율은 2.9%, 2024년과 2025년은 각각 18%, 18.9%로 외래어 사용 빈도가 점차 증가하는 추세를 보였다. 이때 세 연도 모두 형용사의 사용 비율이 가장 높게 나타났다는 점을 통해, 여성 연예인을 묘사하는 언론 보도가 '설명' 보다는 '이미지화'를 우선시하는 추세를 유지하는 경향을 알 수 있다. 인물의 외모, 분위기 성격 등 여성의 이미지를 표상하는 도구로써 기능하는 형용사의 사용 사례들을 바탕으로, 여성 연예인이 '어떤 행위를 했는가' 보다 '어떻게 보여지는가'에 초점을 맞춘 관습적 언어 사용 양상으로 해석할 수 있었다.

형용사의 경우 '단아하다', '세련되다', '우아하다'등의 표현을 통해 인물의 외모, 분위기, 성격을 부각하고, 대상의 특성에 대한 객관적 사실뿐만 아니라 수용자가 느낄 인상과 정서를 효과적으로 서술해 냈다.

(1) 가. "GROUND WORK" 무대까지 펼치며 파워풀한 군무를 선사, 신인상에서 빛나는 무대 장악력으로 현장을 뜨겁게 달궜다.

(1)에 뉴스 기사 예시 속 사용된 '파워풀한', '빛나는', '뜨겁게'와 같은 형용사들은 행위 자체에 대한 구체적인 묘사보다는 해당 행위가 환기시키는 정서적 이미지에 초점을 맞춘다. '파워풀한'은 외래어 차용을 통해 해당 무대의 역동성과 강렬한 열기를, '빛나는'은 그러한 아이돌이 성취한 수상을 눈부신 빛으로 비유하여 나타냈다. '뜨겁게'는 물리적 온도 개념을 은유적으로 빗대어 행위 자체에 대한 부가적 설명보다는, 아이돌의 행위가 환기하는 정서를 특정한 이미지로 연상시켜 감각적으로 표현했다.

또한 형용사의 경우 여성의 외모를 대상으로 한 '예쁘다'의 표현은 총 10회, 특히 아이돌의 외양에 대해 '깜찍하다'와 '상큼하다', '발랄하다'의 표현은 각각 4회로, 특정한 형용사 표현이 반복적으로 사용되는 양상을 보였다.

(2) 가. a. '46'세 김사랑, 20대 같은 생머리 미모+글래머 자태 "너무 예

뻐다."

b. "카리나 만큼 예쁘다"... 'SM 막내' 하츠투하츠, 2월 24일 데뷔

나. a. 다니엘은 흰색의 원피스를 입고 상큼한 분위기를 연출하는가 하면, 검은색 셋업을 착용하고 우아한 콘셉트도 소화해 냈다.

b. (여자)아이들 미연, 인간 비타민 변신... 상큼한 과즙 미모... 오렌지색의 원피스를 입은 미연은 상큼한 미소로 팬들의 시선을 사로잡았다.

다. 2EN1 산다라&민지, "깜찍+발랄" 무한 애교로 음중 일일 MC 합격점... 또 산다라박과 민지는 방송 내내 특유의 귀여운 매력을 발산했다. 또 다양한 표정과 통통튀는 말투로 깜찍미를 한껏 발산하기도 했다.

라. 청순글래머 신세경, 상큼발랄 소녀 회귀 '깨물어 주고파'

이때 '예쁘다'라는 형용사는 (가)처럼 여성을 시각적 영역에서 묘사하며 이상적인 여성성에 대한 가시적인 기준을 내포한 예시등이 사용되었다. '상큼하다'는 (나)와 같이 시원시원하고 산뜻한 분위기/옷 등을 묘사하거나, '과즙'이나 특정 과일을 연상시키는 이미지와 함께 쓰여 여성을 맛과 향기라는 미각적, 후각적 영역에 은유해 표현하며, 생기있고 매력적인 사회적 이미지를 나타냈다. 여성 연예인의 외양을 수식하는 '깜찍하다'와 '발랄하다'의 표현은 발화의 영역에서 아동적이거나 귀여운, 보호받아야 하는 어리고 순진한 존재로서의 여성 역할에 대한 기대를 드러냈다. (다)와 (라)는 배우나 아이돌의 전문적인 역량이나 무대보

다는 귀여움으로 인정받는 '애교' 행위나 미숙하고 어린 '소녀' 이미지와 함께 사용된 아동화된 여성상의 사례로 볼 수 있다.

이처럼 뉴스기사 속 여성을 묘사하는 어휘를 통해, '여성다움'의 개념을 시각, 미각, 행동 등의 다른 영역간의 유사성에 전이시켜 표현하는 인지언어학적 은유가 드러났다. 이와 관련하여 레이코프와 존슨(Lakoff & Johnson, 1980)은 은유란 하나의 개념 영역을 다른 개념 영역의 관점에서 이해하고 경험하는 것으로 그러한 두 개념 영역 간의 '사상(mapping)'이 은유의 본질이라는 개념적 은유 이론을 주창하였다. 다양한 은유적 표현들을 통해 우리는 세계를 특정한 관점으로 해석할 수 있게 되며, 인간의 공통된 경험과 내면화된 사회적 이데올로기를 포착해 낼 수 있다. (1)(가)의 뉴스기사 속 '빛나는 무대', '뜨거운 현장' 등의 표현의 사용으로 여성 연예인이 촉발시킨 추상적인 감정을 빛과 온도라는 일반적인 경험에 빗대어 생동감 있는 이미지 연상을 통한 빠른 이해를 유도할 뿐만 아니라, 여성 묘사에 있어서 특정 형용사의 반복적 사용은 '여성'에 대한 우리의 관점과 내재된 이미지를 효과적으로 나타낸다. 이처럼 다양한 인지언어학적 은유와 형용사 표현들은 결과적으로 미디어에서 소비되는 여성과 '여성다움'의 이미지를 구성하고 표현하게 된다.

뉴스기사 속 여성 묘사에 사용된 명사의 경우, 아래와 같은 표현들이 사용되었다.

(3) 가. 공항에 활짝 핀 사나 꽃
　나. 뛰어난 라이브 보컬 및 퍼포먼스 실력으로 괴물 신인이라는 수식어를 얻으며 화제를 모았다

(3)은 '꽃+여성 연예인의 이름'과 같이 신조어를 통해 대상을 아름다움의 상징인 '꽃'으로 강조하거나 '괴물' 등의 공포스러운 이미지를 내포한 명사와의 결합으로 여성 연예인의 등장을 묘사하는 예이다. 다양한 명사를 활용한 신조어들을 통해 인물을 아름다운 자연적 대상으로 은유해 시각적인 서정성을 강조하거나, 무서울만큼 뛰어난 인물의 비범성이 극대화하는 동시에, 그에 대한 강력한 화제성을 효과적으로 반영하게 된다.

동사의 경우, "숨 막히는 30초… '믿고 본다'는 반응이 도배된 한국배우"라는 기사 제목에서처럼, 해당 배우의 연기 장면을 직접적으로 묘사하는 것이 아닌, '숨 막힌다'와 같은 표현을 통해 해당 배우의 연기로 인해 촉발된 '느낌' '인상'을 재구성하는데 초점을 맞춘다.

대중 매체의 특성상, 이처럼 뉴스 기사에 포함된 여성 묘사 어휘들은 독자의 시선을 포획하고 감정적 몰입을 유도하기 위한 언어적 전략 등과 함께 사용되었다. 이때 여성 연예인에 대한 구체적인 정보 전달보다, '이미지화'를 통한 수용자의 시각적 상상을 자극하고 정서적 반응을 유도하는 표현들이 두드러지며, 이를 통해 여성 인물이 시각적 소비의 대상으로 묘사됨을 알 수 있다.

4. 외래어의 사용 양상 및 의미의 확장

여성 묘사어의 경우, 외래어 사용 양상에서도 변화를 보였는데, 2010년대의 여성 연예인 기사에서 외래어 사용 비율은 전체 중 2.9%로 매우 제한적이었던 반면, 2024년과 2025년도의 경우 외래어 사용 비율은 각각 18%, 18.9%로 증가했다. 아래는 해당 어휘와 그 구체적인 사례를 보인 것이다.

어휘	연도	대상	사례
힙(hip)	2024, 2025	성격, 춤	시크한 블랙 룩을 맞춰입은 마크의 모습에서는 압도적인 카리스마가 느껴지며, 영지와 함께한 이미지에서는 미스터리하고 남다른 아우라로 두 힙스터의 만남에 대한 기대감을 높인다.
아우라	2024	분위기	
미스터리하다	2024	분위기	
퍼펙트하다	2024	업적, 과업	'Love wins all'은 발매 1시간 만에 멜론 TOP100 차트 1위를 기록하며, 이후 4주 연속 주간 차트 1위, 2월 월간 차트 1위, 아이차트 퍼펙트한 올킬 339회 달성 등 놀라운 성과를 거뒀다.
트렌디하다	2024	분위기	화보 속 고준희는 여전히 트렌디한 모습을 자랑했다.
키치하다	2025	춤	강렬하게 몰아치는 비트에 맞춰 비비업만의 키치하고 '힙'한 퍼포먼스가 무대를 채웠다.
시크하다	2025	의상, 분위기	보아, 탈색 헤어와 올블랙 패션으로 시크한 매력을 선보이다.
카리스마	2025	외모	살짝 미소를 지으며 여전한 카리스마 비주얼을 뽐내 눈길을 끌었다.
젠지미	2025	분위기	힙한 매력의 'BTG'로 키키의 세련된 '젠지미'를 풍겨 반전 분위기로 무대를 휘어잡았다.
힐링	2025	음색	데뷔곡 'I DO ME'로 자유분방한 팀의 에너지와 시원시원한 '힐링 라이브'를 선사했다.
로맨틱	2025	의상	트와이스 사나, 공항의 발레리나 핏! 발레리나 슈즈에 로맨틱 드로스트링 드레스룩

〈표3〉 외래어를 사용한 여성 묘사어

〈표3〉에서 단순히 외래어 명사를 그대로 차용하는 수준을 넘어, 외래어 어근에 한국어 접사(-하다)가 결합되어 새로운 파생어의 형태로 사

용된 것이 눈에 띈다. '퍼펙트하다'의 경우 '완벽'을 의미하는 영어 어근 'perfect'에 '-하다'라는 형용사 파생 접미사가 붙어 생성된 단어이다. '완전무결한', 혹은 '흠이 없는'의 사전적 의미를 지닌 한국어인 '완벽하다'와 비교하여, '퍼펙트하다'의 경우 외래어 특유의 발음과 비표준성이라는 특징을 지닌다. 이처럼 외래어와 한국어가 혼합된 표현은 이질적인 억양으로 인한 신선하고 감각적인 인상을 지니게 되며, 외래어 어근에 한국어 접사가 결합된 비표준적 구조는 기존의 고정적인 언어 사용틀에서 벗어나 '퍼펙트' 이외에도 다양한 어근들과 자유로운 결합이 가능해진다. 이는 비표준적인 사용임에도 대중 담론 속에 자연스레 통용되며 이러한 비표준 단어의 '변주 가능성'은 빠르게 소비되고 변화하는 현대 미디어 매체적 환경에 정착하여, 다양한 감각적 이미지들을 효율적으로 나타낼 수 있게 된다. 동시에 다양한 비표준 파생어, 합성어들이 등장하는 언론 매체는 대중들에게 비표준 파생어 등을 반복적으로 노출시키게 되며 이는 '젠지미'와 같은 신조어의 탄생으로 이어지기도 한다.

외래어 사용과 관련하여 성민규(2025)는 사전 미등록 외래어들이 한국에 정착해 광범위하게 사용되어 왔으며, 매체의 급속한 발전과 더욱 활발해진 문화 교류를 통한 외래어의 유입이 앞으로 한국어 어휘를 더욱 풍요롭고 다양하게 만들 것이라는 전망을 드러냈다. 또한 한국어 대응어가 있는 외래어일지라도, 함께 사용되는 공기어 양상이 달라질 수 있다는 점을 주목하여 다양한 화용적 상황 및 목적에 따라 외래어 의미 분화 및 활용 가능성을 주목한 바 있다.

마찬가지로 뉴스기사 속 여성 묘사 어휘에서 사용된 외래어들의 경우, 특정 분야에서 유래되어 다양한 맥락으로의 의미 확장, 전이 양상을 보여주었다. 특히 패션, 예술, 음악 등의 분야 용어들이 여성 이미지 묘사에 광범위하게 차용되었는데, 패션분야의 경우, '시크하다'와 '트렌디하다' 등의 표현이 사용되었다.

(4) 가. a. 그동안 도회적이고 시크한 스타일(의 노래)를 유지해온 르세라핌이지만 이번에는 감성과 따뜻함을 담아냈다.
b. '킹더랜드'주연 배우 고원희, 시크한 매력 폭발
c. 김혜윤, 마멜공주의 반전 카리스마... 시크한 언니美 가득... 긴 생머리를 휘날리며 '차도녀'(차가운 도시 여자) 느낌으로 등장했지만 팬들과 취재진을 보자 금세 환하게 웃으며 손을 흔드는 모습으로 설렘을 자아냈다.
나. 현대의 울림, 전통의 메아리, 아미(AMI)의 '강강술래'로 탄생한 '퓨전 국악의 신세계'... 아미는 최근 디지털 싱글 '강강술래'를 발표, 이날치의 '범 내려온다'에 이어 퓨전 국악의 새로운 열풍을 예고했다... EDM 장르를 통해 트랜디한 감성을 담아내며, 기존 밴드 구성의 퓨전 국악 곡들과는 차별화된 솔로곡으로 그 특징을 더하고 있다.

'시크하다'는 '멋진, 스마트한, 세련된'의 의미를 지닌 패션용어 'chic'에서 파생되었으며, 초기 패션 분야에서 모던한, 또는 세련된 스타일을 지칭하던 "chic"는 현대의 뉴스 기사에서 여성의 표정, 태도, 분위기 등의 묘사로 그 의미가 확장되었다. (가)는 단순히 '옷이 세련됨'을 너머, '차갑고 도도한', '주체적인' 여성상에 대한 긍정적 평가의 의미를 내포한 어휘로 의미 및 수식 범주의 다양화를 보여준다.

'트렌디하다' 또한 '유행', '흐름'을 의미하는 영어 'trend'에 어원을 두고 있으며, 이러한 패션, 디자인 분야의 용어는 한국어 접미사 '-하다'와의 결합되어 여러 여성 묘사에 사용되었다. (나)의 '트렌디하다'는 여성 뮤지션의 음악적 감각을 설명한다. 이는 한국 전통의 미(美)와 현대의 유행적 요소의 결합을 넘어 세련된 감각, 시대적 흐름과 함께 호흡하는 주체적이고 세련된 여성 이미지를 형상화한다. 이처럼 '트렌디하다'는 여성 연예인의 '시대적 흐름을 주도하는 감각적인 가치관'을 수식하는 등, 의미적 사용 분야가 점차 확대되었다.

예술 분야의 어휘 확장으로는 '아우라'와 '키치하다'등의 표현이 있었는데, 라틴어 'aura'의 어원을 지닌 '아우라'의 경우, 본래 벤야민의 이론에서 '예술 작품의 독자성', '비복제성'을 지칭하는 용어로 사용되었다. 벤야민의 『기술복제시대의 예술작품』에서 '아우라'는 '감성적 지각으로서 미적 경험'과 '예술을 감상할 때 발생하는 대체 불가능한 미적 경험'을 의미했으나, 이는 현대의 '카리스마'등의 용어와 함께, 마치 예술 작품과 같이 범접할 수 없는 여성 연예인의 존재감, 대중 문화에서 여성 연예인의 독보성 등을 지칭하는 어휘로서 자리잡게 되었다.

(6) 가. KT 위즈 치어리더 이예빈, 야구장서 포착된 '여신 비주얼'... 다소 차분한 표정임에도 불구하고 주변 분위기를 압도하는 <u>아우라로</u> 팬들의 감탄을 자아냈다.

나. "움직이면, 화보"... 리아, 퀸의 <u>아우라</u>

또한 (6)과 같이 '아우라'는 주로 '여신', '여왕' 등의 표현들과 함께 사용되며, 이는 절대적 매력과 권위, 탁월성을 연상시켜 여성 연예인의 독보성과 영향력을 극대화하게 된다.

(7) 가. 유니스, 엉뚱발랄 리얼 젠지 완성... 영앤 키치 스위시 매력 폭발... 이와 한데 어우러진 여덟 멤버의 장난스러운 표정과 자유로운 포즈는 엉뚱발랄한 유니스의 매력을 더욱 두드러지게 한다.

나. 솔라, 키치하거나 우아하거나... 공개된 사진 속 '너드' 솔라는 '시크릿 파트너' 솔라의 도움을 받아 당당하고 자신감 넘치는 모습으로 새롭게 태어났다. 화려한 네일팁을 비롯해 'WANT'라고 쓴 페이스 페인팅으로 키치한 매력을 더했다.

'키치하다'는 본래 미술 비평 용어에 해당하는 독일어 'Kitsch'에서 차용되었으며, 그 의미는 부정적이며, 모방되고 "진품이 아닌" 등의 의미를 포함한다고 볼 수 있다. 이는 '저급함', '대중성' '자본주의적 논리에 따른 상업성' 등을 의미하는 원래 의미에서, (7)의 예시와 같이 '기존의 미학적 가치와 대비되는', '촌스럽거나 품위없지만 자신만의 독특한 스타일, 개성을 드러내는' 여성 연예인의 퍼포먼스 등을 지칭하는 단어로 그 의미가 확장되었다.

마지막으로 음악 분야의 경우, '힙하다', '힙스터'등의 표현이 빈번히 사용되었다. '힙하다'의 경우 '힙(hip)'의 외래어 어근에 '-하다'라는 형용사 파생 접미사가 결합된 형태로, 이때 '힙'은 비주류(흑인) 음악의 장르 'hip-hop'에서, '최신의', '멋진'등을 의미하는 '힙'으로의 의미 변화를 거쳐, '힙하다'라는 형용사로 사용되었다.

(8) 가. "54세 힙스터!, 데님 재킷과 플랫폼 슈즈로 완성한 힙한 패션"

나. "세련된 인테리어와 패션 취향, 뷰티 노하우 등을 공개하며 '힙한 언니'라는 수식어를 얻을 수 있었다. 특히 일상을 공유하면

서도 품격을 잃지 않는 애티튜드는 중장년 여성들 뿐만 아니라 젊은 세대에게도 매력적으로 다가갔다."

(8)처럼 '힙(하다)'은 단지 음악적 장르를 너머, 자기만의 개성을 지닌 여성 연예인의 춤, 의상,성격 등을 수식했다. 특히 (다)의 경우, 신비주의에서 탈피하여 '진짜 나'의 모습을 진솔하게 보여주는 여성 연예인의 당당한 삶의 태도를 '힙하다'라는 표현으로 묘사했다. 이러한 표현들을 통해 과거 얌전하고 청순한 전통적 여성 상과 명확히 대립되는, 자유롭고 독립적인 여성 이미지를 긍정적으로 인식하는 사회적 변화를 나타낸다. 앞선 어휘들이 함의하는 바를 정리하면 다음과 같다.

분야	사용된 어휘	여성학적 함의
패션	시크하다, 트렌디하다	주체성 부여
예술	아우라, 키치하다	여성의 독보적 지위, 유희성
음악	힙하다	규범 탈피, 개성 긍정

〈표4〉 외래어를 사용한 여성 묘사어

이처럼 외래어 파생어의 사용은, 외래어 어근 및 해당 문화에 대한 사전적 지식과 한국어 접사를 통한 확장된 의미/형태에 대한 이해가 동시에 요구되는 이중적 해석 구조를 지니며, 다양한 분야의 외래어를 한국어와 적절히 혼합한 표현을 통해 묘사 대상의 신선함, 차별성이 강조되고, 기존의 언어 질서의 해체가 가능해진다. 이는 문화 간 언어 접촉을 통해 기존 언어 체계의 경계를 현대적으로 재편해 나가며, 고정된 어휘적 틀을 깨고 새로운 가치부여 방법으로써 기능한다.

2020년대에 들어서며, 뉴스기사 속 외래어는 여성의 분위기, 태도, 성격 등 다양한 가치를 묘사하기 위한 장치로 활용되었다. 영어, 독일어, 라틴어 등의 차용을 통한 이질적인 언어가 활용된 표현들은 이미 그 의미가 고착화된 고유어 표현들과 비교하여, 수용자 개개인의 관점과 경험을 고려한 감정적이고 자율적인 해석의 가능성을 열어둔다. 이를 통해 설명적이고 분석적인 여성 묘사가 아닌, 여성 연예인의 태도, 외양, 노래 등이 야기한 즉각적인 인상을 나타내며, 수용자의 주도적인 감상 표현 또한 가능해진다.

송승현(2022)는 '한국어 외래어의 의미를 원어(대부분의 경우 영어)의 의미를 떠나 생각하기 어렵'기 때문에 '학습자들은 한국어 외래어를 본인의 모국어에서 사용되는 외래어 또는 실제 원어의 의미와 연관지어 이해할 수 밖에 없다'는 점을 지적한다. 동시에 '외래어는 수용언어로 차용되면서 변화를 겪는다'고 언급한다. 이 견해에 따르면, 외래어는 단순한 언어적 차용을 너머, 다양하게 수용되는 언어적 맥락 속에서 새로운 가치를 획득하며 의미가 재구성된다.

따라서 뉴스기사 속 사용된 외래어 어휘 또한, 본래 외국어로써의 의미를 바탕으로 한국에 외래어로 정착하는 과정과 뉴스 기사 속 연예인을 묘사하는 여성 묘사어로 활용되는 과정에서 이중적 의미 전이 과정을 겪게 될 것이란 예측이 가능해진다.

(9) 가. a. 지난 'WELCOME BACK TOUR The End' 공연 당시 촬영된 것으로 보이는 사진 속 박봄은, 무대 위에서 강렬한 카리스마를 폭발시키고 있었다. 한 손에는 마이크를 쥐고, 또 다른 한 손을 높이 든 포즈에서는 '2EN1의 박봄'이 아닌, '온전히 박봄'이라는 독보적인 아우라가 빛났다.

b. 이영애, 분위기가 달라졌다! 우아 청순 벗은 범접불가 카리스마 럭셔리룩

나. a. 권은비, 'Hello Stranger' 콘셉트 포토 "매혹+도발" 아우라... 눈부신 비주얼과 미스터리한 매력으로 극의 몰입도를 높이며 다재다능한 '만능 엔터테이너'임을 확인시켰다.

b. '하이라키' 노정의, 퀸 중 퀸 정재이 변신... 미스터리한 아우라 가득

예컨대 '신성하게 부여된 권능이나 신의 은총'을 의미하는 'charisma'가 차용된 '카리스마'의 경우, '많은 사람들을 휘어잡을 수 있는 재능'의 의미로 변화했으며, 이후 미디어 매체 속 여성 연예인의 분위기를 묘사하는 과정에서 당당하고 멋진 태도와 권위성의 의미로 확장되었다. 'mystery'에서 파생된 '미스터리하다' 또한 본래 수수께끼나 불가사의한 것 등을 뜻했으나, 한국어에서 외래어로 정착되며 '신비로운 느낌'을 전달하는 표현으로 확장되었다. 이어 뉴스기사 속 여성 연예인의 이미지에 적용되며 단순히 '불가해함'을 너머 쉽게 접근할 수 없는 매혹적 분위기와 신성함, 신비로운 카리스마 등으로 재해석되었다. 이러한 예시들은 고유어 표현의 고착된 의미망에서 벗어나 여성을 한층 다층적이고 감각적으로 묘사할 수 있는 가능성을 제시한다. 외래어가 지닌 '낯섦'과 '유동성'이 수용자에게 해석의 자율성을 부여하게 된다.

반면 '힐링 라이브'와 '로맨틱 드로스트링 드레스룩'과 같은 표현들은 힐링의 '심리적 위안과 치유', 로맨틱의 '달콤한 사랑의 감정'이라는 표면적 의미를 너머, '돌봄'과 '헌신', '소녀다움', '부드러움'등의 전통적인 여성상을 내포한다. 표면적으로는 외래어를 활용해 가볍게 변주되는 듯

하지만, 이는 결국 '여성상'에 대한 본질적인 변화가 아닌 '여성다움'의 고정된 이데올로기에 대한 이질적 언어로의 포장이며, 전통적인 여성 이미지 및 규범을 은폐하고 새롭게 재생산하는 방식으로 기능하게 된다. 따라서 뉴스기사 속 사용된 외래어 표현들은 언어적 '이질성'과 '익숙함'의 경계를 오가며 여성 묘사에 신선함을 부여하는 동시에, 완화된 어투를 통한 기존 성 역할을 반복과 은폐라는 양가적인 성격을 지닌다.

앞서 논의한 형용사들의 의미변화와 여성학적 함의를 정리하면 다음과 같다.

어휘	구조	묘사 대상	1단계 : 외국어 → 외래어로의 의미 변화	2단계: 외래어 → (미디어 매체 내)여성 묘사어로의 의미변화	여성학적 함의
미스터리하다	mystery +하다	분위기	수수께끼, 신비	여성의 분위기에 대한 표현, 신비로운 매력, 거리감	여성의 초월성, 함부로 판단될 수 없는 신성한 매력 부여
퍼펙트하다	perfect +하다	업적, 과업	완벽함	여성의 성과, 무대등이 촉발한 감정,	여성의 능력을 감각적으로 묘사
카리스마	영어 'charisma' 차용	외모	신성하게 부여된 권력이나 재능, 신의 은총	당당한 신 여성의 표정, 태도 등에서 드러나는 권위성, 우세함	리더십 있고 주도적인 여성상, 여성이 가지는 비언어적 권력 묘사
젠지미	'Gen Z (젠지)' + 美(미)	분위기	'Z세대의 정체성' + '미적 감각'이 합성된 신조어	여성의 태도, 성격에서 드러나는 자유로움, 신선함	전통적 '여성다움'과 다른 신세대적 여성상 묘사

힐링	영어 'healing' 차용	음색	의학적 치유	여성의 음색과 노래로 인해 촉발된 정서적 안정	외래어를 통해 돌봄과 감정적 위로를 제공하는 전통적인 성 역할의 고정관념을 자연스럽게 포장
로맨틱	영어 'romantic' 차용	의상	낭만적인	여성의 의상, 외양 등에서 촉발된 사랑스러움, 소녀다움, 부드러움 등의 정서	외래어를 통해 '사랑스러운', '소녀다운' 전통적인 여성상을 부드럽게 표현

〈표5〉 외래어의 의미 변화 및 여성학적 함의

이처럼 두 단계에 걸쳐 의미 변화를 겪은 외래어 표현들은 젠더 규범에 있어 전통적 여상상의 탈피와 재생산이라는 양가적 특성을 지닌다. '미스터리하다', '카리스마', '젠지미'등의 표현은 '여성'에 대해 '신성함'을 부여하거나, 주도적이고 자유로운 새로운 여성상을 모색해낸다. 이는 '익숙하지만 완전히 내재화되지는 않은' '외부적 언어'인 외래어를 통해 고전적인 여성 이미지를 해체하며 주체적인 여성 이미지로의 변화 가능성을 보여준다. 반대로 '힐링' '로맨틱' 등의 표현은 얌전하고 여린 전통적 여성다움을 다양한 언어적 표현으로 변주하지만, 여전히 고정된 여성 이미지 재현에 머무른다. 결국 뉴스 기사 속 여성 묘사 외래어들은 전통적 젠더 규범을 재확인 하는 동시에 이를 흔드는 양면적 담론 전략으로 기능할 수 있게 된다.

5. 결론

5.1. 연구 요약 및 시사점

본 연구를 통해 2010년대와 2020년대 국내 여성 연예인 뉴스기사에 나타난 여성 묘사 어휘를 어휘론, 의미론의 관점에서 비교 분석하고, 통계자료를 바탕으로 사전에 설정한 가설1, 가설2를 검증해볼 수 있었다. 분석 결과, 2010년대의 경우 여성 묘사 어휘 대상 중 외모가 차지한 비율은 각각 68.8%로 가장 빈번하게 나타났으나, 2024년도와 2025년도는 '분위기' 묘사 어휘가 각각 33.3%와 34.3% 비율로 가장 많이 사용되어 2010년대와 2020년대 모두 여성 연예인의 외양을 묘사하는 어휘가 가장 많이 사용되었다는 가설1은 지지되지 않았다.

또한 2010년대와 비교하여 2020년대의 여성 연예인을 묘사하는 뉴스 기사 속 어휘는 단순한 외형적 평가에서 분위기, 성격, 가치관 등에 대한 묘사로 그 대상에서 다변화 양상을 보였다. 2020년대 여성 묘사 어휘의 대상 중 '외모'가 68.8%로 가장 많이 등장했으며, 이외에는 분위기, 의상, 춤등 가시적 특성에 대한 묘사 어휘가 나타났다. 2024년도와 2025년도는 여성 연예인의 외형적 특성 뿐만 아니라 분위기, 성격, 업적 및 과업 등 묘사 대상이 다양화되는 양상을 보여 가설 2와 일치했을 뿐만 아니라, 여성 연예인의 비물리적 특성에 대한 묘사 증가가 특징적이였다. 여성의 외형 뿐만 아니라, 의상, 성격, 복합적 정서로 유발되는 분위기 묘사로의 변화는 단지 시각적 소비 대상을 너머서 감성적 소비 및 공감의 대상으로의 여성 연예인 지위 변화를 시사했다.

이를 바탕으로 어휘 표현 속 내재된 여성 이미지와, 여성 이미지에 대한 현대사회의 주체적인 가치관 변화를 고찰했으며, 통계자료 분석을 통해 두 시기 모두 여성 연예인을 묘사하는 어휘 중 형용사의 비중이 가장 높다는 공통점과, 이때 형용사가 사용되는 양상에서의 차이를 발견할 수 있었다. 또한 뉴스 기사 속 여성을 묘사한 표현들 중, 다양한 어원에서 차용된 외래어의 사용을 통해 복합적이고 다층적인 여성 묘사 예시들과, 단일 언어에 국한되지 않는 현대 미디어의 글로벌 문화와 디지털 시대의 복합적이고 다원적인 가치 소비 전략이 드러났다. 이를 통해 본 연구는 '이질적인' 외래어 사용을 통한 단계적 해석 구조를 지닌 표현들의 사용을 통한 기존의 획일된 여성상의 해체 전략과 사회적 인식 변화를 반영하는 포괄적인 여성상을 주목하고, 나아가 젠더 감수성을 바탕으로 한 언어 사용의 필요성을 시사한다.

5.2. 연구의 한계 및 후속 연구 제안

본 연구는 여성 연예인을 묘사한 어휘들을 2010년대와 2020(2024, 2025)년대로 나누어 변화 양상을 비교 분석했다. 그러나, 상대적으로 짧은 기간과 분량, 인원의 제약으로 인해, 한정된 자료를 바탕으로 연구를 진행할 수 밖에 없었다. 더욱 심층적이고 다양한 사회 구조적 변화 및 미디어 매체 상 여성 묘사 어휘 사용 전략의 변화를 분석하기 위해서는, 보다 긴 기간을 걸쳐 다양한 기사 자료를 포함한 SNS, 방송 및 광고 등 다양한 분야의 자료를 함께 검토할 필요가 있다. 또한 이러한 미디어 상에서 드러나는 여성 이미지 및 묘사 어휘를 정확하게 분석하기 위해서는, 남성 이미지를 묘사할 때 사용되는 어휘 분석 연구 및 두 양상의 비교가 함께 진행되어야 한다. 따라서, 향후 이 연구를 성별 비교 연구 및 훨씬 방대한 자료를 바탕으로 후속 연구를 진행할 수 있다고 생각한다.

한국 대중가요 가사에 드러난 은유의 성차 분석
- 전형적 은유와 변칙적 은유 사용의 구분을 중심으로

이서연

1. 서론

김용학은 가요의 작사자들은 그 당시 대중의 경험이나 욕망, 사고방식과 정서 등을 가사에 담아내기 때문에 가사는 시대상을 반영한다고 말한다.[1] Finegan(2007)은 사회에서 사용되는 언어의 특성을 파악함으로써 그 언어를 사용하는 사람들의 사회적 특성과 같은 사회적 의미를 알 수 있다고 하였다.[2] 그러므로 우리는 대중가요 분석을 통해 당시의 사람들이 어떤 말을 사용하고, 어떤 가치관을 갖고 살아가는지 엿볼 수 있다. 이는 곧 여성어를 연구하는 데 있어 대중가요의 가사를 분석하는 것이 의미가 있다는 결론으로 이어질 수 있다. 본 글에서는 대중가요의

---

1) 이영미, 한국 대중가요사, 시공사, 1998. (김용학, "한국 대중가요의 의미 연결망 - 1960년대부터 2000년대까지의 변화를 중심으로", 대중서사연구, vol.21, no.1, 2015, p.145에서 재인용.)

2) 정유진, 강범모, '성별 명사와 관련어의 의미특성', 언어, 40(4), 2015, pp.675-702.

가사에 드러난 은유 표현이 성별에 따라 어떻게 차이가 나는지 알아보고, 이를 통해 한국 대중의 언어 사용 양상을 살펴볼 것이다. 특히 은유 표현 사용 양상을 '전형적 은유'와 '변칙적 은유'로 분류함으로써 최근 변칙적 은유의 사용이 어떤 의미로 나타나고 있는지, 전형적 은유가 계속 나타난다면 이는 어떻게 해석할 수 있을지 살펴보고자 한다. 이때 전형적 은유란 기존 한국 대중가요에 자주 등장하던 은유 방식이거나 일상생활에서 자주 사용하던 은유 방식, 또는 문학 작품에서 기존에 이미 자주 사용하던 은유 방식으로, 과거부터 지금까지 주로 부여되던 의미를 그대로 사용한 은유이다. 또한, 변칙적 은유는 전형적 은유의 틀에서 벗어나 지금까지와는 달리 위계관계를 바꾸거나 부정적 의미로 사용되던 것을 긍정적 의미로 사용함으로써 생각을 전환해 새로운 의미를 부여한 은유이다.

2. 선행 연구 정리와 연구의 방법

대중가요의 가사 속 은유 표현을 대상으로 성차를 분석하는 연구는 많이 이루어지지 않았다. 따라서 이화여자대학교 [언어와 여성] 강의에서 배포된 자료[3]를 토대로 살펴보면 가사 속 인간은 동물이나 식물, 그리고 음식물에 은유 되었다. 먼저 동물에 은유 될 때는 사냥에 관련된 언어를 사용해 은유하거나, 동물의 특징을 사용해 비유하는 경우로 나눌 수 있다. 이때 사냥에 관련된 언어는 '낚다,' '노리다,' '먹잇감(먹이),'

3) 이는 2022년 최규원 외, 2023년 류다예 외 등의 수업 중 조발발표 자료를 정리해 보인 것이다.

'덫에 걸리다' 등이 있었다. 식물은 주로 '꺾다' 또는 '피다'라는 언어를 사용해 은유하는 경우가 많았으며, 음식물은 '맛보다'나 '마신다' 같은 언어를 사용하거나 맛을 표현하는 언어를 사용해 은유하는 경우가 주로 나타났다. 해당 자료는 2010년대에 발매된 곡만을 대상으로 하고 있었으므로 최신의 경향성을 발견하기 위해서는 새로 연구를 진행해야 했다.

본고는 2020년부터 2025년에 발매된 곡 중 은유 표현이 잘 드러나는 곡 총 250곡을 선정하였다. 이때 화자의 성비를 맞추기 위해 최대한 여성 가수와 남성 가수의 곡이 고르게 선정될 수 있도록 하였다. 또한 전형적 은유의 특징을 살펴보기 위해 2020년 이전에 발매된 곡을 대상으로 강의 자료에 수록된 가사와 더불어 추가로 10곡을 더 분석하였다. 기존 연구 결과들을 볼 때 우리는 한국 대중가요에 '성별 지칭어'가 줄어들고 있음을 확인할 수 있다.[4] 이는 이분법적 성별 구분을 지양하고자 하는 사회적 분위기를 받아들인 결과라고 볼 수 있다. 본고는 이러한 연구 결과를 토대로 성별 은유 양상을 살펴보려 한다. 성별이 직접적으로 드러나지 않는 가사도 있었으나, 한국 정서의 특성상 이성애를 기본으로 놓고 분석하였으며, 화자는 가수의 성별을, 청자는 가수와 반대되는 성별로 가정하고 가사를 분석했다. 이후 은유 표현의 근원 개념과 목표 개념을 재구해 구체적인 은유 양상을 분석하고, 과거의 연구 결과를 토대로 해당 은유가 전형적 은유인지 변칙적 은유인지 구분했다.

---

4) 양명희. "大衆歌謠에 나타난 性別 對象語의 變化에 대한 硏究 - 1960년대, 2000년대 前半期 가요를 中心으로 -." 어문연구 40.2 (2012) : 7-32.와 이화여자대학교 [언어와여성] 수업 시간 발표자료(김재홍 외 2025)를 토대로 내린 결론이다.

3. 기존 한국 대중가요의 은유 사용 사례 분석

우선 2020년 이전 인간을 동물에 비유한 가사는 다음과 같은 노래들이 있었다.

	여성 화자	남성 화자
동물 은유	가. 목적은 여잘 낚아 대충 맞춰지는 퍼즐 타임 〈수란_땡땡땡_2016〉 나. 날 노리는 남자들 넘쳐나는데 넌 아직도 위기감이 없지 〈디아, 키스&크라이_나쁜 여자_2014〉 다. 날 노리는 애들이 많아도 재미있는 놀이 〈DIA(다이아)_LOOK (빈챈현스S Ver.)_2017〉 라. 니 덫에 걸린 난 애정결핍 여우 〈마마무_Mr. 애매모호_2014〉 마. 덫에 걸린 남자들은 Shaking 〈문지은_여우가 (Feat. 은지원)_2008〉 바. 지루해 혼자 집 지키는 강아지 마냥 누가 오길 기다리고 귀 쫑긋 세우고 있는 것도 〈볼빨간사춘기_상상_2017〉 사. 그대는 나만의 늑대 나는 그대의 귀여운 고양이 〈AOA_사뿐사뿐_2014〉 아. Hey 거기 나를 보고 울부짖는 늑대 Wooh 〈2HOT_지나_2012〉	가. 널 낚아채기 전에 눈빛은 바로 매가 돼 먹잇감 바라보듯이 〈데이식스_Hunt_2016〉 나. 아무도 널 못 보게 품에 감추고 싶어 널 노리는 시선들 〈EXO_으르렁(Growl)_2013〉 다. 널 노리는 남자들만 Stop it, Stop it 〈빅스_Stop It Girl_2015〉 라. 깔아놓은 덫에 걸린 넌 먹이 〈김효은_New Kings (Feat. JUSTHIS, Young B & The Quiett)_2016〉 마. 오늘 니 덫에 걸린 다음 〈은지원_One, Two, Three_2001〉 바. 남잔 늑대 순하디 순한 너에겐 위험해 yo 숨어있어 내 울타리 안에 〈박경_자격지심(Feat. 은하 Of 여자친구)_2016〉 사. 그대는 귀여운 나의 검은 고양이 〈터보_검은고양이_1995〉 다. 눈빛은 바로 매가 돼 〈데이식스_Hunt_2016〉 아. 두 마리 맹수 먹잇감을 쫓아 날아오르지 〈세븐틴(SEVENTEEN)_날 쏘고 가라_2017〉

	자. 여우인 척 하는 곰인 척 하는 여우 아니면 아예 다른 거 〈아이유_스물셋_2015〉	자. 완전 감쪽같이 여우짓해서 완전 속아 〈보아, 매드클라운_오늘밤_2017〉
	차. 누구에게나 고양이 같던 나 그런 나 널 만나 순한 양이 된 나 〈씨스타_Sunshine_2014〉	차. 내가 너의 옹달샘은 아닌데 왜 항상 커피 아님 술만 얻어 먹고 가냐 〈다이나믹 듀오_BAAAM(Feat. Muzie Of UV)_2013〉

표에 언급된 사례 중 (가)(나)(다)(라)에 따르면 주로 낚이고, 노려지고, 덫에 걸리는 대상은 여성으로, 낚고, 노리고, 덫을 놓는 주체는 남성으로 나타났다. 이는 남성을 포식자, 여성을 피식자로 비유하며 피-포식자의 관계를 남녀 사이에 존재하게 만든다. 그러나 (마)와 같이 덫을 놓는 주체가 여성, 덫에 걸리는 대상이 남성으로 나타나는 경우도 어렵지 않게 찾아볼 수 있었다. '낚다'나 '노리다'는 직접적으로 사냥감을 공격하는 이미지를 담고 있으나, '덫을 놓다'의 경우 '덫'이라는 도구를 사용하여 간접적으로 사냥감을 공격하는 이미지가 있다. 이러한 이유로 주로 남성보다 힘이 없다고 묘사되는 여성이 주체로서 나타나는 사례가 다른 언어를 사용할 때보다 많이 나타난다고 해석할 수 있다. 또는 순간적이고 우발적으로 일어날 수 있는 '낚다'나 '노리다'와 달리 '덫을 놓다'는 계획적으로 실행해야 한다는 점에서 남성을 유혹해 함정에 빠뜨리는 여성의 모습을 부정적으로 묘사한다고 해석할 수도 있다.

(바)부터 (차)까지의 사례처럼 동물의 특징을 사용해 은유 표현을 삽입한 노래를 보면 여성은 대체로 작거나, 귀엽고, 순하며 지켜줘야 할 것 같은 이미지의 동물로 묘사된다. 여성 화자는 자신을 강아지(바)나 고양이(사) 그리고 고양이와 양(차)으로 묘사하며, 남성 화자에게서는 양

(바)이나 고양이(사), 토끼(차)로 대상화된다. 반면 남성은 대체로 육식동물 등의 맹수로 묘사되는 모습을 볼 수 있다. 여성은 남성을 늑대(사, 아)로 묘사하고, 남성 역시 스스로를 늑대(바)나 맹수(아)로 묘사한다. 다만, 여성을 작고 연약한 동물이 아닌 육식동물로 묘사하는 경우도 존재한다. 전통적으로 여성을 상징하던 '여우'(라)로 묘사되는 경우가 그 예시이다. 여우는 예로부터 영악하게 구는 여자를 비유해서 말하는 표현으로 사용되었으며, 특히 남성을 유혹하는 여성의 모습을 부정적으로 표현할 때 해당 표현을 사용하곤 했다.

2020년 이전 인간을 식물에 비유한 가사는 다음과 같은 노래들이 있었다.

	여성 화자	남성 화자
식물 은유	가. 이미 꺾은 거잖아 굳이 미안해 하지마 〈선미_가시나_2017〉 나. 너는 졌고 나는 폈어 〈선미_가시나_2017〉 다. 나 말이야 못다 핀 꽃 한송이야 그런 날 피어낼 sun shine〈가인_피어나_2012〉 라. 네가 내게 피어나 〈오마이걸(OH MY GIRL)_다섯 번째 계절(SSFWL)_2019〉 마. 네가 원한다면 시들게 〈상은_우리집 (with 데이먼스 이어)_2019〉	가. 지나가던 길옆에 한 송이의 꽃을 꺾어 〈나플라_꽃_2018〉 나. 계속 피어나니까 감당 안 돼 〈JBJ_꽃이야_2018〉 다. 네가 내 하루에 피어나 〈EXO-CBX(첸백시)_花요일(Blooming Day)_2018〉 라. 너와 꽃이 피어나 물들여 와와 wow 〈더보이즈(THE BOYZ)_Bloom Bloom_2019〉 마. BABY BABY 넌 시들지 마 이기적인 날 위해 그 모습 그대로 넌 그대로 여야만 해 〈BIGBANG(빅뱅)_BAE BAE_2015〉

우선 두 성별의 노래 모두 (가)의 사례를 보면 여성은 꺾이는 꽃, 남성은 꽃을 꺾는 주체로 나타난다. 여성 화자의 노래 중 (다)와 남성 화자

의 노래 중 (나)(다)의 사례를 보아도 '피다'라는 동사를 활용해 여성을 꽃에 비유하는 것이 지배적이고 전형적인 사례로 자리 잡고 있음을 알 수 있다. 그러나 여성 화자의 노래 중에는 남성 또한 자신과 같은 꽃으로 비유하는 경우(나)와 남성만을 꽃으로 비유하는 사례(라)도 있음을 확인할 수 있었다. 특히 [싱싱한 기운이 약해지거나 없어지다]의 의미를 가진 '시들다'라는 동사를 활용해 여성을 비유하는 사례도 나타나고 있음이 인상적이다. 이는 여성의 아름다움이 꽃처럼 피어날 때만 가능한 것임을 암시하며, 나이가 듦에 따라 그 아름다움을 잃었을 때 '그 모습 그대로'일 수 없는 여성이 어떤 처지에 놓이게 될지(마 〈빅뱅의 BAE BAE〉)를 예측할 수 있게 한다.

2020년 이전 인간을 음식물에 비유한 가사는 다음과 같은 노래들이 있었다.

	여성 화자	남성 화자
음식 은유	가. 슈가 슈가 슈가 달콤해 너무 니가 oh baby 상큼하게 톡톡 soda pop pop pop 내 목이 따끔하고 간지럽게 〈걸스데이_Darling_2014〉 나. 왠지 씁쌀해 근데 또 달콤해 〈볼빨간사춘기_초콜릿_2016〉 다. 너를 마셔도 돼 그게 아님 날 마셔도 돼 깊이 마셔 줘 〈SUMIN (수민)_Brown (Feat. Hoody)_2017〉	가. 난 너를 맛보고 너를 마신다 (중략) 난 너란 달콤함에 중독 〈EXO_중독(Overdose)_2014〉 나. 톡하며 터지는 탄산 맛보고 싶어 〈MC 스나이퍼_콜라병 (Feat. 범키)_2014〉 다. 취해도 돼 이제 널 들이켜 목 깊숙이 너란 위스키 〈방탄소년단_늑피 땀 눈물_2016〉

위의 사례들을 보면 여성과 남성 모두 사랑에 빠진 대상을 주로 달콤한 음식이나, 톡톡 쏘는 탄산음료 등에 비유하고 있음을 알 수 있다. 여

성 화자의 노래 중 (가)에서는 상대를 탄산음료에, (나)에서는 상대를 초콜릿에 비유했으며, 남성 화자의 노래 중 (가)에서는 상대를 달콤한 음식 또는 음료에, (나)에서는 상대를 콜라에 비유했다. 다만, '맛보다'와 '마시다,' 혹은 '들이키다'와 같이 직접적으로 상대를 입에 넣고 삼킨다는 의미를 내포한 동사는 여성 화자의 곡들보다 남성 화자의 곡들에서 월등히 많이 나타났다. 예외적으로 여성 화자의 노래 중 (다)는 상대를 마실 수 있는 대상으로 표현하기도 했으나, 마실 수 있는 주체는 본인이 아닌 상대였다.

2020년 이전 인간을 동물, 식물, 음식물 외의 것에 비유한 가사는 다음과 같은 노래들이 있었다.

	여성 화자	남성 화자
기타 은유	가. 제 멋대로 하던 난걸요 그래서 버림 받았죠 〈우주소녀_HAPPY_2017〉 나. 갖고 싶다 말해 봐봐 〈i-dle (아이들)_Senorita_2019〉 다. 언제 이 몸을 구하러 와 주실 텐가요 〈소녀시대_I Got A Boy_2013〉	가. 결국엔 강한 자가 얻게 되는 미인〈EXO_으르렁(Growl)_2014〉 나. 그만할래 이제 너 안 가져 〈방탄소년단_I NEED YOU_2016〉 다. 모두 날 두려워 해 〈EXO_Monster_2016〉

여성 화자는 '버리다'(가)와 '가지다'(나)라는 동사를 활용해 자신을 누군가가 소유할 수 있는 대상으로 표현했다. 남성 화자 역시 여성을 '얻을 수 있거나(가) 가질 수 있는 대상(나)으로 묘사해 상대를 자신이 소유할 수 있는 대상으로 표현했다. 또는 여성 화자는 '구하다' 등의 동사를 사용해(다) 자신을 탑에 갇힌 공주 등에, 상대를 왕자 등의 구원자에 비유하기도 했다. 남성 화자의 노래에서는 자신을 강하고 공격적인

것(가, 다)에 비유하는 경우가 많았다.

이에 따르면 전형적 은유는 다음과 같은 3가지 특징이 있다.

ㄱ. 남성은 여성을 소유하거나 지배할 수 있는 능동적 존재로, 여성은 정복의 대상이 되는 수동적 존재로 비유된다.
ㄴ. 남성은 어떤 대상을 사냥하거나 먹을 수 있는 포식자에, 여성은 어떤 대상에게 사냥당하거나 먹히는 피식자에 비유된다.
ㄷ. 여성은 아름답거나 약한 것에, 남성은 공격적이거나 강한 것에 비유된다.

4. 최신 한국 대중가요의 은유 사용 사례 분석

4.1. 전형적 은유 사용 현황

여성 화자	남성 화자
가. 날 원한다면 Stranger 다가와 줘 〈권은비_Hello Stranger_2025〉 나. 어서 나를 깨물어 봐 Mr. Vampire 〈ITZY(있지)_Mr. Vampire_2024〉 다. 덫을 놓고 나를 노리는 거 알고 있지만 〈오마이걸 (OH MY GIRL)_Drip_2022〉 라. 날아가는 것만 기다리네 할 수 없지 난 기다리는 것만큼은 누구보다 자신 있는 걸 알잖아 〈유다빈밴드_파랑새_2021〉	가. 너를 탐하게 되고 (중략) 어떻게 너를 바라지 않을 수 있어 〈NCT 127_Favorite (Vampire)_2021〉 나. 널 찾은 후 들이켜 〈NCT Dream_i hate fruits_2024〉 다. 이빨을 드러내 지금 더는 도망갈 수 없어 삼키지 널 놓치지 않아 난 〈&TEAM_Deer Hunter_2024〉 라. 넌 못이고 난 망치네 〈BIG Naughty(서동현_결혼행진곡 (Feat. Dbo)_2022)〉

기존에 사용되던 은유 표현의 유형을 바탕으로 최신 한국 대중가요는 이러한 전형적 은유의 사용을 어떻게 이어가고 있는지 살펴보았다.

우선 여성 화자의 노래 중 (가)에서는 '원하다'라는 표현으로 여성이 자신을 얻거나 가질 수 있는 물건에 비유하고 있다. 여성을 가지거나 버리는 등 남성의 마음대로 다뤄질 수 있는 물건으로 표현하면, 여성의 주체성을 떨어뜨리고 수동성을 강조하게 된다. 즉, (가)는 전형적 은유의 특징 중 '남성은 능동적, 여성은 수동적 존재'(ㄱ)라는 사실이 잘 드러나는 사례이다. (나)에서는 '깨물다'라는 단어로 자신을 흡혈귀에게 물리는 대상, 상대를 흡혈귀로 표현하는데 이는 남성을 포식자, 여성을 피식자로 설정(ㄴ)한 사례이다. (다) 또한 이에 해당하는 사례이다. (다)에서 여성 화자는 '덫을 놓다'와 '노리다'를 활용해 자신을 피식자, 상대인 남성을 포식자로 표현하며 피-포식자의 관계(ㄴ)를 드러낸다. (라)는 '기다리다'라는 단어를 사용해 여성을 새장에 갇힌 파랑새에 비유하고 있다. 따라서 이는 여성을 수동적 존재로 설정하고 있는 것이므로 '남성은 능동적, 여성은 수동적 존재'(ㄴ)에 해당하는 사례이자, 예쁜 관상용의 파랑새에 비유한 것이므로 '여성은 약한 존재'(ㄷ)에 해당하는 사례로도 볼 수 있다.

남성 화자는 '탐하다'와 '바라다'(가) 등의 말로 상대인 여성을 물건에 비유한다. 즉, 자신은 여성을 소유할 수 있는 능동적 존재로, 상대인 여성은 정복의 대상이 되는 물건에 비유하고 있으므로 이 역시도 '남성은 능동적, 여성은 수동적 존재'(ㄱ)임을 드러내는 사례이다. '들이키다'(나) '삼키다'(다) 역시도 남성과 여성의 피-포식자 관계를 드러내고 있으므로 두 노래 모두 '남성은 포식자, 여성은 피식자'(ㄴ)라는 특징을 갖고 있다. 마지막으로 남성인 자신을 망치에 비유함으로써(라) 못에 비유한 여성에 비해 공격성과 거친 모습을 강조하고 이는 '여성은 약한 것, 남성은 공격적이거나 강한 것'(ㄷ)이라는 특징을 갖고 있다.

4.2. 변칙적 은유 사용 현황

연구 과정에서 시대의 흐름에 따라 전형적 은유의 틀 안에서 해석할 수 없는 변칙적 은유들도 많이 등장한 것을 확인할 수 있었다.

여성 화자	남성 화자
가. 갖고 싶지 만지고 싶지 품에 쏙 넣어 두고 싶지 절대 날 벗어나지 못하게 (중략) 제 발로 널 내게 줄게 너조차 알지도 못하게 〈비비 (BIBI)_데레_2025〉 나. I'm too spicy (중략) 전부 가질래 지금부턴 Call you mine 〈aespa_Spicy_2023〉 다. 널 노리는 내 두 눈 숨을 죽인 그다음 한 발 낮춘 attitude 때를 기다리는 pose 〈IVE(아이브)_해야_2024〉 라. I'm a snake 널 사냥하러 가네 (중략) 훅 하고 가 뱀뱀뱀 숨죽여 난 너에게 〈Medusa_뱀(Snake)_2021〉 마. 찔러 찔러 (중략) Blade, 날을 세워 〈ITZY(있지)_Weapon (With 뉴니온, 플로어) (Prod. Czaer)_2022〉	가. 매일매일 더 날 길들여 줘 〈NCT WISH_만약 네가 4시에 온다면 (Still 3PM)_2025〉 나. Just come kiss me and bite me (중략) 남겨줘 on my neck 네 거란 증거 〈엔하이픈_Bite Me_2023〉 다. 그녀는 슬로우모션처럼 슬그머니 날 다스렸고 〈검정치마_Garden State Dreamers_2022〉 라. 조용히 날 삼켜버린 너 최면에 걸린 사냥감에 불과했어 〈엘라스트(E'LAST)_Poison_2022〉 마. 내 이름을 부를 때 니가 내 이름을 부를 때 난 피어나 Oh 난 피어나 〈아스트로_내 이름을 부를 때_2020〉

우선 여성 화자는 '가지다,' '만지다,' '(품 안에) 넣다' 등의 표현(가)과 상대를 자신에게 준다(가)는 표현을 통해 남성인 상대를 자신이 마음대로 다룰 수 있는 물건에 비유하고 있다. 이를 통해 기존에 존재하던 '물건인 여성과 그것을 마음대로 다루는 남성'의 위계관계를 뒤집은 모습을 볼 수 있다. 또한 (나)의 화자는 기존 사랑에 빠진 대상을 달거나 상큼한 탄산음료 등에 비유함으로써 음식 은유를 사용한 것과 달리 본인

을 매운 음식에 비유함으로써 자신의 위험성을 경고하기도 한다. 한편, '노리다'(다)와 '사냥하다'(라) 등의 표현을 활용해 각각 사냥 중인 호랑이와 뱀, 즉 포식자에 자신을 빗대어 표현하고 상대를 피식자에 비유함으로써 기존에 존재하던 피-포식자의 관계를 뒤집는 경우도 존재한다. 때론 '찌르다'와 '날을 세우다' 등의 표현(마)으로 자신을 무기에 비유해 공격적이고 강한 모습을 강조하기도 한다. 기존에 남성에게서 흔히 찾아볼 수 있었던 은유 방식을 여성에게로 가져온 것이다.

남성 화자 역시도 '길들이다'(가)라는 표현을 사용해 자신을 동물에 비유하고, '네 거'라는 표현을 사용해(나) 자신을 물건 따위에 비유한다. 또한 주로 왕이나 신과 같이 권력의 정점에 놓인 자들과 호응하는 서술어 '다스리다'(다)를 사용해 여성을 신(神)에 비유함으로써 상대가 자신을 마음대로 다룰 수 있는 존재임을 암시한다. 이에 더해 '삼키다'와 '사냥감' 등의 표현(라)으로 여성인 상대를 포식자, 남성인 자신을 피식자에 비유하거나 여성을 흡혈귀로 은유(나)함으로써 기존 전형적 피-포식자의 관계를 뒤집는 사례도 찾아볼 수 있었다. 또는, '피다'라는 동사를 활용해(마) 기존에 여성을 대표항으로 내세웠던 아름다운 꽃에 남성을 위치시키기도 한다.

이를 통해 최신 한국 대중가요의 변칙적 은유 표현 유형은 다음과 같이 나눌 수 있었다.

ㄱ-1. 여성이 남성을 소유하거나, 지배하며, 정복하고, 길들인다.
ㄴ-1. 여성이 포식자에, 남성이 피식자에 비유된다.
ㄴ-2. 여성이 달지 않거나 해로운 음식에 비유된다.
ㄷ-1. 여성이 거칠고 공격적인 것에, 남성이 아름답고 예쁜 것에 비유된다.

5. 결론

최근 한국의 대중가요에서 은유 표현을 어떻게 사용하는지 그 양상을 살펴본 결과, 전형적 은유 표현을 그대로 이어 사용하거나, 변칙적 은유 표현이 등장하고 있음을 알 수 있었다. 전형적 은유는 여성을 수동적이고 피지배적인 존재로, 남성을 능동적이고 공격적인 존재로 그려왔다. 이러한 구도는 특히 사랑 노래 속에서 여성을 '꽃'이나 '사냥감', '음식' 등으로 묘사하고, 남성을 '늑대', '포식자', '무기' 등으로 표현하는 방식으로 계속해서 재생산되고 있다. 그러나, 최근에는 전통적인 성별의 위계관계를 전복하거나, 기존 은유 형식을 가져오면서도 거기에 새로운 의미를 부여하는 변칙적 은유를 가사에 사용하는 경우가 점차 늘어나고 있다. 여성 화자는 남성을 소유하거나 정복의 대상으로 그리기도 하고, 자기 자신을 무기, 포식자 등에 비유하면서 강하고 주체적인 이미지를 부여하기도 한다. 남성 화자 또한 여성을 포식자로 보거나, 자기 자신을 수동적 존재로 낮추는 표현을 사용하기도 한다. 우리는 이를 단순히 한국 대중가요 산업에서의 변화로만 볼 것이 아니라, 한국 사회 전반에서 나타나는 성 역할에 대한 인식 변화를 반영하는 지표로 인식하고 주의깊게 지켜볼 필요가 있다. 특히 여성의 적극성과 주체성이 강화된 표현은 대중가요가 더 이상 전통적 젠더 이데올로기를 일방적으로 재생산하는 도구가 아님을 보여준다.

그러나 앞서 언급했다시피 '전형적 은유'의 사례가 완전히 없어진 것이 아니며, 그러므로 성별에 따른 고정된 은유가 반복되는 사례가 여전히 많이 등장하고 있다. 더하여, 가사 속에 화자와 상대의 성별이 명확히 나오지 않는 최근의 동향으로 인해, 해당 은유가 실제로 남성이 여성에게, 혹은 여성이 남성에게 하는 은유인지 알 수 없다는 한계가 존재한다. 앞으로의 연구에서는, 더욱 다양한 곡을 분석하며 그때그때 새롭게 발매되는 곡들에 또 어떤 새로운 변칙적 은유가 등장하는지 알아보며, 비이성애적(동성애 등의 퀴어적) 관계에 대한 은유 등 지금까지 주목되지 않았던 새로운 표현 방식의 등장 여부를 계속해서 추적할 필요가 있다. 대중가요는 사회 변화가 얼마나 이루어지고 있는지 알아볼 수 있는 척도이기도 하지만, 변화를 선도하는 힘 또한 가지고 있기에, 그 언어를 꾸준히 분석하는 작업은 매우 중요하다.

제2부

화행

의사소통과 화행

이혜용

1. 인간은 언어로 무엇을 하며 살아가는가?

인간은 언어로 무엇을 하며 살아가고 있을까? 왜 사람들은 끊임없이 말을 하고 글을 쓰며 소통하려는 것일까? 흔히 의사소통은 정보를 전달하기 위해 존재한다고 생각하기 쉽다. 그러나 인간이 소통하는 이유가 그렇게 단순하지만은 않다. 다음의 예를 살펴보자.

(1) (친구와 식사를 하면서) 샐러드에 복숭아가 들어 있네!

이 발화는 [샐러드에 복숭아라는 재료가 포함되어 있다]라는 정보만을 전달하지 않는다. 상황 맥락에 따라 이 발화는 전혀 다른 의미로 해석될 수 있다. 만약 상대가 복숭아를 좋아한다는 사실을 알고 있다면, 이 말은 '네가 좋아하는 복숭아가 들어 있으니 잘 되었다'라는 '축하'의 의미가 된다. 그러나 상대가 복숭아 알레르기가 있다면, 이 발화는 '먹지

마라.'라는 '경고'의 의미로 기능한다. 즉, 같은 문장이라도 누가, 누구에게, 어떤 상황에서 말하느냐에 따라 의미가 달라진다.[1] 이는 언어가 본질적으로 화자의 의도를 담아내며, 상황 속에서 특정한 행위를 수행한다는 점을 보여준다. 이처럼 말을 통해 행위를 수행하는 것을 '화행'이라 한다.

이러한 통찰을 본격적으로 제기한 인물이 바로 언어철학자 비트겐슈타인(Wittgenstien)과 오스틴(Austin)이다.

> "언어의 의미는 그것의 사용에 있다(The meaning of a word is its use in the language)."
>
> — 비트겐슈타인(1953), *Philosophical Investigations*

비트겐슈타인은 언어의 의미를 '사용(use)'의 개념으로 설명했다. 그에 따르면 언어를 이해하기 위해서는 그것이 실제 맥락 속에서 어떻게 쓰이는지를 살펴야 한다. 이러한 관점은 언어를 단순히 진리값(참/거짓)의 문제로만 다루던 전통적 의미론에서 벗어나, 언어의 맥락적 · 행위적 성격을 의미 이해의 핵심으로 제시했다. 즉, 언어의 의미가 고정된 실체에 의해 결정되는 것이 아니라, 특정한 맥락 속에서 사람들이 사용하는 맥락에 따라 달라진다는 것이다.

---

1) 물론, (1)을 샐러드를 한입 먹어 봤더니 (특이하게도) 복숭아가 들어 있기에 상대방에게 '이 샐러드 안에는 (특이하게도) 복숭아가 들어 있다.'는 사실 정보를 있는 그대로 진술한 것이 될 수 없느냐는 의문을 가져볼 수도 있다. 그러나 그 진술조차 화자가 상대에게 발화를 한 이상, 의외이기에 '놀람'의 감정을 표현하기 위해서, 혹은 너무 맛있어서 '감탄'을 표현하기 위한 것일 수 있다.

"말하는 것은 곧 행위를 하는 것이다. 말은 단순히 사물을 지시하기 위해 쓰이는 것이 아니라 실제로 무언가를 수행한다."— 오스틴(1962), *How to Do Things with Words*

오스틴 또한 언어가 사실을 진술하는 데 그치지 않고, 무언가를 행하는 수단이라는 점을 체계적으로 탐구했다. 그의 연구는 이후 화행론(speech act theory)으로 발전하여, 언어학과 담화분석, 의사소통 연구의 중요한 토대가 되었다.

'행위(act)'란 단순한 '행동(behavior)'과 달리 '의도(intention)'를 내포한다. 따라서 발화의 의미를 이해한다는 것은 곧 화자의 의도를 파악하는 일이다. 그리고 그 의도는 추상적으로 존재하는 것이 아니라, 화자·청자, 상황 속에서 구체적으로 드러난다. 이러한 문제의식 속에서 화행론은 발전하였으며, 이후 대화 분석, 담화 분석, 대중매체 연구 등으로 확장되었다.

2. 화행의 개념과 세 가지 차원

오스틴은 1955년 하버드 강연에서, 그리고 사후에 출간된 저서 『How to Do Things with Words(1962)』[2]에서 언어의 기능을 단순한 사실 진술에 한정하지 않고, 발화를 통해 일정한 행위를 수행하는 측면을 본격적으로 탐구하였다. 그는 전통적으로 언어가 참과 거짓의 차원에서만

2) 이 책의 한국어 판은 김영진 역(1992), 《말과 행위- 오스틴의 언어철학, 의미론, 화용론》, 서광사, 장석진 역(1990), 《오스틴 화행론》, 서울대학교출판부를 참고할 수 있다.

논의되어 온 것에 문제를 제기하며, 일상언어 속에서 발화가 실제로 수행하는 행위적 성격에 주목하였다. 책의 제목 그대로, 그의 관심은 '사람들은 말로 무엇을 하는가?'였다.

(2) (뱃머리에 술병을 깨뜨리면서) 나는 이 배를 퀸 엘리자베스호로 명명한다.
(3) 그 일은 정말 미안해.
(4) 이곳에 오신 것을 환영합니다.

위의 예문에서 (2)는 '선언', (3)은 '사과', (4)는 '환대'라는 의사소통 의도를 담고 있다. 즉 말하는 행위 그 자체가 어떤 사회적 행위를 성립시킨다. 이러한 현상은 모든 서술문은 단언 발화이며, 참 · 거짓 여부를 가릴 수 있는 진위문(constratives)으로만 보던 이전의 철학적 관점으로는 설명하기 어렵다.

오스틴은 이처럼 발화 자체로 하나의 행위를 수행하는 유형을 '수행적 발화(performatives)'라 하고, 이를 단순한 사실 진술인 '진술적 발화(constratives)'와 구분하였다. 그러나 수행적 발화도 발화 조건에 따라 '성공'하거나 '실패'할 수 있고, 진술문 역시 특정 상황에서는 행위로 작동할 수 있기 때문에 이들을 명확히 구분하기가 어렵다는 점을 깨달았다.

이후 오스틴은 발화를 둘로 구분하기보다, 하나의 발화가 동시에 세 가지 층위의 행위를 수행한다고 설명했다.

- 화행
  - 발화행위(locutionary act)
    - 음성 행위
    - 형태 행위
    - 의미 행위
  - 발화수반행위(illocutionary act)
  - 발화수반행위(perlocutionary act)

첫째, 발화행위란 화자가 특정한 음성, 어휘, 문법 형식, 의미를 사용하여 문장을 산출하는 행위이다. 예를 들어 "저 개 사납다"라는 문장을 발화하는 것 자체가 발화행위에 해당한다.

둘째, 발화수반행위란 화자가 발화를 통해 드러내는 의사소통 의도이다. 같은 "저 개 사납다."라는 말이라도, 단순한 사실 진술일 수도 있고, 길을 가던 엄마가 아이에게 하는 말이라면 "조심해라."라는 경고의 의미가 될 수도 있다. 화행론의 주요 연구 대상은 바로 이 발화수반행위이며, 좁은 의미에서 '화행'이라 하면 이를 가리키는 경우가 많다.

셋째, 발화효과행위란 화자의 말이 청자에게 실제로 어떤 반응이나 변화를 일으키는지를 가리킨다. 앞의 예에서 아이가 엄마의 말을 듣고 조심하거나 길을 돌아간다면, 그 결과가 바로 발화효과행위이다.

이 세 가지 차원을 통해 우리는 언어가 단순히 의미를 전달하는 도구가 아니라, 행위를 수행하는 사회적 장치임을 이해할 수 있다. 그러나 여기서 주목할 점은 발화수반행위와 발화효과행위가 항상 일치하지는 않는다는 것이다. 청자가 화자의 의도를 이해했더라도, 행동으로 옮기지 않을 수도 있다. 예컨대 아이가 엄마의 말을 무시하고 계속 달려간다면, 화자의 '경고'는 의도는 있었지만 효과는 없었다고 할 수 있다.

오스틴은 이 점을 들어, 발화수반행위는 사회적 관습에 따라 규정되지만, 발화효과행위는 청자의 해석과 상황 맥락에 따라 달라지므로 관습에 의존하지 않는다고 보았다. 오스틴의 이러한 통찰은 언어가 의미를 전달하는 수단에 그치는 것이 아니라, 화자의 의도를 구현하고 청자에게 영향을 미치는 사회적 행위임을 명확히 보여준다.

3. 화행의 유형 분류

어떤 대상을 유형화하여 분류하는 이유는, 그것의 특성을 체계적으로 파악하고 본질을 이해하기 위함이다. 최근 대중적으로 확산된 MBTI 검사 역시 같은 맥락에서 이해할 수 있다. 사람들은 성격이라는 인간의 특성과 본질에 관심을 가지기 때문에, 이를 유형화하여 이해하려는 것이다. 마찬가지로 화행을 분류하는 이유 역시 언어 행위의 특성과 본질을 규명하기 위해서이다.

그동안 많은 학자들이 화행의 유형을 분류해 왔으나, 그중에서도 써얼(1969)의 분류가 가장 널리 수용된다. 그 이유는 그의 기준이 화행의 특성을 가장 명확하게 드러내기 때문이다.[3] 써얼(1969)은 화행 분류를 위해 12가지 기준을 제시했는데, 그중 핵심은 '의사소통 목적

3) 써얼은 스승인 오스틴(Austin, 1962)의 화행 분류가 일관된 기준이 없다는 점과 발화수반 행위를 분류한 것이 아니라 화행 동사를 중심으로 제시된 것이라고 비판하였다(써얼, 1979 : 8-12). 이후 Vendler(1972), Fraser(1974), McCawley(1977), Katz(1977), Bach & Harnish(1979), Traugott & Pratt(1980), Leech(1983) 등 여러 학자들이 다양한 기준으로 화행 분류를 시도하였으나, 대부분 오스틴과 써얼의 기본 틀 안에서 수정 · 보완하는 방향이었다. 단, Leech(1983)는 공손성 원리(politeness principle)와의 관계 속에서 발화를 구분했는데, 발화수반 목적이 사회적 목적과 경쟁하거나 상충하는지 여부에 따라 네 가지로 유형화하였다. 그러나 이 분류 방식은 선언화행을 제외하게 된다는 문제점을 남긴다(이혜용, 2015:23-24에서 재인용).

(illocutionary point)[4]'과 '말과 세상의 방향성(direction of fit)', '화자의 심리 상태(psychological state)' 세 가지이다.

(5) 써얼의 화행 분류 기준

ㄱ. 의사소통 목적 : 발화가 지향하는 궁극적 의도, 즉 화자가 수행하고자 하는 행위의 목적

ㄴ. 말과 세상의 방향성 : 발화가 세상에 맞추어지는가(말→세상), 아니면 세상이 발화를 따르는가(세상→말)

ㄷ. 화자의 심리 상태 : 발화가 담고 있는 화자의 내적 태도(믿음, 소망, 의도, 감정 등)

예컨대 '약속' 화행은 말이 먼저 있고, 세상이 그에 따라 변한다('세상→말'의 방향). 이때, 화자의 심리 상태는 '의도'이다. 반면 '설명' 화행은 세상에 이미 존재하는 사실을 기술하는 것으로, 말이 세상을 따라간다('말→세상'). 이 경우 화자의 심리 상태는 '믿음'이다.

이 세 가지 기준을 바탕으로 써얼은 화행을 단언화행(Assertives)[5], 지시화행(Directives), 다짐화행(Commissives), 정표화행(Expressives), 선언화행(Declaratives)의 다섯 가지로 분류했다.

---

4) 써얼의 용어로는 'illocutionary point'이고 '발화수반 목적'으로 번역할 수 있다. 이는 결국 화자의 의도이므로 본고에서는 '의사소통 목적'이라고 표현하였다.

5) 써얼은 Seale(1976)에서는 'Representatives(제시화행)'라고 명명했던 화행 범주를 써얼(1979)에서는 'Assertives(단언화행)'로 수정하였다.

화행의 유형	설명	예시
단언화행 (Assertives)	사실이나 정보를 서술하여 화자의 믿음을 표현	"오늘은 맑다.", "그 식당은 별로야."
지시화행 (Directives)	청자에게 어떤 행동을 요구하거나 유도	"문 좀 닫아 주세요.", "이거 봐요."
다짐화행 (Commissives)	화자가 미래의 행위를 약속하거나 의무를 지님	"내일까지 꼭 제출하겠습니다."
정표화행 (Expressives)	화자의 감정 · 태도를 표현	"미안해요.", "축하해요."
선언화행 (Declarations)	발화와 동시에 사회적 사실을 성립시킴	"당신을 해고합니다.", "이 결혼을 인정합니다."

단언화행은 화자가 어떤 사태를 사실이라고 믿거나 알고 있음을 진술하는 것이다. 이 부류에 속하는 화행은 발화가 세상에 맞추어지므로 '말→세상'의 방향성을 지니며, 화자의 심리 상태는 사태에 대한 '믿음'이다. 예를 들어 신문기사에서 "정부가 확보한 초도 물량은 수요에 턱없이 부족하다."와 같은 '보고' 화행이나 "그 레스토랑 서비스는 별로야."와 같은 '주장' 화행이 단언화행에 해당한다.

지시화행은 청자가 어떤 행동을 하도록 시도하는 발화이다. 단언화행과는 달리 '세상→말'의 방향성을 지니며, 화자의 심리 상태는 '소망'이다. 대표적인 예로 "물 좀 주시겠어요?"와 같은 '부탁' 화행이 있으며, 그 밖에 '요구, 부탁, 명령, 질문' 등이 있다.

다짐화행[6]은 화자가 자신이 미래에 할 혹은 하지 않을 행위를 알리고,

6) Commissives의 번역어로는 '언약화행', '위임화행', '약속화행', '다짐화행' 등이 사용되어 왔다. '언약', '약속'화행은 그 의미의 범위가 좁다는 문제가 있고, '위임'은 '아버지로부터 공장을 관리하도록 위임을 받았다.'의 예문처럼 일상어에서 사용되는 사전적 의미에 차이가 있어서 본고에서는 '다짐화행'이라는 번역어를 사용하였다. 이 번역

동시에 자신에게도 행위 수행에 대한 의무를 부여하는 것이다. '세상→말'의 방향성을 지니며, 심리 상태는 '의도'이다. 예를 들어 과제 마감일을 넘긴 학생이 교수에게 "내일까지 꼭 과제를 제출하겠습니다."와 같은 약속을 하면, 이 학생은 자신이 할 미래의 행위를 알리고, 그 말에 대한 책임을 지겠다는 것을 표현한 것이다. 그리고 여기서 언급되는 사태는 미래의 일이므로 아직 일어나지 않았고, 학생이 '약속'이라는 발화를 한 후 사태가 발생하므로 세상이 말을 따르는 것이다. 다짐화행은 '약속'이나 '서약'뿐 아니라, '위협'이나 '보증' 화행처럼 미래의 행위를 전제로 하는 화행 전반을 포함한다.

정표화행은 화자의 감정이나 태도를 표현하는 것이다. "생일 축하해!", "정말 미안해."와 같은 말은 화자의 감정을 직접 드러내므로, 말과 세상 간의 방향성이 존재하지 않는다.

화자의 심리 상태는 화행에 따라 '기쁨, 슬픔, 화, 후회' 등 다양하게 나타난다. 감정 표현을 통해 관계를 원활하게 조율한다는 점에서 대인 화행의 핵심적 유형이다. 정표화행에는 '사과, 축하, 감사, 위로, 조롱' 등 이질적인 화행들이 이 범주 안에 들어 있다.

선언화행은 사회적 제도나 규범에서 이루어지는 언어 행위로, 특정 사태를 성립시키는 발화이다. 발화와 동시에 즉각적으로 현실의 사태를 변화시키므로 말과 세상은 일치하며(말↔사태), 화자의 심리 상태는 존재하지 않는다. 예를 들어 결혼식에서 주례를 맡은 사람이 "지금부터 두 사람을 부부로 선포합니다."라는 발화를 하면, 발화가 이루어지는 순간 사회적 현실이 변화한다. 이렇게 선언화행은 발화와 사태가 일치하며,

---

어는 박철우 외(2023)에서도 사용된 바 있다.

제도적 권위가 뒷받침되어야 한다는 점에서 다른 화행과 구별된다. '선언', '선포', '제명', '해고', '(판사의) 판결', '(심판의) 판정' 화행이 이 행위에 속한다. 그런데 여기서 판사의 '판결'이나 심판의 '판정' 행위는 '확언적 선언화행'으로 다시 하위 분류가 가능하다. 이 부류의 특징은 사태에 대한 화자의 믿음을 표현한다는 점에서는 단언화행과 같으나, 최종적으로 판단을 내릴 수 있는 제도적 권위가 필요하며, '판결'이나 '판정'이 잘못되었다 할지라도 사태가 확정된다는 점에서 선언화행과 같은 특성을 갖는다.

이처럼 써얼의 분류는 화자의 의사소통 목적, 말과 세상의 관계, 심리 상태에 따라 화행을 체계적으로 설명한 점에서 의의가 크다. 즉, 단언화행은 세상에 대한 믿음을 표현하고, 지시화행은 타인의 행동을 요구하며, 다짐화행은 화자 자신의 미래 행동을 약속한다. 정표화행은 감정을 표현하고, 선언화행은 제도적 권위를 통해 현실을 변화시킨다.

그러나 이 체계에도 한계가 지적되었다. 무엇보다 써얼의 분류는 화행이 의사소통의 기본 단위라는 것을 인정하였으면서도 화자 중심적으로 설계되어 의사소통의 핵심 요소인 청자가 배제되었다는 점이 문제로 제기된다. 또한 단일 발화를 기준으로 화행 유형을 정하는 방식은 실제 대화 자료와 어긋나는 부분이 있다. 예컨대 '불평' 화행은 단언화행인가 정표화행인가(Mey 1993)? 평가화행을 단언화행의 하위 유형으로 묶는 것이 타당한가(이혜용 2013)?

이러한 문제의식 속에서 화행 연구는 확대 화행론으로 발전하였다. 이는 오스틴과 써얼의 기본 틀을 비판적으로 계승하여, 화행의 하위 유형(예: 단언화행, 지시화행, 다짐화행, 질문화행, 평가화행, 제보화행 등)을 세분화하고, 청자의 반응과 제3 대화이동(후속 응답)을 함께 고려하여 화행을 상호작용의 단위로 파악하는 방향으로 나아갔다[7]. 이 확장된 관점은 이후 대화분석, 담화분석, 그리고 사회언어학적 연구의 핵심적인 토대가 되었다.

4. 화행의 적정 조건

앞에서 살펴본 써얼의 화행 분류는 발화가 사회적 기능을 수행하는 행위임을 보여준다. 그렇다면 발화가 성공적으로 사회적 기능을 수행하기 위해서는 어떤 조건이 필요할까? 예컨대 대통령이 대국민 담화에서 "죄송하다"고 말했지만, 왜 사과하는지 구체적인 사유를 밝히지 않는다면,[8] 그 발화를 제대로 된 '사과'로 받아들일 수 있을까?

4.1. 화행의 '성공'과 '실패'

오스틴(Austin, 1962)은 '말했으니 행위가 이루어진 것'이라고 단정할 수 없다고 보았다. 그는 어떤 발화가 화행으로 '성공'하기 위해서는 일정한 조건을 충족해야 한다고 보았고, 이것을 '적정 조건(felicity

7) 구체적으로는 선언화행을 제외한 나머지 네 가지 화행의 하위 유형화 연구들(Rolf, 1983; Hindelang, 1978; 김지환, 2002; 장경희, 2005; 김강희, 2020 Graff, 1990; 정종수, 2013, Marten-Cleff, 1992; 이혜용, 2010; 정종수 · 신아영, 2013; 조용길 2017), 그리고 Searle의 기본 화행 유형 범주에서 모호한 점이 있는 질문화행(박용익, 2003), 평가화행(이혜용, 2013)에 대한 연구와 이유대기 화행(강창우 2002), 제보화행(정종수, 2021)에 대한 연구 등이 있다.

8) 김경년, 「빈 말 된 대통령 '끝장토론'...사과 이유 묻자 엉뚱 답변」, 『오마이뉴스』, 2024.11.7, https://www.ohmynews.com/NWS_Web/View/at_pg.aspx?CNTN_CD=A0003077979.

conditions)'이라고 불렀다. 오스틴은 발화가 단순히 음성적으로 산출되는 것만으로는 화행이 완성되지 않는다고 주장했다. 그는 "발화의 실패(misfire)"라는 개념을 통해, 적정 조건이 충족되지 않으면 화행이 성립하지 않는다는 점을 강조했다. 예를 들어, 혼인식에서 "두 사람을 부부로 선포합니다."라는 말은 단순한 문장이 아니라, 발화와 동시에 사회적 사실을 변화시키는 선언화행이다. 그러나 이 말이 유효하려면 다음과 같은 조건이 충족되어야 한다.

1. 발화자는 해당 행위를 수행할 자격이 있어야 한다. (→ 주례자)
2. 청자와 발화 상황이 사회적으로 인정된 절차를 갖추어야 한다. (→ 공식 혼인식)
3. 화자의 의도와 청자의 수용이 일치해야 한다. (→ 당사자들의 동의)

이 조건 중 하나라도 어긋나면, 발화는 "의도한 행위"로서 성립하지 않는다. 예컨대, 주례 자격이 없는 사람이 친구 결혼식에서 "이제 두 사람은 부부입니다."라고 말한다면, 이는 단순한 농담일 뿐, '결혼 성립'이라는 사회적 효과를 가져오지 못한다. 이처럼 화행의 성립 여부는 발화자, 청자, 상황의 상호작용 속에서 결정된다.

4.2. 써얼의 적정 조건 네 가지

오스틴의 논의를 계승한 써얼(Searle 1969)은 화행의 적정 조건을 보다 명확하게 정리했다. 그는 특히 '발화수반행위'의 성립 조건을 중심으로 네 가지 범주를 제시하였다. 이를 '사과' 화행을 예로 들어 살펴보자.

(6) Sealre(1969)의 적정 조건

ㄱ. 명제내용 조건(propositional content condition)

화행의 명제적 내용은 그 화행에 적절한 것이어야 한다. '사과'의 경우, 화자가 청자에게 잘못하거나 피해를 준 내용이어야 한다.

예 : 어제 갑자기 위가 아파서 집에 갔었어. 미안해, 생일 파티에 못 가서.

ㄴ. 예비 조건(preparatory conditions)

화행이 의미 있게 수행되려면 전제되어야 하는 상황적 조건이다. '사과'의 경우, 화자와 청자는 화자가 저지른 행위가 바람직하지 못했고, 그로 인해 청자가 피해나 손해를 입었음을 알고 있다.

예 : 어제 꼭 가려고 했는데, 내가 생일 파티에 못 가서 좀 실망했지? 미안해.

ㄷ. 성실 조건(sincerity condition)

화자는 해당 행위를 수행할 진정한 의도와 감정을 가지고 있어야 한다. '사과'의 경우, 화자는 실제로 미안함과 후회의 감정을 느껴야 한다.

예 : 화자1 : 솔직히 내가 뭘 그렇게까지 잘못했나 싶긴 한데....어쨌든 나 때문에 힘들었다니 미안.

화자2 : 지금 그게 사과라고 하는 거야?

ㄹ. 본질 조건(essential condition)

그 행위가 본질적으로 무엇을 하는지를 규정한다. 다른 화행 유형과 구별되는 그 화행만의 특성을 나타낸다. '사과' 화행의 본질 조건은 갈등 상황을 마무리하고 관계 회복을 시도하는 것이다.

예) 정말 내가 잘못했어. 다시는 그런 일 없도록 할게.

위의 예에서 보듯, 네 가지 조건을 충족해야만 '사과' 화행이 성공적으로 수행된다. 이 중 한 조건이라도 어기면 화자가 아무리 "미안하다"라고 말해도 청자는 이를 진정한 사과로 받아들이지 않는다.

또한 개별 화행 유형마다 적정 조건은 달라진다. 예컨대 지시화행 중 '명령'과 '요청'의 조건을 비교해 보자.

(7) 명령 화행의 적정 조건
ㄱ. 명제내용 조건 : 청자의 미래 행위 A
ㄴ. 예비 조건 : 화자는 청자에 대해 권위를 가지며, 청자는 이를 인정한다.
ㄷ. 성실 조건 : 화자는 청자가 행위를 수행하기를 바란다.
ㄹ. 본질 조건 : 청자는 화자의 발화를 자신에게 행위를 요구하는 것으로 인식한다.

(8) 요청 화행의 적정 조건
ㄱ. 명제내용 조건 : 청자의 미래 행위 A
ㄴ. 예비 조건 : 1. 화자는 청자가 A를 할 수 있다고 믿는다.
2. 청자가 자발적으로 A를 할지는 불분명하다.
ㄷ. 성실 조건 : 화자는 청자가 A를 하기를 원한다.
ㄹ. 본질 조건 : 청자는 화자의 발화를 자신에게 행위를 하도록 시도하는 것으로 이해한다.

써얼의 적정 조건은 화행이 성공적으로 수행되기 위한 전제와 기준을 체계화하여 제시했다는 점에서 의의가 크다. 이를 통해 유사한 화행을 구분하고, 발화 행위를 명확히 규정할 수 있기 때문이다. 그러나 김태자(1987 : 52)의 지적처럼, '무한히 확대되는 행위에 대해 모든 적정 조건을 규정할 수 있는가, 그 한계를 어떻게 정하는가'라는 문제점이 존재한다. 특히 명제내용 조건과 예비 조건은 너무 추상적이어서, 실제 화행에 적용할 때 무엇을 언급해야 하는지 그 범위를 정하기가 쉽지 않다.

5. 확대 화행론 : 대화, 사회, 텍스트 속으로

오스틴과 써얼의 화행 이론은 발화를 사회적 행위로 이해하게 했다는 점에서 언어학의 패러다임 전환을 이끌었다. 그러나 앞서 언급했듯이, 전통적 화행론은 화자 중심적이며 개별 발화 단위에만 집중한다는 한계를 지닌다. 실제 언어는 연속적인 발화의 흐름 속에서 의미를 형성하기 때문에, 화행 연구는 대화와 담화, 나아가 매체 분석의 틀로 확장되었다. 본 장에서는 이를 구체적 사례를 통해 살펴보고자 한다.[9]

5.1. 대화와 담화 속 화행

먼저 제도적 담화에서는 질문과 대답이 단순한 정보 교환을 넘어 권력 행사와 평가의 장치로 기능한다. 의과대학생의 실습 보고서에 따르면 의사의 발화는 환자의 질문을 차단하고 대화 참여를 제한하는 장면이 반복적으로 지적되었다.

(9) 환자 : 심각한 건 아니겠죠? 약만 먹으면 되나요?
교수 : (귀찮아하며) 약만 먹으면 돼요. 혹시 모르니까 가슴 사진 한번 찍어볼게요 (이혜용 2025:193)

---

9) 5장에서 인용하는 실례들은 대화와 담화 속에서 화행을 분석한 연구들에서 가져온 것이다.

이 장면에서 의사는 환자의 질문에 짧게 답한 뒤 추가 검사를 지시하며 대화의 흐름을 통제한다. 학생은 "환자는 더 묻지 못하고 고개만 끄덕였고, 저는 옆에서 보면서 환자가 불안해 보였는데도 의사는 대화를 이어가지 않았다."라고 기술하였다. 따라서 의사의 발화는 단순한 정보 제공이 아니라 환자에 대한 무시와 권위 행사로 작동한다.

입시 면접 담화도 유사하다. 다 대 일로 진행되는 입시 면접은 제도적 의사소통 형태라는 점에서 더욱 구조화된 담화이다. 그 속에서 면접관의 질문은 정보 탐색을 넘어 평가 기능을 수행한다.

(10) 면접관 1 : (1.0) 그: : 20년 후에 본인의 모습이 어땠으면 좋겠어요?

지원자 : 20년 후 저는 환자들에게 꼭 필요한 의사가 되고 싶습니다. 제 기술을 누군가의 생명을 살리는 데 쓰이고 싶습니다.

면접관 : 아..네. 그렇군요.

이 경우 질문과 대답은 표면적으로는 단순한 구조를 띠지만, 제도적 맥락에서 면접관의 질문은 {태도 · 가치관 질문 → 대답 → 평가}라는 3원 연속체 구조 안에서 지원자의 가치관과 태도를 평가하는 기능을 수행하고, 지원자의 대답은 설득적 기능을 갖는다.

한편 사회적 지위와 문화적 규범은 화행의 선택을 크게 좌우한다. 한국어와 영어의 거절 담화를 비교한 연구(이혜용 · 이향, 2024)에 따르면, 한국어 화자는 사회적 지위가 높은 상대에게 거절을 표시할 때, {예비 공표 → 거절의 목적 실현 → 거절의 목적 강조 → 마무리}의 단계적 구조를 빠짐없이 취한다. 반면 영어 화자는 직접적이고 간결한 구조로 곧바로 의사소통 목적을 달성한다. 이는 한국어가 윗사람에게 거절의 의도를 완곡하게 전달하기 위해 맥락을 풍부하게 구성하는 전략을 취하며 관계 관리와 완곡성을 중시하는 문화이고, 영어의 경우 의사소통의 효율성과 관계의 평등성을 중시하는 문화를 반영하기 때문이다.

범죄 담화는 화행이 의사소통 목적을 달성하기 위해 극단적으로 조직화된 대표적 사례이다. 보이스피싱 대화는 {피해자 접근 → 범죄 연루 협박 → 사회적 고립화 → 수직 관계 강화 → 인출 유도 → 인출 여부 확인}이라는 6단계 구조로 전개된다. 그리고 각 단계는 다시 세부 부분단계로 구성되어 각 단계의 의사소통 목적을 달성해 나간다(배승희 · 최민경 · 이혜용 2023).

다음의 예는 '수직 관계 강화 단계'에서 '통보'와 '설명'을 반복하며 피해자에게 공포와 압박감을 조성하는 장면이다. (11)에서 피해자가 '네'라고 반복적으로 응답하는 것은, 협조 의사를 밝히는 동시에 심리적 지배를 당하고 있다는 것을 보여준다.

(11) 보이스피싱범 : 본인 이 부분에 대해서 공조하지 않았다는 피해자 입증을 해주셔야 되는 부분입니다. [통보]

피해자 : 네네. [수긍]

보이스피싱범 : 지금부터 간단한 1차 조사를 할 건데 [통보] 1차 조사는 간단한 녹취로 조사가 진행이 될 거고요.[설명]

피해자 : 네. [수긍]

보이스피싱범 : 아까 제가 초기에 여쭤봤던 내용들 다시 한번 본인께서 녹취 전화상에 사실대로만 진술을 해주시면은... [설명]

5.2. 사회와 매체 속 화행

화행은 사회적 권력과 설득의 장치로서, 제도적 · 경쟁적 담화와 매체 담화 속에서 더욱 분명하게 드러난다. 그 대표적인 예가 TV 쟁점 토론이다. 이 담화에서는 화자가 공손성(politeness)보다 불손성(impoliteness) 전략을 빈번히 사용하며, 체면 위협적 발화를 설득의 무기로 삼는다(아야 · 이혜용 2023). 토론자1은 상대의 무책임함을 '질타'하면서, 토론자2는 자신의 주장을 '강화'하면서 상대방의 체면을 위협한다.

(12) 토론자1 : 복지 후퇴가 사실이 아니라고 말씀을 하시니까 이걸 좀 말씀을 드리겠습니다. 우선은 이게 다가 아니고요. (중략) 국가의 완전한 책임이라고 했는데 지금 뒷짐지고 있고요[질타] (생략)

토론자 2 : 제가 시간이 짧아서 사실 관계 복지예산이 계속 늘고 있다 그러는데(중략) 국가 재정 적자 지난 시기보다 GDP 대비 40%가 지금 넘어서고 있습니다. 여기에 대해서는 솔직하게 성찰하셔야 됩니다.[주장 강화]

이처럼 경쟁적 담화에서 불손성 전략은 상대를 제압하는 동시에 청중을 설득하는 기능을 한다. 이러한 '설득과 권력의 화행'은 공적 담화의 다른 형태에서도 나타난다. 온라인 청원 담화가 그 예로, 시민이 직접 참여하여 자신의 요구를 제시하는 참여형 담화라 할 수 있다. 이 담화에서는 {사건 설명 → 문제 제기 → 행위 촉구 → 요구 협상 → 호소}라는 연속적 구조를 통해 단순한 호소문을 넘어 사회적 변화를 촉구하는 설득의 장치로 기능한다.(이혜용 2024).

한편, 온라인 청원이 사회 참여의 장에서 설득을 수행한다면, 매체 담화는 사회적 평가와 감정 표현을 통해 대중과의 소통을 이끈다. 매체 담화에서는 발화가 정보 전달보다 평가와 정서 공유에 집중된다. 뉴스 보도나 오디션 프로그램의 발화는 사회적 태도를 드러내고 청중을 설득하기도 하는 평가화행으로 나타난다.

(13) 가. 그의 발언은 사실과 다를 뿐 아니라 무책임하다.
나. 노래 실력이 기대 이상이었습니다. 앞으로 더 성장할 수 있겠네요.(이혜용 2013)

한편, 최근에는 유튜브 자막처럼 시청자와 직접 상호작용하는 매체에서도 화행의 기능이 더욱 적극적으로 나타난다. 유튜브 자막 연구에 따르면, 발화는 정표화행과 평가화행을 통해 시청자의 감정을 유도하고, 라포(rapport) 형성의 장치로 기능한다. 유튜브 제작자는 불특정 시청자의 관심을 유도하고, 친밀한 관계를형성하기 위해 자막에서 등장인물 혹은 자신이 느낀 감정을 표현하는 정표화행이나 제3의 사태에 대한 태도를 표출하는 평가화행(비평, 칭찬 등)을 활용한다. 이를 통해 시청자가 그 감정에 공감적으로 반응하도록 유도한다.

(14) 가. (예쓰! 알리바이 완성) → '환호' 화행
나. (으~ The love)→ '혐오' 화행 (이혜용 · 방영심 2024)

이처럼 유튜브 자막은 단순히 보조 수단이 아니라 적극적인 화행 수행을 통해 시청자와 감정을 공유하고 상호작용을 강화하는 사례로 볼 수 있다.

결국 제도적 대화, 문화적 변인, 범죄 담화, 경쟁적 토론, 매체 의사소통 등 다양한 맥락에서 화행은 권력 행사, 평가, 설득, 정서적 유대 형성이라는 기능을 수행하며, 사회적 힘의 작동 방식을 구체적으로 드러낸다.

5.3. 소결

이상의 논의에서 보았듯이, 화행 이론은 개별 발화 분석에 머물지 않고 대화와 담화, 사회와 대중매체 언어 분석의 기본 틀로 확장되었다. 병원 진료와 입시 면접 같은 제도적 담화에서는 화행이 질문과 대답을 넘어 권위와 평가의 장치로 작동하였다. 한국어와 영어의 거절 담화 비교는 화행 선택이 사회적 지위와 문화적 규범에 따라 달라짐을 보여주었다. 보이스피싱 대화는 의사소통 목적을 극단적으로 달성하기 위해 단계적으로 조직된 화행 구조를 드러냈고, TV 토론과 온라인 청원은 설득과 사회적 변화를 촉구하는 장치로 기능하였다. 또한 뉴스, 오디션, 유튜브 자막 등 매체 담화에서는 평가와 정서 공유를 통해 다층적 청중과 상호작용하는 양상이 확인되었다.

이처럼 화행은 다양한 담화 맥락 속에서 권력 행사, 설득, 평가, 정서적 유대 형성 등 사회적 기능을 수행하며 언어가 사회 속에서 작동하는 방식을 구체적으로 보여준다. 결국 화행은 단순한 사실 전달을 넘어 사회적 행위를 수행하고 힘을 행사하는 언어적 장치로 이해되어야 한다. 화행 이론은 언어가 사회적 의미를 구성하고 권력을 발휘하는 과정을 탐구하는 출발점이자, 대화·담화 연구와 더불어 대중매체 담화 분석의 핵심적인 틀로 자리매김할 수 있다.

성별에 따른 사과 화행 양상 비교
- 드라마 〈선재 업고 튀어〉를 중심으로

이나연

1. 서론

사과는 사회적 갈등을 조정하고 관계를 회복하는 핵심적인 언어 행위이며, 일상생활에서 빈번히 나타나는 보편적 행위이다. 사과는 단순한 언어 표현을 넘어, 화자와 청자의 사회적 관계, 정서적 태도, 문화적 가치관을 반영하는 복합적 담화 행위로 기능한다. 이러한 점에서 사과 화행은 화용론적 분석의 중요한 대상으로, 이를 체계적으로 탐구하는 것은 한국어 사용의 실제 양상을 심층적으로 이해하는 데 기여할 수 있다.

특히 사과와 같은 예민한 언어 행위에서는 화자의 성별에 따라 표현 방식이나 전략 선택에 차이가 나타날 수 있으며, 이는 화용 전략의 성별 기반 사회문화적 요인을 조명하는 데 중요한 단서를 제공한다. 남성과 여성은 사회적으로 기대되는 언어적 역할과 표현 양식에서 차이를 보이는 경우가 많으며, 이러한 차이는 사과 행위에서도 전략적 선택의 양상으로 드러날 수 있다. 따라서 남녀 화자 간 사과 화행 및 이에 대한 응답 방식을 비교 · 분석하는 것은, 성별에 따라 달라지는 담화 수행 방식과 사회적 규범의 작동 양상을 밝히는 데 의미가 있다.

이러한 문제 의식을 바탕으로, 본고는 사과 화행 전략과 이에 대한 사과 응답 화행의 양상을 분석하는 것을 목적으로 한다. 이는 언어의 실제 사용 양상을 기반으로, 화용론적 관점에서 의사소통 전략과 사회적 규범을 살펴보고, 나아가 한국어 담화에서 사과 화행의 개념을 정립하려는 데에 그 의의가 있다. 특히 한국어 사용자 간의 상호작용에서 나타나는 사과 화행이 성별에 따라 어떠한 차이를 보이는지에 주목하여, 실제 화행 사례를 수집 · 분석한 후 남녀 화자 간의 전략적 차이를 비교하고자 한다.

본 연구에서 분석하고자 하는 말뭉치는 2024년 베스트 K-드라마 1위로 꼽힌 〈선재 업고 튀어〉[1]의 시나리오를 기반으로 구축하였다. 드라마는 비록 허구적 서사이지만, 대중성과 현실성을 고려하여 일상적인 언어 사용과 사회적 상호작용을 모사한 대사를 포함한다. 특히 해당 작품은 높은 시청률과 사회적 파급력을 기록함으로써, 동시대 대중의 언어적 감수성과 사회적 관계 인식을 반영한 대표적 콘텐츠로 평가된다. 이와 같은 자료를 말뭉치로 삼는 것은 단순한 대사 분석을 넘어 현대 한국 사회에서 사과 화행이 어떻게 실현되고 수용되는지를 진단할 수 있는 실증적 토대를 제공한다. 더불어 화용론적 측면에서, 드라마 대사는 화자와 청자의 관계, 사회적 지위, 감정 상태 등 맥락 요소를 반영하여 구성되므로, 실제 언어 사용을 분석하는 데 있어 유의미한 준현실적 자료

---

1) Kayti burt, 「The 10 Best K-Dramas of 2024 」, 『TIME』, 2024. 12. 18., https://time.com/7201080/best-k-dramas-2024/, 접속일 2025. 06. 20.

가 된다. 또한, 드라마는 다양한 상황 속에서 반복적으로 나타나는 화행들을 통해 담화 전략의 유형을 체계적으로 관찰할 수 있다는 점에서 연구 대상으로서의 적절성을 가진다.

본고가 분석한 텍스트는 총 16편으로, 작중 등장인물들이 사용한 사과 화행 및 사과 응답 화행을 중심으로 한다. 이 자료를 바탕으로 사과 화행 전략 구조를 분석하여 남녀 간 차이점을 밝히고자 하며, 이어서 사과 응답 화행의 유형을 분류하고 성별에 따른 비율을 제시하여 전략적 차이를 대조할 것이다.

2. 연구 설계

2.1. 사과 화행의 적정 조건

사과 화행에 대한 연구는 Austin(1962)의 화행이론 발달 과정에서 수행 발화의 일부로 최초 제시되었다. 그러나 이후 사과 화행은 Searle(1969)의 화행 분류에서 이론적으로 유형화되었으며, 그는 화행을 단언, 지시, 언약, 행태, 선언 다섯 가지로 분류하였다. 이 중 사과 화행은 화자의 심리 상태나 태도를 표현하는 행태 화행에 속한다. 본고는 그가 제시한 발화행위 이론에 따라 정리한 사과 화행의 적정조건을 따른다.

(1) 사과 화행의 적정조건

가. 명제적 내용 : 과거에 발생한 청자에게 피해를 준 행위

나. 예비조건:

1) 화자는 해당 행위로 인해 청자가 피해를 입었다고 생각한다

2) 화자는 자신에게 일정 수준의 책임이 있다고 판단한다

다. 성실성 조건 : 화자는 청자에게 피해를 준 것에 대해 유감을 느낀다

라. 본질 조건 : 화자가 자신의 과오를 인정하고 그에 대한 유감의 표현을 통해 사회적 관계를 회복하려는 시도로 간주된다

이러한 사과 화행의 적정 조건은 사과가 단순한 정서 표현이 아닌, 맥락적 조건과 화자의 태도, 의도가 결합된 복합적 언어 행위임을 전제로 한다. 따라서 본 연구가 드라마 대사의 말뭉치를 분석 대상으로 삼는 만큼, 단순한 어휘 수준의 식별을 넘어, 해당 발화가 실제로 사과 행위로 기능하는지를 판단하기 위한 준거로 위의 적정 조건을 분석의 틀로 채택하였다. 이에 따라 본고는 시나리오 속 발화들 가운데 사과 화행의 적정 조건을 충족하는 사례를 중심으로 사과 화행을 추출 및 분류하였다.

사과 표현이 포함되어 있더라도 적정 조건을 충족하지 못하는 경우에는 분석 대상에서 모두 제외하였다.

(2)

가. 임솔 : 미안한데 오빠. 나 오늘 진짜 아무 데도 못 나가거든? 그러니까 와서 갖고 가든지 근처에서 사든지 알아서 해.

나. 보내준 영상 포트폴리오 정말 좋았어요. 그래서 꼭 같이 일하고 싶었는데... 보시다시피 이놈의 회사가 2층짜린데 엘리베이터가 없어서. 미안해요.

예를 들어 (2)와 같은 발화는 사과 화행의 형식을 취하고 있지만, 실제로는 지시 혹은 거절 화행의 역할을 수행한다. (2)-가의 경우 지시 화

행에 '미안한데'라는 형식이 덧씌워진 것일 뿐, 성실성 조건(유감의 진정성)과 본질 조건(관계 회복의 의도)를 충족하지 않는다. (2)-나 역시 마찬가지로 '미안해요'는 거절 행위를 완곡하게 표현하는 전략적 표현에 불과하다. 따라서 명제적 내용 및 성실성 조건이 불충분하여 배제되었다.

2.2. 선행 연구

Cohen & Olshtain(1981)은 사과 화행이 단일한 표현이 아닌, 상황과 맥락에 따라 다양한 전략으로 구성될 수 있음을 전제로 하여, 대표적인 사과 화행 전략 다섯 가지를 제시하였다. 이들은 다음과 같다.

첫째, 명시적인 사과는 '미안하다', '죄송하다', '용서해 달라' 등의 표현을 통해 직접적으로 사과의 의사를 밝히는 방식이다. 이는 가장 기본적이고 광범위하게 사용되는 전략으로, 사과의 의도가 명확하게 전달되기 때문에 상대방의 양해를 얻는 데 효과적이라고 평가된다.

둘째, 위반 책임인정은 화자가 무례한 행위나 실수에 대한 책임을 분명히 인정하고, 자신의 과오를 반성하는 태도를 보이는 전략이다. 이는 청자에 대한 위로와 관계 회복의 의지를 드러내는 방식으로, 사과의 진정성을 높이는 데 기여한다.

셋째, 상황 설명 전략은 문제의 원인을 설명하고, 해당 행위가 발생한 맥락을 구체적으로 진술하는 방식이다. 이 전략은 명시적 사과와 함께 자주 사용되며, 화자와 청자 모두에게 갈등 상황에 대한 인식을 정리할 기회를 제공하므로 대인 담화에서 유용하게 작용한다.

넷째, 회복제안 전략은 피해를 보상하거나 상황을 만회할 방안을 제시하는 것으로, 특히 피해의 정도가 큰 경우 사용된다.

다섯째, 재발 방지 약속 전략은 화자가 해당 사태의 심각성을 인식하고, 같은 잘못을 반복하지 않겠다는 의지를 밝히는 전략이다. 이는 사과의 진정성과 신뢰도를 높이고, 향후 관계 개선에 긍정적으로 작용할 수 있다.

사과 화행이 다양한 전략적 선택을 통해 구성되듯, 이에 대한 응답 역시 고정된 방식이 아니라 화자 간 관계, 상황 맥락, 감정 상태 등에 따라 다채로운 전략으로 실현된다. 이어, 사과 응답 화행 전략에 관한 선행 연구는 본고와 마찬가지로 드라마 대사 자료를 기반으로 이루어진 바 있다. 이유미(2008)는 사과 응답 화행을 '수용'과 '거절'의 두 가지 대분류로 나누고, 각 유형별 하위 전략을 제시하였다.

먼저 수용 전략에는 (1) 사과 전략과 (2) 상대 염려 전략이 포함된다. '사과 전략'은 화자가 한 사과에 대해 청자가 이를 수용하면서, 동시에 사건에 대한 일정 부분의 책임이 본인에게도 있다는 점을 인정하는 전략이다. '상대 염려 전략'은 사과한 상대방을 배려하고, 어색한 분위기를 완화하려는 방식으로 나타난다.

거절 전략에는 다양한 하위 전략이 포함되는데, (1) 이해 전략은 사과의 원인을 이해하는 태도를 보이지만 사과 자체를 완전히 수용하지는 않는 방식이다. (2) 말 돌리기 전략은 대화 주제를 전환함으로써 사과 상황을 간접적으로 넘기는 전략이며, (3) 유머 전략은 사과를 농담으로 처리하여 갈등 상황을 희석시키는 전략이다. (4) 무응답 전략은 언어적 반응 없이 침묵이나 표정 등을 통해 사과를 수용하거나 거절하는 방식으로 해석될 수 있다. 보다 명시적인 거절로는, (5) 불만 표시 전략(사과의 원인 행위에 대해 불만을 직접 드러냄), (6) 핀잔 주기 전략(사과자를 비난하거나 꾸짖는 말로 응수), (7) 이유 묻기 전략(잘못된 행위의 원인을 추궁), (8) 요구 전략(행위의 개선 또는 보상 요구), (9) 무응답 전략(대화 단절이나 의도적 침묵을 통한 사과 거부)이 존재한다.[2)]

3. 사과 화행 전략

3.1. 사과 화행 전략의 분류 기준

본 논문은 앞서 2.2.에서 제시된 Cohen & Olshtain(1981)의 사과 화행의 전략을 참고하여 다음과 같은 기준을 세우고자 한다.

(3) 사과 화행 전략

사과 전략	예문
명시적 사과(단독)	죄송합니다.
상황 설명/변명(고의성 부정)	요즘 일이 너무 바빠서 깜빡했어요.
보상 및 해결 방안(손해 배상)	내가 더 좋은 걸로 사 줄게.
책임 인정	내 잘못이야.
재발 방지	다음부터는 절대 잊지 않도록 하겠습니다.

말뭉치에서는 하나의 사과 화행에 두 가지 이상의 사과 전략이 중첩되거나 충돌하는 경우도 존재한다. 그러나 본 연구에서는 사과 화행의 유의미한 유형화를 위해, 중복 전략이 나타나는 경우 화자의 중심적 의도와 담화 내 초점이 향하는 방향을 기준으로 해당 발화를 가장 두드러

2) 자이, 팡위안, 「한국어 교재에 나타난 사과 화행 및 응답 화행 분석 연구」, 부산대학교 석사학위논문, 2021, 21쪽.

진 전략 유형에 따라 분류하였다.

(4)

가. 솔 : 미안해 선재야… 다 나 때문에 벌어진 일이니까… 이번엔… 꼭 바꿀게.

나. 솔 : 혼자서 끙끙… 얼마나 외로웠을까. 누구한테 힘들다고 말도 못 하고… 그렇게 아파했는지 몰랐어… 몰라줘서 미안해…

다. 솔 : 정말 죄송합니다. 제가 급한 일이 있어서요! 연락 주시면 변상해 드릴게요!

(4)-가의 발화는 '다 나 때문에 벌어졌다'는 책임 인정과 '꼭 바꾸겠다'는 보상 및 해결 방안 전략이 혼합된 사례이다. 그러나 앞서 밝힌 듯 명확한 유형화를 위해 화자의 중심 메시지와 극내 감정의 핵심이 실렸다고 판단된 '다 나 때문에 벌어졌다'를 기준, 책임 인정 전략으로 분류하였다. 이후의 '꼭 바꾸겠다'는 것은 책임 수용에 종속된 후속적 내용으로 판단하였다. 같은 이유로 핵심 화행인 '몰라줘서 미안해…'와 '변상해 드릴게요!'를 기준, (4)-나와 다 역시 각각 책임 인정 전략, 보상 및 해결 방안 전략으로 분류하였다.

3.2. 사과 화행 전략별 발화 사례 분석

사과 화행의 실현 양상을 분석함에 있어, 시나리오 텍스트에서 '사과하다', '죄송하다', '미안하다', '실례하다', '잘못하다' 등의 명시적 사과 동사를 포함한 발화를 1차 수집 기준으로 삼는 것은 연구의 타당성과 일관성을 확보하기 위한 전제 조건이다. 명시적 사과 동사는 발화자의 유감의 의도와 책임 인식이 상대적으로 분명하게 드러나는 표현이므로, 초기 자료 수집 단계에서 의미 판단의 자의성을 줄이는 데 효과적이기 때문이다. 이는 특히 드라마 시나리오처럼 문맥 의존성이 높은 자료에서 신뢰도 있는 발화 선별 기준으로 작용한다. 또한 해당 동사들은 사과 화행을 유발하거나 구성하는 핵심 행위동사로 간주되며, 화용론적 분류의 출발점이 되는 핵심 표현이라는 점에서 이론적 근거도 확보된다.

따라서 본 연구는 명시적 사과 동사가 포함된 발화를 1차적으로 수집한 뒤, Searle의 적정 조건에 따라 실제 사과 화행으로 기능하는 사례를 선별함으로써, 분석의 정밀도와 재현 가능성을 높이고자 하였다. 드라마 〈선재 업고 튀어〉 속 나타나는 사과 전략의 빈도는 다음과 같다.

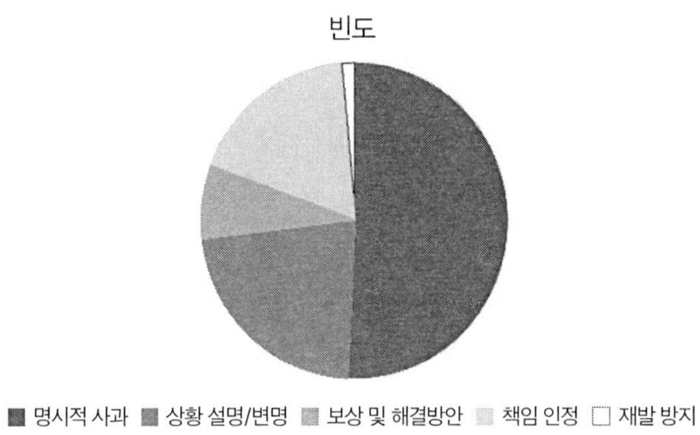

〈표 1〉 사과 화행 전략의 사용 현황

67개의 사과 화행 중 명시적 사과 34개(50.75%), 상황 설명/변명 15개(22.39%), 보상 및 해결방안 5개(7.46%), 책임 인정 12개(17.91%), 재발 방지 1개(1.49%)로 명시적 사과 전략이 가장 높은 비중을 차지하였다.

(5) 명시적 사과

가. 솔 : 죄송합니다.

나. 태성 : 그러니까. 암튼… 미안해. 사실 이 말 하려고 온 거야. 진짜 미안하다.

명시적 사과 전략에는 (5)-가와 같이 명시적 사과 동사 단독으로 사용된 예시와 (5)-나와 같이 기타 서술이 수반되더라도 화행의 중심이 사과 동사에 있는 예시들이 분류되었다. 실제 담화 상황에서도 '미안하다', '죄송하다'와 같은 명시적 표현은 가장 보편적이고 간결한 전략으로 선호되는 경향이 있으며, 드라마 대사에서는 이러한 표현이 인물 간 관계 변화를 직관적이고 즉각적으로 전달하기 위한 서사적 장치로 기능한다. 따라서 명시적 사과 전략이 전체 사과 화행의 절반을 차지한 것은, 일상 언어 사용에서의 화용적 선호와 드라마라는 장르의 특수성이 복합적으로 작용한 결과로 해석할 수 있다.

(6) 상황 설명/변명

가. 솔 : 또 나야. 미안. 방해할 생각 없었는데…

나. dj(여) : 정말 죄송합니다. 저희가 본의 아니게..

다. 근덕 : 일이 바빠 깜빡했네요. 죄송합니다.

라. 금 : 미안. 회의하느라 (핸드폰을) 꺼 놔서. 오빠 왔으니까 이제 괜찮아~ 응?

두 번째로 높은 빈도를 보인 상황 설명/변명 전략에는, (6)-가, 나와 같이 자신의 행위에 고의성이 없었음을 강조하는 예시와, (6)-다, 라와 같이 해당 행위를 할 수밖에 없었던 불가피한 상황을 설명하는 예시들이 포함되었다.

(7) 책임 인정

가. 금 : 엄마 내가 잘못했어 응?

나. 솔 : 그리고 미안해. 고맙다고 진작 말했어야 했는데, 너무 늦었네.

다. 선재 : 늦어서… 미안.

다음으로 높은 빈도를 보인 책임 인정 전략은 상황 설명/변명 전략과 달리 청자에게 피해가 된 행위의 책임을 명확히 화자 자신에게 귀속시킨다는 점에서 차이가 있다. 이 전략에는 단순히 자신의 잘못임을 인정하는 (7)-가, 행동에 대한 반성을 드러내는 (7)-나, 자신의 행위에 대해 사과하는 (7)-다와 같은 예시들이 포함되었다.

(8) 보상 및 해결방안

가. 솔 : 미안해… 지금 당장 나갈게.

나. 이대표(여) : 암튼, 이건 내가 해결할 거니까 그렇게 알어. 내 직원 내가 챙겼어야 됐는데 괜히 반성문만 쓰게 했네. 미안해.

(8)은 네 번째로 분포한 보상 및 해결방안의 예로, 약속하거나(가) 미래의 행위를 다짐(나)하는 예시들이 포함되었다.

(9) 재발 방지

가. 금 : 알았어. 미안… 안 할게. 응?

재발 방지 전략의 예시는 (9) 단 한 가지로, 가장 드문 사용을 보였다.

3.3. 남녀 사과 전략 차이 비교

앞선 분석에서는 전체 말뭉치에 나타난 사과 화행의 전략 유형과 분포를 살펴보았다. 그러나 담화 행위는 화자의 성별에 따라 다르게 실현될 수 있으며, 사과 전략 또한 예외가 아니다. 이에 화자의 성별을 기준으로 사과 전략을 분류하고, 그 차이를 비교 분석함으로써 성별에 따른 사과 화행의 실현 양상을 보다 면밀히 고찰하고자 한다.

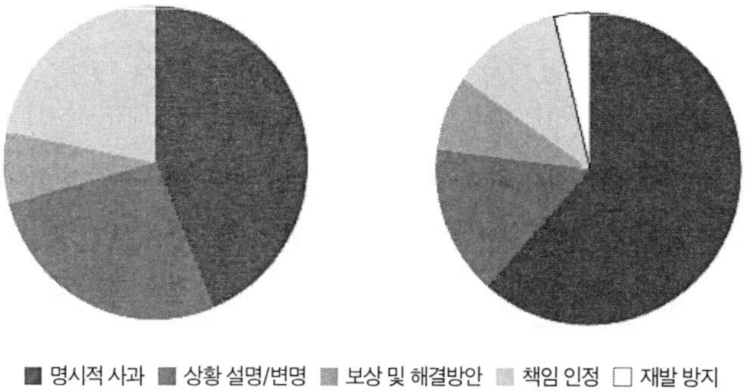

〈표2〉 성별에 따른 사과 화행의 실현 현황 (왼쪽:여성, 오른쪽 : 남성)

여성과 남성 모두 전체 빈도와 유사한 분포를 보였으며, 전략 선호에서도 공통점을 나타냈다. 여성 화자의 경우 명시적 사과 전략이 43.90%로 가장 높은 비중을 차지하였으며, 이어서 상황 설명/변명 전략이 26.83%, 책임 인정 전략이 21.95%, 보상 및 해결방안 전략이 7.32%, 재발 방지 전략은 나타나지 않았다(0.00%). 반면 남성 화자 역시 명시적 사과 전략이 전체의 61.54%로 가장 두드러졌으며, 그 외 상황 설명/변명(15.38%), 책임 인정(11.54%), 보상 및 해결방안(7.69%), 재발 방지

(3.85%)의 순으로 나타났다.

기존의 젠더 담화 연구에서는 여성을 수동적이고 완곡하며 방어적인 언어 주체로 묘사하는 경향이 강했다. 특히 차이 가설에 근거한 선행 연구(Coates, 1989; Holmes, 1998; Tannen, 1990)는 여성 화자의 언어 사용이 관계 형성 중심적이며 배려 중심적 특성을 보인다고 주장해 왔다. 이러한 관점은 사과 상황에서도 여성이 직접적으로 책임을 인정하기보다는 감정적 표현이나 상황 설명을 통해 간접적으로 책임을 회피하거나 정당화하는 화행 전략을 선호한다는 전제를 담고 있다.

본 연구에서 분석한 드라마 〈선재 업고 튀어〉의 사과 화행 자료는 이러한 통념에 의문을 제기한다. 여성 화자의 경우 상황 설명/변명 전략이 남성 화자와 유사한 빈도로 사용되었으며, 그 외에도 명시적 사과, 책임 인정, 변상 제안 등의 전략 역시 남성과 큰 차이를 보이지 않았다. 이는 여성 화자가 단순히 감정적이고 간접적인 화행만을 선호한다는 기존 젠더 언어 이론의 편향적 관점을 반박하는 실증적 결과로 해석될 수 있다.

하지만 동시에, 사과 화행의 담화적 분포를 살펴보면 여전히 젠더 편향적 역할 수행이 드러난다. 여성 화자의 사과 빈도가 남성보다 약 1.6배 많은 것은, 단순한 대사량 차이를 넘어 여성 화자가 담화 내에서 갈등을 감정적으로 수습하고 관계를 회복하는 책임을 더 자주 맡는 위치에 놓인다는 점을 시사한다. 물론 이는 드라마라는 허구적 서사 내 역할 설정의 결과일 수 있으며 이러한 결과가 모든 여성 화자의 담화적 위치를 총체적으로 설명할 수는 없다. 그럼에도 불구하고 관계지향적 사과 화행이 여성 화자에 의해 빈번히 수행되는 양상은, 기존 여성 언어 이론에서 제시해 온 관계 중심적 화행의 성차적 실현 가능성을 실증적으로 뒷받침한다.

또한, 남성 화자의 명시적 사과 전략이 전체의 절반 이상을 차지한다는 결과는 드라마 내 남성 캐릭터가 상대적으로 권력 구조 상 우위에 놓여 있는 맥락 속에서, 사과가 감정 표현이 아닌 '사태 수습'의 기능적 언어 행위로 수행되고 있음을 보여준다. 즉, 남성 화자의 사과는 체면 손상보다는 오히려 행위의 단호한 종결자 역할로 기능하며, 갈등 상황의 주도권을 확보하고 담화를 통제하는 수단으로 작동한다. 이처럼 동일한 사과 행위일지라도, 그 수행 양상과 담화적 맥락은 젠더에 따라 다른 권력 관계를 드러낸다.

4. 사과 응답화행

4.1. 사과 응답 화행의 분류 기준

본 논문은 앞서 2.2.에서 제시된 이유미(2008)의 사과 화행의 전략을 참고하여 다음과 같은 기준을 세우고자 한다.

사과 응답 전략	예문
이해하기	괜찮아요/알겠어요/아니에요
상대 염려	너는 괜찮아?
이유 묻기	왜 그랬어?
요구	빨리 해결해라.
불만 표시	넌 어떻게 애가 매번 이러냐.
무응답	…
말 돌리기	됐다… 밥이나 먹자.
사과	아니야. 나도 미안해.

〈표3〉 사과 응답 전략

4.2. 사과 응답 화행 전략별 발화 사례 분석

사과 응답 화행은 앞서 정리한 사과 화행 직후에 나타나는 청자의 발화 혹은 반응으로, 이들을 1차 수집한 뒤 기존 사과 응답 전략 분류 체계를 참조하여 유형화하였다. 드라마 〈선재 업고 튀어〉 속 사과 응답 화행은 단순한 용서 표현을 넘어, 관계 회복 여부, 감정의 완충, 혹은 사과 거절 등 다양한 담화 목적을 수행한다는 점에서 중요한 분석 단위가 된다. 다음은 수집된 사과 응답 화행들을 전략 유형에 따라 분류한 결과이며, 각 전략의 빈도와 그 사용 양상은 아래 표와 같이 나타난다.

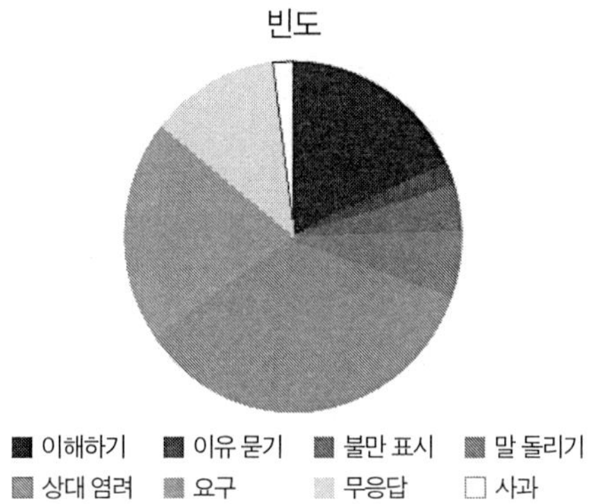

〈표4〉 사과 응답 화행의 사용 현황

50개의 사과 응답 화행 중 이해하기 9개(18.00%), 상대 염려 1개(2.00%), 이유 묻기 2개(4.00%), 요구 3개(6.00%), 불만 표시 17개(34.00%), 무응답 10개(20.00%), 말 돌리기 6개(12.00%), 사과 1개(2.00)로 불만 표시가 가장 높은 비중을 차지하였다.

(10) 불만 표시

가. 솔 : 증말 매를 부를 상이다… 됐어! (획 가는)

나. 태성 : 도대체 머릿속에 내 이미지가 어떻길래 매번 이런 식으로 날 막 대하지?

불만 표시 전략에는 (10)-가, 나와 같이 사과 화행 화자의 행위에 대해 불만을 표시하며 사과를 거절하는 예시들이 포함되었다. 드라마 〈선재 업고 튀어〉에서 불만 표시 전략이 가장 높은 빈도를 보인 것은 드라마 장르와 서사의 특수성으로 설명 가능하다. 드라마는 기본적으로 갈등과 감정의 충돌을 통해 서사가 전개되기에 실제 생활보다 과장된 불만 표시가 극적 장치로 기능할 가능성이 크다. 또한 드라마에서 대화를 주고받는 관계는 가족, 연인, 친구와 같은 친밀한 관계가 대다수인데 이 경우 사과를 즉각 수용하지 않고 불만을 표현하는 것이 허용되는 경향이 있다.

두 번째로 높은 빈도를 보인 전략은 무응답이다. 말로 표현하지 않아도 대화의 분위기나 표정 등을 통해 사과를 수용하는 방식과 사과하는 자와 대화하기 싫어서 응답을 하지 않는 방식[3] 두 경우 모두 무응답 전략으로 분류하였다.

(11) 이해하기

가. 솔 : 네? 괜찮은데..

나. 현주 : 내 팔자가 왜 니 탓이냐?

다. 선재 : 그래. 알고 그랬을 리 없지.

---

3) 위의 논문, 20-21쪽.

(11)은 세 번째로 높은 빈도를 보인 이해하기 전략의 예로, 사과하는 이의 마음을 안심시키는 예시(가)와, 사과하는 이에게 책임이 없음을 통해 갈등 상황을 종결하려는 예시(나, 다)가 포함되었다.

(12) 말 돌리기

가. 복순 : 미안하기는. 왜. 엄마 아프다니까 갑자기 철들었어?

나. 선재 : 마지막 인사합니까? 일 때문에 또 볼 텐데 무슨.

네 번째로 높은 빈도를 보인 말 돌리기 전략은 (12)와 같이 상대방의 사과를 듣고 딴청을 피거나 농담을 하는 이들이 포함되었다.

이후 요구, 이유 묻기, 상대 염려와 사과 전략 순으로 이어지는데 이들은 각 3개, 2개, 1개로 매우 낮은 빈도를 보인다. 이에 (13)으로 묶어 전체 화행을 함께 정리하였다.

(13) 요구, 이유 묻기, 상대 염려, 사과

가. 복순 : (씩씩대며) 알면! 당장 연기학원인지 뭐시긴지 찾아가서 환불받아 와!

나. 솔 : 그냥 나 좀 모른 척해. 걱정하지도 말고! 내가 어디서 뭘 하든, 무슨 일이 생기든 제발... 나 좀 내버려두라고...

다. 이대표(여) : 죄송하면 회사 나간다고 한 거 취소해!

라. 선재 : 아깐 미안했다.

솔 : 응?

선재 : 수영복. 오해해서.

마. 솔 : 미, 미안.

선재 : 뭐야? 니가 왜…

솔 : 그게 선풍기! 선풍기 틀어 주려고 왔다가…

바. 근덕 : 속이 문드러질 놈이 죄송은… 봐봐!

사. 선재 : 받아들이죠. 나도 도둑으로 오해한 거 미안해요.

요구(13-가, 나, 다), 이유 묻기(13-라, 마), (13-바)는 상대 염려, (13)-사는 사과 전략에 해당한다. 이유 묻기의 경우 전략 분류가 모호하더라도 이전 · 이후 맥락을 고려하여 뒤이어 화자가 사과의 이유를 자발적으로 설명하는 발화가 연속적으로 나타나는 사례들을 포함시켰다. 따라서 (13)-라, 마는 표면적 발화만으로는 판단이 어려우나, 결과적으로 해당 응답이 사과의 원인을 묻는 유도적 질문으로 기능한다는 점에서 '이유 묻기' 전략으로 분류된다. 이는 응답 화행의 담화 내 연쇄적 기능과 상호작용적 흐름을 반영한 분석이다.

나아가 전체 50개 사례의 분포를 보면, 불만 표시와 무응답이 절반 이상을 차지하며, 이는 상대방의 사과를 단순히 수용하기보다 감정을 유보하거나 관계의 주도권을 유지하려는 경향을 보여준다. 이러한 분포는 드라마라는 매체적 특성만이 아니라 한국어 사과 응답 화행 자체의 상호작용적 성격과도 맞닿아 있다. 한국어 담화에서 화자는 상대의 사과를 곧바로 수용하기보다는 책임의 정도를 확인하거나 감정을 유보하며 대화를 이어가는 경우가 많다. 특히 침묵이나 무응답은 단순한 반응의 부재가 아니라, 사과 수용 여부를 유보하면서 관계의 힘의 균형을 조정하는 전략적 행위로 기능한다. 반면 요구 · 이유 묻기 · 상대 염려 · 사과와 같은 적극적 반응 전략이 낮은 빈도를 보이는 것은, 사과 상황이 상호 이해의 장이라기보다 책임 귀속과 관계적 위계 조정의 장으로 인식되는 경향을 반영한다고 할 수 있다.

4.3. 남녀 사과 응답 전략 차이 비교

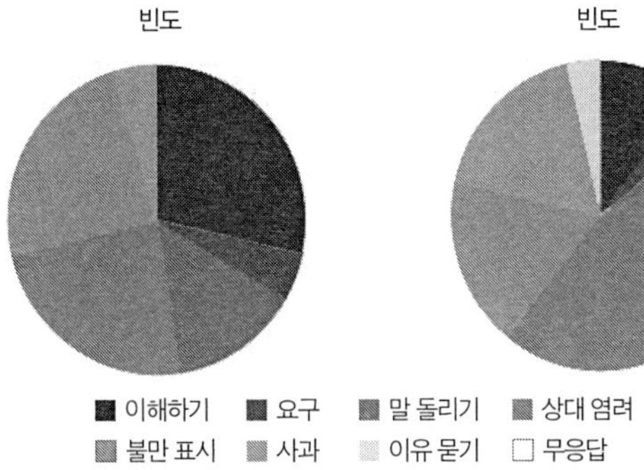

〈표5〉 성별 사과 응답 전략 사용 현황 (왼쪽 : 여성, 오른쪽 : 남성)

여성 화자의 경우 이해하기 전략이 28.57%, 불만 표시와 무응답 전략이 모두 23.81%로 높은 비중을 차지하였으며, 이어서 요구 전략(14.29%), 말 돌리기와 이유 묻기(4.76%) 순으로 이어졌다. 상대 염려와 사과 전략은 여성 화자에게서 나타나지 않았다(0.00%). 반면 남성 화자는 불만 표시 전략이 전체의 42.86%로 가장 두드러졌으며, 그 외 말 돌리기(17.85%), 이해하기(10.71%), 상대 염려, 이유 묻기, 사과(3.57%)의 순으로 나타났다. 요구 전략은 남성 화자에게서 나타나지 않았다(0.00%).

여성 화자의 사과 응답 전략이 비교적 고르게 분포한 점은 전통적인 여성 언어 연구에서 강조해온 바와 같이, 여성이 관계 유지에 민감하고 담화 상황에서 더 유연하게 대응한다는 설명과 연결될 수 있다(Coates, 1989; Tannen, 1990). 그러나 본 연구는 이러한 해석이 다소 일면적이라고 본다. 특정 전략이 고르게 분포한 현상은 단순히 '여성의 언어적 특성'에 기인한 것이 아니라, 서사 속 여성 화자가 다양한 정서적 국면에 놓이는 인물로 구성되어 있다는 점, 즉 극 내 역할의 복합성과 밀접한 관련이 있음을 보여준다. 따라서 여성 화자의 전략 분포는 화용적 융통성의 증거라기보다는, 극 내 갈등과 감정 조정의 책임을 여성 화자에게 부여하는 서사 구조의 반영으로 해석할 수 있다.

반면 남성 화자의 경우 불만 표시 전략이 전체의 절반에 가까운 비중을 차지한다는 점에서, 전통적인 남성 담화 연구에서 제기된 자기중심적이고 경쟁적 담화 성향(Coates, 2003)과 일정 부분 상응하는 양상을 보인다. 그러나 이 역시 단순한 성별 특성보다는, 극 중 남성 화자가 위치한 권력 구조와 감정적 우위, 즉 사과 상황에서 감정의 주도권을 쥔 인물로 설정된 점과 더욱 깊은 관련이 있다. (14)-나에서 태성은 상대방의 사과에도 즉각적으로 감정을 풀지 않고, "도대체 머릿속에 내 이미지가 어떻길래 매번 이런 식으로 날 막 대하지?"라며 불만을 제기한다. 이는 사과를 즉각적으로 수용하거나 감정을 환기하기보다 상대방을 압박하여 담화의 흐름을 통제하는 방식으로 기능한다. 이처럼 남성 화자의 사과 응답 전략은 상호작용에서의 주도권을 확보하기 위한 담화 전략으로 해석될 수 있다.

특히 주목할 만한 점은 남성 화자에게서 요구 전략이 전혀 관찰되지 않았다는 사실이다. 반면 여성 화자에게서는 요구 전략이 분명하게 드러났다. (17)-가에서 복순은 "알면! 당장 연기학원인지 뭐시긴지 찾아가서 환불받아 와!"라고 단호히 요구하며, 단순히 사과를 수용하는 차원을 넘어 구체적 행동을 촉구한다. 이처럼 여성 화자의 요구 전략은 사과 상황을 갈등 종결로 이끌기보다는, 상대방이 실질적 책임을 이행하도록 압박하는 기능을 한다. 반대로 남성 화자에게서 이러한 요구 전략이 전혀 나타나지 않은 점은 남성 화자가 사과 이후 관계 회복을 위해 구체적인 행동을 촉구하기보다는, 판단을 유보하거나 감정을 노출하지 않음으로써, 감정 중재자나 관계 회복의 촉진자가 되기를 회피하는 경향이 있음을 시사한다.

결과적으로, 본 드라마에서는 사과 이후 관계를 어떻게 수습할 것인가에 대한 담화적 책임과 정서적 조율의 역할이 여성 화자에게 더 자주 부여되고 있으며, 이는 사과 응답 화행 역시 젠더 기반 담화 역할 분포의 영향을 받는다는 점을 보여 준다.

5. 결론

본 연구는 한국어 사과 화행과 그에 대한 응답 화행에 대한 분석적 시도로, 사과 화행의 분류 체계 및 전략을 정립하고, 이의 사용 양상을 말뭉치에 기반한 맥락 분석적 접근을 통해 구체적으로 기술하였다. 이를 위하여 본 연구에서는 드라마 〈선재 업고 튀어〉 16회 분량을 전사하여 말뭉치로 구축하였으며, 젠더에 따른 사과 전략의 사용 경향성과 그 담화적 기능에 주목하였다.

물론, 드라마라는 장르는 현대 한국 사회의 현실을 반영하려는 경향이 있으나, 근본적으로 작가에 의해 구성된 허구적 텍스트라는 점에서 실제 언어 사용과 괴리를 가진다. 따라서 등장인물의 사과 화행 역시 특정한 서사 연출 의도나 사회적 편견에 기초한 것으로 해석될 여지가 있다. 또한 단일 작품을 분석 대상으로 하였다는 점에서 표본의 제한성 또한 존재하며, 향후 다양한 장르와 화자 구성을 포함한 자료 확대를 통해 보다 일반화된 결론을 도출할 필요가 있다. 아울러 본 연구는 화자의 사과 및 응답 화행을 분석함에 있어, 청자와의 연령, 사회적 지위, 친밀도 등과 같은 사회적 관계 변인을 세분화하여 고려하지 못한 한계를 지닌다. 사과 화행은 담화 상대에 따라 전략의 선택 양상이 달라질 수 있기에, 단순 빈도 기반의 분석은 의미 해석에 일정한 제약을 동반한다. 향후에는 이러한 사회적 거리 변수를 포함한 분석을 통해 보다 정교한 해석이 가능할 것이다.

그럼에도 불구하고 본 연구는 사과 화행 및 응답 화행을 맥락 기반 말뭉치 분석을 통해 구체적 사례로 분류하고 유형화함으로써, 추상적인 화행 이론을 실제 언어 자료에 적용한 실증적 연구라는 점에서 의의가 있다. 특히 기존 연구들이 인터뷰나 인위적 실험을 기반으로 한 자료를 활용해 온 반면, 본 연구는 준자연적 담화인 드라마 대사를 분석함으로써 현대 한국어 화용 현상의 실제적 양상을 반영하고자 하였다. 또한 사과 화행에 대한 젠더 기반 담화 전략의 경향성을 살핀 점 역시 주목할 만하다. 여성과 남성 화자의 사과 및 응답 방식이 전통적인 기존 여성 언어 연구의 예측과 반드시 일치하지 않음을 실증적으로 보여 주며, 언어 사용에 대한 고정관념에 문제를 제기하고, 드라마 담화 분석을 통해 현대적이고 유연한 언어 사용 양상을 포착했다는 데 의의가 있다.

따라서 본 연구는 한국어 사과 화행과 응답 화행의 실제적 사용 양상을 젠더라는 사회문화적 변수와 연결하여 분석함으로써, 화용론적 연구의 폭을 확장하고, 언어와 젠더 간 관계에 대한 보다 입체적 이해를 도모하는 데 기여한다. 나아가 향후 보다 다양한 매체와 담화 유형, 화자 집단을 아우르는 후속 연구를 통해, 사과 화행에 대한 보다 보편적이고 통합적인 기술이 가능할 것으로 기대된다.

평가화행 속 여성의 발화 특징

기가은

1. 서론

본 연구는 현대 의사소통 상황에서 성별에 따른 언어 사용 패턴의 차이가 여전히 존재하는지,그리고 이러한 차이가 실제 담화에서 어떻게 구현되는지에 대한 의문에서 출발한다. 기존 사회언어학 연구에서는 남성과 여성이 협력적 대화, 찬사 교환, 맞장구 치기 등에서 남성과 여성이 협력적 대화, 찬사 교환, 맞장구 치기 등에서 서로 다른 화용적 특성을 보인다고 보고해왔으나(민현식 1996), 이러한 성별 언어 차이가 구체적인 평가화행에서는 어떻게 나타나는지에 대한 실증적 연구는 부족한 실정이다. 평가화행은 의사소통 참여자 간의 관계 형성과 사회적 연대감 구축에 핵심적인 역할을 하는 중요한 언어적 행위임에도 불구하고 성별에 따른 평가화행의 양상과 그 화용적 기능에 대한 체계적 분석이 이루어지지 않았다. 특히 남성어에 비해 연구가 많이 이루어진 여성어에서도 평가화행에서의 '여성만의 전략'은 제대로 연구되지 않았다.

따라서 본 연구는 여성 간 상호작용을 중심으로 한 예능 프로그램 〈지락이의 뛰뛰빵빵〉을 대상으로 긍정적 평가화행과 부정적 평가화행으로 나누어 정리하고, 긍정적 평가화행의 경우에는 상대방이 어떤 반응을 하는지를 검토하여 여성 평가화행의 구체적 양상을 보이려 한다.

2. 선행연구 정리 및 연구의 방법

평가어는 "텍스트에서 필자/화자가 제시하는 자료와 그들이 소통하는 상대방에 대해 어떤 입장을 취하는지에 대한 주관적인 존재감에 관한 것"(차명희 2025)로 정의된다. 이는 체계기능언어학의 평가어 이론으로, 사회언어학적 입장에 서 있는 본고에서 재해석한 평가화행과 다르다. 누군가를 평가한다는 행위는 과거, 현재. 미래의 사태에 대한 화자의 긍정적이거나 부정적인 태도를 표출하며 청자에게 그 효과를 기대하는 종류의 언어이기 때문이다.

본고에서 화자의 긍정, 부정적인 태도 표출을 통해 청자에게 어떤 효과를 미치기를 기대하는 것을 '평가'로 본 것은 기존의 평가화행의 정의를 내린 Austin(1962), Zilig(1983), 이혜용(2010) 등을 기반으로 한다. 물론 평가화행의 적정조건을 밝히고 세부 화행의 구별에 초점을 맞췄던 Searle(1976/1979)이 제시한 다섯 가지 기본 화행 유형에 포함되지 않았기 때문에 화행 체계 내에서의 위상이 불분명하게 취급되어 왔다. 이로 인해 평가화행의 고유한 특성들도 명확하게 규명되지 못하는 한계를 보였다.

평가화행을 인정한다고 해도 이의 화행 체계 내 위치에 대해서는 연구자들 간에 견해가 엇갈려 왔다. Searle(1976)과 장석진(1987)은 상대방의 어떤 행위에 대해 자신의 생각을 진술하는 것이므로 단언화행의 하위 유형으로 분류했다. 그러나 Zilig(1983)는 상대방의 행위에 대해 자신의 느낌을 표현하는 것이므로 정표 화행의 하위유형으로 접근했다. 단언화행과 정표화행의 구분에서 보듯 평가화행은 한 영역에 속하기에는 어려운 면이 있다. Austin(1962)이 판정화행과 행태화행의 범주에 평가화행을 포함시킨 것이 그 예이며, 따라서 이혜용(2010)은 평가화행을 이성적 자질을 가진 '평가적 단언화행'과 감정적 자질을 가진 '평가적 정표화행'으로 구분하여 제시했다. 이후 이혜용(2013)은 발화수반 목적을 기준으로 평가화행과 단언화행, 정표화행을 구별했는데, 평가화행은 '화자의 태도 표출과 청자의 공감적 수용 기대', 단언화행은 '명제의 진리치 확언과 청자의 수용 기대', 정표화행은 '감정 전달과 청자의 감정이입 기대'로 각각 특징지어진다고 제시했다.

본고에서는 평가화행을 화자의 태도 표출과 청자의 공감적 수용을 기대하는 행위로 정의한다.

(1) 가. 영지 : 어때요, 지금 비주얼? [괜찮아요?]
유진 : [@@@]
영지 : 웃지만 마시고
유진 : 언니, 벌꿀, 벌꿀 아저씨
영지 : 말벌 아저씨?
①미미 : 매력적이다
②영지 : 그죠?
③미미 : [어]

④영지 : [알고] 있어요[1)]

(1)은 영지의 옷에 대해 평가를 내리는 예문으로, 그 모습을 매력적으로 바라보는 미미의 화행(①)에 대해 영지는 자신도 알고 있다는 듯이 대답을 한다. 상대의 모습에 긍정적인 반응을 보일 때는 상대방 역시 이에 대해 비우호적으로 나오지는 않을 것이며, 따라서 영지 역시 자신의 모습에 만족을 표하고(③) 오히려 자기 자랑으로 이어지며(④) 미미의 평가에 공감을 표하고 있다. 이와 같이 자신의 모습에 보인 상대의 반응에 자신도 동의하고 있음을 표현하여 서로 간의 공감을 낳는 경우, 본고는 긍정적 평가화행으로 부르기로 한다.[2)] 따라서 평가화행을 '인간 대상(화자 · 청자 · 제3자)의 존재, 그의 행위, 행위의 특성'에 한정해 범위를

---

1) 여기에 사용한 @는 웃음 표시이고 [ ]는 말겹침 부분을 표시한 것이다.

2) 이혜용(2013)의 평가화행의 유형화를 채택해, 평가화행과 정표화행, 단언화행의 경계를 구분하려고 노력했으나, 그녀 또한 밝힌 대로 실제 대화 속에서 '평가'와 '주장', '진술', '감정표현'은 엄격히 가르기는 어렵다.

(1) ①영지 : 원래 이런 아무리 좋은 캠핑 자리에 와도 불편한 사람들이랑 있으면 한순간 한순간이 덥고, 더우면 더 덥고, 짜증나면 더 짜증 나고 귀찮으면 귀찮아. 근데 오니깐 벌레도 괜찮아~ 흙먼지 묻은 막걸리도 괜찮아~

②은지 : 가사 같아.

③영지 : 뭔가 너무 편해! 너무 든든하고.

④은지 : 가사 같애.

이혜용(2013)에 따르면, 평가화행을 수행하는 화자는 자신의 감정적 입장에 대해 청자의 공감과 수용을 기대한다. 영지는 (1-①)에서 대화당사자간의 우호적 감정을 불편한 데서도 '괜찮다'로 평가함으로써, (4-③)은 '편하고 든든하다'로 동료들을 평가하면서 동시에 자신의 감정을 표현한다. 화답하는 ②와 ④은 감정 이입과 공감을 보인다. 평가화행과 정표화행은 화자의 평가 대상과 청자가 일치할 때 겹치는 지점이 있음을 알 수 있다. 따라서 본고는 평가화행이란 용어를 다소 넓게 사용하고 있다. 이는 이 논문의 특징이며, 또한 한계이기도 하다.

명확히 하고 긍정(+)과 부정(-) 태도를 명시적으로 표출하고 그에 대한 청자의 정서적, 행동적 반응을 기대하는 발화로 정의한다.

물론 평가를 내리는 문장 앞 뒤에 그 이유나 평가어휘의 반복이 이어지는 경우도 있다. 그럴 경우에 본고는 모두 묶어 평가화행으로 정리하였다. 이는 평가와 주장, 감정 표현이 혼재된 구문을 연구단위로 포섭하기 위한 최소 요건이다.

(2) 은지 : 깜빡이 내가 키는 건데, 바보 같이.

(2)는 은지가 자신의 운전실력에 대해 평가하는 구문으로, 사실진술 '깜빡이를 켜야 했다'와 자책 '바보 같다'이 결합된 예이다. 사실진술을 예비문장으로 보고 평가화행은 '바보 같다'만으로 한정해서 말할 수도 있지만, 스스로를 평가하는 장면은 대부분 그 이유가 따라오기 마련이어서, 본고는 평가적 내용이 핵심 술어로 실현되면 해당 발화를 평가화행으로 간주하였다.

또한 본고는 연구대상을 화자 · 청자 · 제3자로 한정해 그들 사이의 긍정, 부정적 평가가 상대에게 어떤 결과를 낳는지를 분석하려고 한다. 이는 '사태, 사물 평가'까지 포함하여 무인격 대상에 대한 감탄이 대량 유입되었던 차명희(2025)와는 대상에서부터 접근이 다르다.

(3) 영지 : 야, 유진아, 야, 너 잘 끓였다
　　미미 : 진짜 잘 끓였어, 면 딱 좋아

(3)은 유진이가 라면을 끓여냈을 때 잘 끓였다고 그녀의 능력을 칭찬

하는 예시이다. 미미 역시 이에 동조하여 잘 끓였다고 말한 뒤, 면이 좋다고 덧붙였다. 이런 경우 차영희(2025)처럼 무인격 대상을 인정하면 면이 칭찬대상으로 분석이 되어 앞의 유진이의 행위에 대한 평가와 어긋나게 된다. 따라서 이는 유진이를 긍정적으로 평가하는 행위로 보고 '사태, 사물의 평가'로 다루지 않았다. 더구나 상대를 칭찬하는 행위는 청자에게 그 반응이 돌아와서, 화, 청자 간 상호작용적 효과를 검토해 볼 수 있기 때문에 본고는 차명희(2025)와 같은 사태, 사물의 평가는 다루지 않았다.

물론 마지막으로 평가화행 분석과 함께 그에 대한 응답화행도 체계적으로 분석하고자 한다. 민현식(1996)이 제시한 바와 같이 여성은 서로 찬사를 주고 받는데 비해 남성은 충고나 설교 등 전문가의 위치에서 평가를 해주는 화용적 특징을 보이므로, 성별에 따라 평가화행에 대한 반응 양상도 다를 것으로 예상된다. 특히 자료를 검토해본 결과, 긍정적 평가에 많은 표본이 몰려 있다는 점을 고려해 긍정적 평가를 보낸 이후 상대가 어떤 반응을 보이는지를 살펴보려고 한다.

(4) 가. 예슬 : 아 근데 오늘 옷이랑 가평에 되게 성공한 부농 같다
①은지 : 고마워요, 나도 서울에 있을 때 늘상 그렇게 바쁘게 살았어요. 하지만 귀농을 하고 알았죠
나. 영지 : 김미현씨, 보여주세요. 빰빠빠빠
은지 : 어우, 야, 진짜 미국에서 온 사람 같애
유진 : 어머머머, 멜리사다, 멜리사
①미미 : 왜 이렇게 전주가 기냐? 많이 길다

(4)에서 보듯 출연자들의 긍정적 평가는 상대방에 대한 칭찬으로 나

타나고, 응답 역시 이를 수용하거나(가-①) 거절하거나(나-①) 하는 등 이원표(1996)의 연구에서 지적된 바와 비슷한 양상으로 나타난다. (가-①)은 '고맙다'를 사용함으로써 상대의 긍정적 평가를 수용하는 태도를 보였지만 (나-①)은 상대의 '미국에서 온 사람'이 갖는 과장된 의미 때문에 그를 수용하지 못하고 '음악의 전주가 길다'고 딴청을 피우는 태도를 취함으로써 상대의 긍정적 평가를 거절한다. 따라서 이들은 이원표(1996)의 칭찬응답화행 분류, 즉 수락하기, 보답하기, 비껴가기, 거절하기를 적용하여, 평가화행이 상대방에게 어떤 반응을 이끌어내는지 종합적으로 분석하고자 한다.

3. 연구의 대상 및 연구의 방법

본고에서는 여성출연자들만 등장하는 프로그램으로 유튜브 예능 프로그램 채널십오야에 업로드된 〈지락이의 뛰뛰빵빵(이하 '뛰뛰빵빵')〉 1~5화 중 2화를 선택했다. 〈뛰뛰빵빵〉은 tvN의 인기 예능 프로그램 〈뿅뿅 지구오락실〉의 스핀오프(spin-off)로 제작된 콘텐츠이다. 해당 프로그램은 이은지, 미미, 이영지, 안유진 등 네 명의 여성 출연자가 3박 4일간의 셀프 여행을 진행하며, 운전, 촬영, 게임 기획 등 프로그램의 주요 요소를 직접 수행하는 포맷을 특징으로 한다.

많은 프로그램 중 이를 분석 대상으로 선정한 이유는 첫째, 출연자 간의 친밀한 관계가 이미 형성되어 있어서, 각자의 개성과 유대감이 적극적으로 표출되는 점에 주목하였다. 이는 공적이거나 낯선 출연자들과 함께하는 경우보다 자연스럽고 자유로운 대화가 이루어질 가능성이 높다고 판단하였다. 둘째, 주요 유통 채널이 유튜브라는 점에서, 기존 TV

예능에 비해 언어 표현이 보다 자유롭게 이루어진다는 점을 고려하였다. 마지막으로 운전, 요리, 게임 등 다양한 활동으로 다양한 상황에서 평가를 내릴 수 있다는 점이 여성어의 화용적 특성을 분석하는 데 적합하다고 판단하였기 때문이다.

본고는 평가화행을 통해 여성어의 화용적 특징을 분석하는 것이 목적이므로, 기존의 여성어에 대한 특징을 정리한 민현식(1995, 1997)을 기반으로 하여 한다. 그는 여성의 다변성(수다), 협동적 대화, 상호관계적 대화방식, 경험공유적 대화방식을 지적하고 이에는 여성이 사적인 영역에서 육아, 가사 등 이웃, 친지간의 협동적 지식을 요구하는 대화를 이끌어나가기 때문이었음을 근거로 한다. 사회의 공적인 영역에서 자주 발생하는 문제해결식 대화진행방식이 아니다보니, 다른 이와의 말차례를 경쟁적으로 빼앗기보다는 맞장구치기로 적절한 반응을 보이면서 서로 간의 관계를 훼손하지 않을 수 있도록 공손성, 찬사 등 다양한 언어전략을 구사한 것이다.

본고에서 택한 〈뛰뛰빵빵〉은 장보기, 요리, 운전 등 몇 가지 영역으로 나누어 여성들 간의 체험을 기록한 영상물이다. 따라서 이웃, 친지간의 협동적 지식을 요구하는 대화(장보기, 요리)와 사회에 나가 일을 하기 위해 필요한 능력에 관한 대화(운전)이 섞여 있다. 이는 여성들 간의 대화에서 협동적 대화 방식과 함께 새로운 대화진행방식이 나타날 여지가 있다는 뜻이다. 하지만 남성과 같이 대화를 진행하는 것이 아니므로 앞서 지적한 맞장구를 치거나 말차례 교환을 순서대로 진행하는 등 상호관계적 대화방식을 진행할 것으로 예상된다. 본고는 이러한 예상을 전제로 여성의 평가화행의 실제를 검토하여 이를 토대로 여성의 대화진행방식에 대해서 살펴볼 예정이다.

4. 여성의 평가화행 전략

4.1. 〈뛰뛰빵빵〉 속 평가화행 분류

예능 프로그램 〈뛰뛰빵빵〉에서 나타난 여성 간 평가화행을 분석한 결과, 총 75회의 발화를 대상으로 모을 수 있었다. 이를 살펴본 결과, 상대방의 외모, 성격, 능력의 세 가지 범주로 평가가 이루어지고 있음을 확인하였다. 이의 분포현황을 제시하면 다음과 같다.

평가대상 성별	외모	성격	능력
여성	14회(19%)	10회(13%)	51회(68%)

〈표1〉 여성 발화자 간의 평가화행

전체적으로 여성들끼리 모여서 여행을 할 때 여성의 외모에 대한 긍정적 평가보다는 능력에 대한 평가가 더 많이 나타나는 것이 특징적이었다. 중국인과 한국인의 칭찬화행을 조사하여 어떤 주제를 주로 칭찬하는가 물어본 결과, 중국인보다 한국인 20대의 외모 칭찬이 높음을 지적한 노란연, 김성주(2024)와는 다른 결과이다. 〈표1〉에 따르면 현재 한국에서는 외모를 중요한 가치로 보고 있지 않으며, 오히려 능력에 대한 평가가 동성 간에도 중요한 주제였음을 알 수 있다. 외모, 성격, 능력에 대한 세부적 묘사는 그럼 어떻게 나타나는지 살펴보자.

외모에 대한 긍정적 평가는 주로 칭찬화행으로 나타났으며, 정형화된 구문과 의미의 성격이 강하게 드러났다(Wolfson&Manes 1980). '잘어울린다(3회)', '예쁘다', '매력적이다', '멋있다', '귀엽다(2회)' 등 형용사

어휘가 사용되었다. 우선 2번씩 비슷하게 사용된 어휘들의 예문부터 제시하면 다음과 같다.

(5). 가. [영지의 벌꿀 패션을 보고]

미미 : 매력적이다

영지 : 그쵸?

미미 : [어]

영지 : [알고] 있어요

나. [미미의 안경을 보고]

영지 : 귀여운데?

유진 : 아니 [이거는]

영지 :   [처키인데] 처키?

유진 : 아니 너무 귀여워

다. [은지가 안경을 씀]

영석 : 여기도 비슷한 거 하나, 여기 또 사감 선생님 한 분 계시내

미미 : 약간 좀 멋있어 보이네

라. [유진이 춤을 춘다

영지 : 다시, 제대로, 제대로, 제대로 해 줘

은지 : 어어, 좋은데, [유진이]?

미미 :   [오=] 이쁘다

(5)는 상대방의 옷차림, 안경을 쓴 모습, 춤추는 모습 등 다양한 제재를 대상으로 이를 긍정적으로 평가하고 있음을 보여준다.

가장 많이 나온 '잘 어울린다'는 상대의 스타일 변화를 알아채주는 표현으로, 타고난 외모보다는 후천적인 노력으로 자신의 외양을 변화시키

려는 상대를 인정하는 칭찬이다. 따라서 상대의 스타일이 칭찬의 주를 이루며, 피상적으로 넘어가지 않고 좀 더 자세히 상대를 보고 장점을 파악내려는 화자의 노력이 엿보인다. 예를 들면 다음과 같다.

(6) ①미미 : 유진아! 가자.
②영지 : 야 잘 어울리겠다.
③은지 : 쿨제이 같고 좋은데

(6)은 마트에서 머리띠를 써보는 상대에게 칭찬을 '잘 어울리겠다'로 표현한 예문으로, 이 머리띠를 고른 유진의 안목에 대해 칭찬을 하고 있다. 미미는 유진이 머리띠를 쓴 모습이 좋다고 생각하여 그걸로 선택하라는 의미를 담은 '가자'를 말한 것이며, 영지는 구체적으로 머리띠의 선택으로 상대의 외모가 더 나아질 것임을 '잘 어울리겠다'로 말하고 있다. 영지의 표현은 상대방의 스타일의 향상을 긍정적으로 평가한 경우이다.

(6)에서 보듯 외모에 대한 칭찬은 대화 참여자 간 유대감을 강화하는 기능을 한다. 유진의 머리띠 선택에 대해 영지의 '잘 어울리겠다'는 표현에 이어 은지의 '쿨제이 같고 좋다'는 표현이 연이어 나온 것이다. 상대방의 말을 듣고 제3자가 다시 이에 칭찬을 더하는 경우로, 적극 공감하며 동조하는 행위이다. 서로간의 긍정적 평가가 이어지며 웃고 떠드는 모습을 보이는 것은 평가화행이 대화 참여자 간의 유대감을 강화하는데 기여함을 알 수 있다.

성격이 평가화행의 대상으로 나온 것은 총 10회인데, 이 중 4회는 명확한 긍정적 평가로 볼 수 있었다. '편하다', '똑똑하다', '잔잔하다' 등 형용사가 사용되었다.

(7) 가 [어려운 상황 속에 함께 있는 팀원들의 모습을 보면서]

영지 : 원래 이런 아무리 좋은 캠핑 자리에 와도 불편한 사람들 이랑 있으면 한순간 한순간이 덥고, 더우면 더 덥고, 짜증나면 더 짜증 나고 귀찮으면 귀찮아. 근데 오니깐 벌레도 괜찮아~ 흙먼지 묻은 막걸리도 괜찮아~

은지 : 가사 같아.

영지 : 뭔가 너무 편해! 니무 든든하고.

은지 : 가사 같애.

나. 유진 : 호떡호떡?

미미 : 바로 먹자

영지 : 고. 야, 안유진, 너 똑똑해?

다. 예술 : 지금 텐션이 잔잔--

은지 : 되게 잔잔하죠?

예슬 : 잔잔-하게 됐어

은지 : 방지턱을 좀 늦게 밟았네요

예슬 : @말투가 너무 이상해졌어 지금

(7-가)는 여행을 와서 상황이 좋지 않을 때 팀원들의 모습을 보면서 모든 것이 괜찮아졌다는 영지의 고백을 듣는 대목으로, 팀원들을 '(성격이 좋아서) 편한 존재'로 평가한다. (7-나)는 메뉴 선택을 행한 유진이를 칭찬한 경우이며, (7-다)는 프로그램에서 방방 뛰는 은지가 차분하게 말을 하는 모습을 보면서 '잔잔하다'고 표현한 예문으로 그녀의 평소의 성격에 대해 평가하는 예문이다.

물론 성격에 대해 부정적으로 평가한 경우도 있다.[3] 아래의 예문이 그

---

3) 부정적 평가는 세부유형을 다시 나눌 수 있다. 본 자료에서는 외모에 대한 부정적 평

가는 관찰되지 않았다. 성격에 대한 부정적 평가는 6회 발화되었는데, 그 중 청자가 관련된 상황에 대한 부정적 평가, 즉 불평화행이 많았다.

(1) 은지 : 야 이거 알았다. 영지가 없으니까 카감(카메라 감독)이 좀 쉽네.

(1)은 그동안 기기를 조작하면서 힘들어했던 순간을 생각해 보니 영지 때문이었음을 알게 된 은지가 발화한 것으로, 영지의 성격이 자신의 일을 어렵게 만든다는 부정적 평가를 드러낸다. 이 발화가 불평화행임은 다음과 같이 적절성 조건을 만족시키기 때문이다. 첫째, 이는 영지가 없을 때 카메라 감독 업무가 더 쉽다는 사실을 명시적으로 언급하여, 자신이 불만을 느끼는 구체적 상황을 제시했기에 명제내용조건을 충족시켰다. 둘째로, 은지는 직접 카메라를 들어본 당사자이며, 청자인 제작자 역시 영지와 함께 할 때 업무가 달라지는 것을 알고 있는 사람이다. 화자와 청자가 모두 그 상황을 이해하고 있어야 한다는 예비조건 역시 만족시킨다. 또한 성실조건은 은지가 실제로 그 상황에 대해 진심으로 불쾌감이나 불만을 느껴고 있는 장면이므로 성실조건 역시 만족된다. 단순히 농담하듯 넘어가지 않고 "카감이 좀 쉽네"라고 말하면서 영지와 있을 때의 고충을 솔직히 드러낸 것이다. 마지막으로 화자가 자신의 불만을 청자에게 전하려는 의도를 갖고 있어야 한다는 본질조건 역시 제작진에게 "내가 영지 때문에 힘들었다"는 사실을 전달하여 청자의 공감이나 반응을 이끌어내려는 목적을 분명히 담고 있으므로 조건을 충족한 셈이다. 이에 따라 (1)은 불평화행으로 정의될 수 있으며, 따라서 부정적 평가화행으로 분류가능하다.

다음은 부정적 평가화행의 예에서 비난화행의 예시이다.

(2) ①영지 : (은지)언니, 팀플에서 노래 이렇게 부르면 악플 달려요, 언니~ 언니, 지금 너무 자기주장이 센 목소리잖아요?
②미미 : 인성 논란 위험해요.
(3) ①영지 : 유진이 맨날 늦니! 유진이 왜 이러니!
②유진 : 미안~

(2)에서는 '자기주장이 센 목소리는 악플을 받는다'는 그간의 사회경험에서 비롯된 원리를 근거로 하여, (3)에서는 '맨날 늦는다'는 사회적 약속 위반을 평가의 근거로 하여 상대에게 부정적 평가를 내리고 있다. 두 대화문 모두 이성적인 판단의 근거를 거쳐 나온 부정적 평가이므로 단지 개인적인 불평이 아니라 비판화행으로 부를 수 있다. 앞선 불평화행처럼 상대에게 불쾌감이나 불만을 느끼는 것은 동일하나, 이 판단의 근거가 일반화된 원리 즉 이성적인 판단을 거쳐 나온 것이라는 점에서 비판화행으로 정리한 것이다.

물론 다음과 같이 주관적 감정에 근거한 부정적 평가가 내려질 수도 있다. 이때에는 것이다.

(8) [은지가 노래 열창]

가. 영지 : 언니, 팀플에서 노래 이렇게 부르면 악플 달, 받아요, 언니~ 언니, 지금 너무 자기 주장이 센 목소리잖아요?

미미 : 인성 논란 위험해요.

나. 영지 : 유진이 맨날 늦니! 유진이 왜 이러니!

유진 : 미안~

다. ①영지 : (발음을 달리 하며)난 오늘 언니들과 유진이가 더 좋아졌어

유진 : 왜

은지 : @@

미미 : 왜 그렇게 새침데기처럼 말해?

유진 : 얘기해 봐 이유가 뭐야

(8-가)은 상대방의 행동에 대해 부정적으로 평가한 예문으로, 은지의 노래 열창에서 그녀의 목소리가 주장이 센 것처럼 보인다고 말한다. 그

원색적인 언어도 사용되는데, 본고는 이를 비난화행으로 정리하였다.

(4) ①영지 : 내가 도입부를 안 들어가니까 정리가 안 되네. 정리가 안 돼, 정리가. 아냐, 아냐, 아냐. 당신들 무대 별로야. 당신들 몰래, 무대 최악이야.

②영지 : 아니 나빴어, 넌, 콩트까지 발 들일 생각하지 마.

(4-①)은 '별로다', '최악', ②는 '나쁘다'라는 표현을 사용하여 상대의 능력을 부정적으로 평가하였다. 무대가 좋지 않았다는 표현 대신 '별로'란 비하적인 의미를 가진 단어를 사용하거나 상대의 말을 부정한(아니) 뒤, 좋지 않았다가 아니라 나쁘다로 명시적으로 표현하여 감정이 상할 수 있게 만든 경우이다.
이와 같은 부정적 평가 화행은 좀더 많은 표본수를 토대로 응답화행까지 살펴야 할 것으로 판단하여, 본고는 일단 어떤 유형들이 있는지를 세분화시켜 제시하는 데 그친다.

러나 이는 후행하는 미미의 응답에서 보이듯이 '위험한 발언'인지라 영지는 바로 목소리를 낮추게 되고 모두가 웃는 상황이 연출된다. 웃기 위해서 한 농담으로 보이는 대목이다.(8-나)는 늦게 온 유진이의 행동을 지적한 화행으로 바로 동의하고 사과화행이 이어져서 별다른 갈등없이 넘어간다. (8-다) 역시 새침데기란 어휘 사용으로 부정적 평가화행의 대상이 되었는데, 영지의 평소 투박한 말투에 비교하면 좀더 다른 사람들과 비슷한 목소리로 바뀌었다는 평가이기도 하다. 그러나 모든 이들에게 호감을 명시적으로 표현하는 대목에서 굳이 목소리를 바꾼 행위를 지적했다는 점에서 부정적 평가화행으로 분류할 수 있다. 물론 상대의 우호적인 메시지(①)를 싫어할 이유가 없는지라, 이 역시도 출연진 간에 갈등은 없었고 웃음만 이어졌다. 지금까지 본 것처럼 상대의 성격을 부정적으로 평가하는 화행은 굳이 잘못을 한 (8-나)를 제외하고는 상대방과의 부딪힘은 나타나지 않았으며, 오히려 서로 간의 감정을 고조시켜 분위기를 띄우려는 출연진들의 의도된 연출로 결과되었다.

마지막으로 상대의 능력에 대한 평가를 보면 다음과 같다. 능력에 대한 긍정적 평가는 51회로 전체 평가화행 중 과반수를 차지하였다. 〈뛰뛰빵빵〉이 출연자 주도 하에 다양한 활동을 펼치는 프로그램인 만큼, 운전, 장작 패기, 요리 등에서 칭찬화행이 주로 관찰된다. '잘'이라는 부사의 반복적 사용(29회)이 두드러졌으며, '완벽하지 않냐?'(수사의문문), 부정표현 '나쁘지 않았다'(부정표현), '(역시) 자격증 따야 한다'(전제되어야 할 의무표현)와 같은 간접 칭찬화행도 10회 나타났다.

(9) ① 은지 : 하나 하나씩 하지 뭐, 천천히. 다 할 수 있지, 무조건이지.
② 영지 : 미미 언니 든든하다.

③ 미미 : 지금 이 집 산장 어머니 같지 않아?

(9-①)은 운전을 할 수 있다는 자신을 향한 긍정적 태도 표명과 이에 대한 동료의 평가 '든든하다'가 나타난 예문으로, 때로는 자신의 긍정적 평가는 미래 가능성을 강조하는 다짐화행(①)으로 나타나기도 한다.

능력평가 화행 내에서는 긍정적 자기 평가화행(자랑화행)과 부정적 자기평가 화행(자책화행)도 관찰된다. 자랑화행은 화자(혹은 화자 집단)가 타인에게 과시할 만한 자신의 능력, 장점, 성과를 진심으로 긍정 평가하며,그 긍정적 태도를 적극적으로 표명하는 화행이다. 반대로 자책화행은 화자가(혹은 화자집단)가 책임이 있는 잘못과 실수를 솔직히 인정하고 후회와 아쉬움을 표출함으로써 겸손 또는 반성을 수행한다.

(10) 가. 은지 : 진짜 중요한건, 깜빡이 켰죠? 맞아요. 깜빡이 켰어요. 깜빡이 내가 키는 건데. 바보 같이.
나. 영지 : 소세지 좀 더 살 걸.
①미미 : 좋다, 좋다. 아, 우리 너무 아끼었다
다. 영지 : 우리 너무 자린고비를 했다.
②미미 : 잘 했어 오케이
라. 영지 : 도전?
③유진 : @@ 우리 잘하니까.
마. 유진 : ④언니 우리 잘하는데? 이제 봐주지 말자 우리.

(10-가)는 '바보 같이'에서 보이듯이 자신의 잘못에 대해 자책하고 있어 깜빡이를 켜지 않고 운전한 자신을 진심으로 반성하는 모습이다. (10-나) 역시 [후회]의 'ㄹ걸'이 사용된 데서 알 수 있듯이 소시지를 사

오지 않은 자신의 행위를 후회하고 있다. 마지막으로 (10-다)는 자신의 행위를 자린고비였다고 자책하고 있지만 상대방의 오케이에 의해 위로 받는 모습이다. 이들 모두는 스스로에 대한 자책화행으로 볼 수 있다.

오락프로그램의 특성에서도 알 수 있듯이, 자책화행은 소수였으며, 오히려 자랑화행이 다수를 차지하고 있다. 잘했다, 잘하다, 잘 나가다, 소질 있다 등 스스로와 자기 집단에 대한 자랑화행으로 분류된다.

이처럼 〈뛰뛰빵빵〉의 능력 평가화행은 외모나 성격 평가화행과 달리 자기(자기집단) 평가적 성격이 두드러졌으며, 이를 통해 개별적 · 집단적 자긍심(③, ④)을 드러내는 기능을 수행하였다. 심지어 자책화행의 발화에서도 상대방의 용기를 북돋는 반응(①, ②)으로 서로 간의 연대감의 창출로 이어졌다. Herbert(1988)가 아프리카 공화국 영어 화자의 칭찬화행 수행 양상을 고찰하면서, 여성들은 칭찬 발화를 수행하는 것이 상대방과 연대의식을 증가시키기 위한 것이라고 주장하였는데, 우리나라 역시 동일한 결과를 보인 것을 확인할 수 있었다.[4)]

4.2. 평가화행 시 청자의 반응 전략

앞 절에서 지적한 것처럼 긍정적 평가화행은 상대방에게 좋은 무엇인가를 주제로 한다. 따라서 상대방의 장점을 발견하고 인정하며 상대방을 지지하는 인정의 표현인 칭찬화행과 의미가 겹친다. 따라서 긍정적으로 평가를 하였을 때, 상대방이 그 평가를 듣고 어떻게 반응을 보이는

4) 이는 노란연, 김성주, 「성별과 나이에 따른 한 · 중 칭찬화행 양상 대조 연구」, 『돈암어문학』45, 2024의 글에서 249쪽에 실린 내용을 재인용하였다.

지는 칭찬 응답화행의 분석틀을 따라 분류하려고 한다.

이원표(1996)는 한국어에서 칭찬에 대한 응답을 수락하기, 비껴가기, 보답하기, 거절하기의 네 가지 유형으로 정리하였다. 수락하기는 칭찬을 긍정적으로 받아들이거나 인정하는 응답, 예를 들면 '고마워', '맞아', '나도 그렇게 생각해'처럼 반응을 보이는 것을 말한다. 비껴가기는 칭찬을 직접적으로 수락하거나 거절하지 않고, 농담, 질문, 화제 전환 등으로 넘기는 응답으로 '아 그래?' '정말?' 등을 예로 들 수 있다. 거절하기는 칭찬을 부정하거나 겸손하게 넘기는 응답으로 '아니'가 대표적이다. 마지막으로 보답하기는 칭찬을 다시 상대방에게 돌려주는 응답으로 '너도 잘했어' '너도 멋있었어'처럼 말하는 것을 들 수 있다. 이를 적용하여 〈뛰뛰빵빵〉에 분포하는 칭찬 응답화행의 현황을 제시하면 다음과 같다.

응답유형 / 성별	수락하기	비껴가기	거절하기
여성	8회(50%)	7회(44%)	1회(6%)

〈표2〉 여성의 응답화행 전략별 분포현황

전체 긍정적 평가화행 중 청자의 응답을 확인할 수 있는 발화는 총 16회였다. 그 중 '수락하기'가 8회(50%)로 가장 많았고, '비껴가기'가 7회(44%)로 비슷한 빈도로 나타났다. '거절하기'는 1회(6%)에 불과했다. '보답하기'의 응답은 없었다.

이들 화행이 어떤 대상을 상대로 나타났는지를 보기 위해, 앞 절에서처럼 외모, 성격, 능력별 응답화행을 살펴보면, 우선 외모를 평가할 때는 수락하기가 가장 많았다.

(11) 유진 : 지금 너무 잘 어울려, 밀짚모자랑
영지 : 알겠어

다음으로 능력에 대한 긍정적 평가에 수락하기로 답한 경우도 많았다. 아래와 같은 예이다.

(12) 미미 : 오케, 됐다, 오왓, 재능이 있는데
①유진 : 언니 이거 진짜 자격증 따야 돼

(12)는 미미의 재능이 있음을 스스로 평가한 화행 다음에 이에 적극 동의하는 유진의 모습을 보이는 예로, 처음하는 것이지만 자격증을 딸 만큼 충분히 재능이 있음을 전달하였다. 상대방의 평가를 적극 수용하여 응답한 경우라 할 수 있다.

같이 참여한 인원들 모두 앞선 화자의 평가에 동의의 표현을 보여 상대의 긍정적 평가를 받아들이는 모습을 보이는 예 역시 수락하기에 해당한다.

(12) ①유진 : 우리 지금 칼군무였는데
②영지 : 나 나쁘지 않았어
③미미 : 나쁘지 않은데

(12-②, ③)는 자신들의 춤이 좋았다고 평가한 유진의 말에 호응을 보내는 경우로, 이는 첫 화자의 말(①)에 동의하여 이를 받아들인 뒤에 나올 수 있으므로 수락하기에 넣었다.

물론 아래와 같이 상대의 긍정적 평가에 스스로 자신의 능력에 확신을 담아 맘껏 자랑하는 경우도 수락하기의 예로 넣어 볼 수 있다.

(13) ① 은지 : 잘 했다 미미야!
② 미미 : 잘 했어 오케이

미미의 능력에 대한 긍정적 평가가 나온 경우로, (13-②) 같이 자기 자신을 칭찬하는 형태의 수락 응답이 나왔다. 이는 상대의 긍정적 평가를 받아들이고, 자기 자신을 한 번 더 칭찬하는 방식으로 그에 동의하는 자신의 의견을 강화하는 것이다.

외모에 대해 긍정적 평가가 이루어졌음에도 불구하고, 청자가 화제를 전환하거나 농담으로 응답하는 비껴가기 사례도 있었다.

(14) [다리가 긴 유진이 다소 짧음 몸빼바지를 입고 나타났을 때]
미미 : 몸빼가 짧다 유진아.
영석 : 너무 짧은 거 아니니?
③유진 : 7부예요 7부.
④미미 : 다리가 하도 길어서 바지가 짧아.
⑤유진 : 언니, 너무 편하다. 언니 안 갈아입어요?

모든 이들이 유진의 다리 길이에 비해 바지가 짧음을 지적하고 있다. 이중 (14-④)는 유진이 7부밖에 안 돼서 어색할 수 있음을 지적하였지만, '다리가 너무 길다=〉 바지가 짧다'처럼 다리의 길이를 긍정적으로 평가하고 있다. 그러나 유진은 이런 상황이 불편하였는지, 다리의 길이에 대해 말하지 않고 편한 바지라는 주제(⑤)로 넘어가 버린다. 미미의 긍정적 평가에 직접 수락하지 않고 화제를 전환하는 비껴가기 응답을 한 것이다.

이러한 예는 아래에서도 확인된다.

(15) ①영지 : 김미현(*미미) 씨! 보여주세요. 빰빠빠빠.
②은지 : 어우, 야, 진짜 미국에서 온 사람 같애.
③유진 : 어머어머, 멜리사다, 멜리사.
④미미 : 왜 이렇게 전주가 기냐? 많이 길다.

'미미의 차림새를 긍정적으로 평가하다'라는 언어적 행위가 '미국에서 온 사람' 이라는 비전형적인 표현으로 발생한 대화문이다. 한국 사회는 이국적이며 활발한 여성에게 '미국에서 왔다, 교포 같다' 라는 비유법을 쓴다. 하지만 이는 '잘 놀 거 같다', 즉 성적으로 방종하다라는 평가를 포함하고 있어 청자에게 부정적인 효과를 낼 수도 있다. 이처럼 중의적으로 해석이 가능한 비전형적인 긍정 평가화행은 반드시 칭찬화행과 같은 효과를 내지는 않는다. 이에 대해 (15-④)는 수락하기 대신 화제 전환의 비껴가기 응답을 하였다.

마지막으로 상대에게 칭찬을 하더라도 농담으로 긍정적 평가를 받아넘기는 경우도 있다.

(16) ①미미 : 와, 영지야, 직업 바꿔야겠다.
②영지 : 직업을 왜 바꿔@@.
③미미 : 너무 잘한다.

영지가 연예인에서 스태프로 참여해야 될 만큼 기기를 잘 다루는 상황에 대해 긍정적 평가(①)를 내리는 장면으로, 영지는 이에 대해 직접적으로 긍정하거나 부정하지 않고, 오히려 칭찬의 내용을 가볍게 받아넘기며 웃음으로 반응한다(②). 이는 이원표(1996)의 '비껴가기'에 해당한다.

상대방의 긍정적 평가를 받아들이지 못하고 비동의하는 거절하기는 드물게 나타났다.

(17) ①영지 : 옆에서 정말 보조를 잘 보시던데.
②은지 : 아이, 제가 뭐 한 게 있나요.

지금까지 살펴본 것처럼 여성들끼리는 상대의 외모, 능력, 성격 등에 긍정적 평가를 내리고, 이를 통해 상대와의 유대감을 형성하는 데 기여하려는 목적을 달성하기도 한다. 목적에 맞게 응답 역시 수락하기가 가장 많았으며, 다소 어색한 순간에는 비껴가기와 거절하기가 나타나기도 했다.

4.3. 〈뛰뛰빵빵〉 속 여성의 대화진행방식

민현식(1995, 1997)이 제시한 여성어의 화용적 특징은 다변성(수다), 협동적 대화, 상호관계적 대화방식, 경험공유적 대화방식이 있으며, 이를 위해 그는 여성이 공손성, 순차적인 말차례 교대하기, 맞장구치기, 찬사 등 구체적인 전략을 구사한다고 말하였다. 이를 바탕으로 〈뛰뛰빵빵〉에 나타난 여성 간 평가화행을 분석하여, 여성의 화용적 특징을 정리하면 다음과 같다.

4.3.1. 협동적 대화

협동적 대화는 여성이 상대방과 경쟁적이고 공격적인 대화를 선호하지 않고 상대방과의 유대감을 살려 대화를 부드럽게 이어나가는 것을 말한다. 이는 평가화행의 예시에서 자주 등장하였다. 앞선 예를 재인용하면 다음과 같다.

(18) 가. [미미가 안경을 쓰고 나오자]
영지 : 귀여운데?
①유진 : 아니, [이거는!
영지 : [처키인데], 처키?
②유진 : 아니, 너무 귀여워.
나. [유진, 영지의 조언 대로 다시 춤을 추다]
은지 : 어어, 좋은데 유진아?
미미 : 오 이쁘다-
다. 미미 : 유진아 지금 (운전) 안정감 쩔어.
영지 : 어 유진이 미쳤어 지금
①은지 : 잘하고 있어
②영지 : 그리고 눈이, 눈꺼풀 살짝 더 안정됐어 지금
유진 : 어 나 지금 좀 괜찮아.

(18)에서 보이듯이 여성들끼리의 대화는 한 사람의 행동을 한 사람만이 보지 않는다. 여러 명이 같이 보고 그에 대한 평가를 동시에 쏟아낸다. 따라서 말이 겹치기도 하지만(①) 여러 명이 평가를 같이 하다 보니 서로 다른 평가를 내놓기도 한다(②). (18-나)는 모두 동일하게 유진의 춤에 대해 호평을 쏟아내는 장면으로 서로가 공감하며 동조하는 양상

을 띤다. 이는 (18-다)에서 좀더 잘 보이는데, 은지의 긍정적 평가(①)에 영지가 '그리고'라는 접속사를 씀으로 은지의 말에 더해 잘하고 있음이 어떤 것인지를 덧붙이겠다는 의사를 표현(②)해 주게 된다. 이처럼 여성들이 상대방의 발화를 지지하고 강화하는 협동적 대화의 전형적인 사례이다.

특히 외모 칭찬화행 10회 중 6회에서 응답화행으로 수락하기(4회)와 타 참여자들의 동조반응(2회)가 나타난 것은 여성들이 개별적 판단보다는 집단적 함의를 통해 의사소통을 진행한다는 특성을 입증한다. 즉 각자 활동하는 영역이 다른 여성들이 출연하여 자신과 다른 다양한 사람들을 이해하고 받아들이며, 다양성을 존중하는 특성을 보인다고 할 수 있을 것이다.

4.3.2. 상호관계적 대화

여성은 서로를 배려하기 때문에 대화 순서 역시 누구나 고루 이야기하도록 조정을 한다. 남성은 개별적으로 말할 때도 집단 전체를 향해 말하듯 독점적 말을 즐겨하지만, 여성은 대화 참여자 모두가 대화에 참여하여 서로의 관계성을 증진시키는 방향으로 대화를 이어나간다. 대화에서 누구나 말을 할 수 있도록 하려면 결국은 가로채기가 아니라 격려의 맞장구 차원에서 표현'을 자주 사용할 수밖에 없는데(민현식 1997), 이러한 말차례는 강소영(2023)에서 토론과 구어담화자료 모두에서 증명되었다.

특히 맞장구 역시도 여성들이 더 자주 사용하는 표현법(강소영 2023)이었는데, 〈뛰뛰빵빵〉에서도 동일한 취지의 말을 덧붙임으로써 상대방과의 감정을 공유하고 강화하기도 한다.

(19) ①영지 : 원래 이런 아무리 좋은 캠핑 자리에 와도 불편한 사람들이랑 있으면 한순간 한순간이 덥고, 더우면 더 덥고, 짜증나면 더 짜증 나고 귀찮으면 귀찮아. 근데 오니깐 벌레도 괜찮아~ 흙먼지 묻은 막걸리도 괜찮아~

②은지 : 가사 같아.

③영지 : 뭔가 너무 편해! 너무 든든하고.

④은지 : 가사 같애.

영지는 불편한 장소에 여행 와 있어도 팀원이 괜찮으면 모든 것이 괜찮아진다고 말하고 있다. 이를 듣고 은지가 '가사 같다'고 표현하자 영지는 다시 그 말에 이어 붙여 '뭔가 편하고 든든하다'를 라임처럼 넣어 구사하였다. 그러자 다시 은지가 '가사 같아'로 반복 응답하고 있는데, 이들 간의 대화는 상대방의 감정을 공유하고 강화하는 맞장구의 형태로, 상대방의 말에 적극 공감함으로써 그동안 쌓였던 다양한 감정들을 한꺼번에 씻어버리는 치료적 성격을 가지고 있다.

말이 겹쳐나올 때에도 상대방의 말에 다시 부연설명하듯 반복함으로써 또 다른 화재로 전이되지 않는다.

(20).[미미의 안경을 보고]

영지 : 귀여운데?

유진 : 아니 [이거는]

영지 : [처키인데] 처키?

유진 : 아니 너무 귀여워

(20)은 미미가 안경을 쓰고 나올 때 여러명이 이에 대해 느낌을 표현

하고 있는 장면으로, 영지는 귀여운 처키로 표현하고 있고 유진은 귀여움으로만 말하고 있다. 처키는 악령에 해당하기 때문에 귀엽다고 해도 부정적 뉘앙스를 풍기기 때문이다. 한 사람에 대해 두 명의 평가가 이어져 나왔기 때문에 말이 겹칠 수밖에 없는데, 유진은 영지의 말에 반대를 표한 뒤(아니) 다시 앞선 말을 반복하고 있다. 영지의 말에 왜 그렇게 생각하느냐고 굳이 화제를 전개하거나 전환하지 않고 앞선 대상에게 같이 공감하고 있음을 표현한 것이다. 이러한 반응은 자신이 해야 할 말(귀엽다)과 다른 이의 말(처키다)을 동시에 다 듣고 있음을 표현한 것으로 상대방의 말을 자신이 듣고 있음을 명확히 전달한다. 따라서 맞장구는 단순히 상대방의 말에 적극적으로 호응하거나 동의하는 차원을 넘어 대화의 흐름을 원활하게 이어나가겠다는 의지를 표명한 행위로 해석되며, 이러한 면에서 여성이 맞장구치기를 자주 사용하였다는 것은 상호작용적 인간관계를 맺겠다는 의지를 보인 것으로 해석할 수 있을 것이다.

4.3.3. 기타 -이전 결과와 다른 점-

민현식(1997)은 여성은 주로 외모나 옷, 장식 등에 대한 찬사가 많다고 표현함으로써 여성의 관심사를 일정 영역으로 한정시키고 부정보다는 긍정적 평가를 자주 사용할 것임을 보이었다. 앞선 자료에서 긍정적 평가가 많이 나타났다는 것을 토대로 생각해 보면, "여성끼리의 찬사 교환은 매일 일어나는 당연한 일"이라는 그의 말을 입증하는 결과로 해석될 수 있을 것이다. 그러나 외모평가는 19%밖에 되지 않고 대부분이 능력을 평가하는 것(56%)이었다. 더구나 외모평가에서 가장 많이 나왔던 '잘 어울린다'(3회)는 외모나 옷, 장식에 대한 찬사가 아니었다.

(21) 가. [유진이 주차장에 있는 벤츠 옆에서 포즈를 취하자

영지 : 안유진 씨 벤츠가 잘 어울리시는데?

나. [소품을 활용하여 옷에 변화를 주는 장면]

유진 : 지금 너무 잘 어울려, 밀짚모자랑.

영지 : 알겠어.

(21-가)는 '부의 상징인 벤츠=안유진'의 등식을 보여주는 구절로, '잘 어울린다'는 말을 사용하여 유진의 능력을 긍정적으로 평가하고 있다. (21-나) 역시 외모가 아니라 옷에 어울리는 밀짚모자를 찾아낼 수 있는 영지의 능력을 평가하고 있다. 이처럼 몇 번 나오지도 않은 외모표현에서도 많은 부분이 능력으로 비추일 수 있는 영역과 관련을 맺고 있어 여성들끼리 찬사를 주고받는 것은 외모나 옷, 장식과 같은 외양적인 것이 아니라 패션센스, 인지도, 경제력 등 능력과 관련된 것이 많다는 점에서 이전의 평가와는 다른 식의 접근이 필요하다는 것을 알 수 있다.

또한 상대방의 긍정적 평가가 중의적으로 해석되지 않고 단순하게 칭찬으로만 전달될 경우에는 긍정적인 수용이 바로 나타나는데, 아래와 같이 함축된 의미를 파악해야 하는 경우에는 비껴가기와 같은 또 다른 전략을 쓴다는 점이다.

(22) 영지 : 김미현(*미미) 씨! 보여주세요. 빰빠빠빠.

①은지 : 어우, 야, 진짜 미국에서 온 사람 같애.

유진 : 어머어머, 멜리사다, 멜리사.

미미 : 왜 이렇게 전주가 기냐? 많이 길다.

(22)는 우리 사회에서 이국적이며 활발한 여성과 함께 성적으로 방종

하다는 의미를 함께 가진 '미국에서 왔다(교포 같다)'를 사용한 경우, 이의 의도를 정확하게 파악하지 못한 상황에서 수락하기 대신 비껴가기를 사용한 예이다. 여성들이 찬사를 교환하면서도 그 내용의 적절성을 민감하게 판단한다는 것을 보여주며, 단순한 찬사 수용이 아닌 선별적 반응한다는 점에서 주목할 만하다.

5. 결론

본 연구는 유튜브 예능 프로그램 〈지락이의 뛰뛰빵빵〉에서 여성의 평가화행 사용 양상을 분석함으로써, 여성의 화용적 특징을 알아보았다. 분석 결과, 여성 출연진은 능력에 대한 평가화행을 가장 많이 사용하였고, 특히 "잘 어울린다", "잘 한다"와 같은 기존에 보지 못했던 표현들도 자주 나타났다. 또한 맞장구나 공감을 통해 여성 언어의 협동성과 상호관계적 대화진행방식을 알 수 있었다. 특히 여성간의 평가화행은 감정 전달이나 유대 강화의 기능을 수행함이 특징적이었다.

물론 본 연구는 유튜브 예능 프로그램을 대상으로 하였기에 이를 일반화하기에는 제약이 있다. 프로그램 속 상황이 실제 현실처럼 다양하지 않고, 방송 상황에 맞춰 주어진 주제로 대화를 나누기 때문에 자료의 다양성 측면에서도 한계가 있다. 또한 방송으로 노출되는 예능 프로그램의 특성 상 출연진들은 자신의 발화가 시청자에게 어떻게 비추일까 신경을 쓸 수밖에 없다. 추가로 출연진의 모든 발화가 방송에 드러나는 것이 아닌, 편집의 과정을 거쳐 공개되기 때문에 자연스러운 발화라고 말하기도 어렵다.

더욱 정확한 여성어 연구를 위해서는 예능 프로그램 이외에도 드라마, 일상대화, SNS에서 사용되는 언어 등 다양한 자료를 검토해야 할 것이다. 더 나아가 여성 내에서도 지위, 나이, 학력 등 다양한 변인에 따라 여성어에 어떤 차이가 있는지를 결과로 도출해야 할 필요도 있다. 여성어에 대한 폭넓고 구체적인 연구를 통해 여성 발화의 의미를 깊이 이해하고 사회언어학적 측면에서 사회를 이해하는 데에도 큰 도움이 될 수 있기를 기대한다.

제3부

공손성과 헤지(hedge)

의사소통과 공손성 그리고 헤지(hedge)

강소영

1. 언어의 사용 목적

인간은 언어를 사용하여 의사소통을 한다. 자신의 생각, 감정, 욕구 등을 전달하고, 상대방의 의도를 이해하여 사회적으로 상호작용할 수 있는 것이다. 예를 들어 어떤 사안에 대해 정보를 가지고 있지 않아 상대방에게 그 정보를 요구할 때에는 의문형 종결어미와 의문형 부호를 넣은 의문문을 사용하면 된다. 그러나 의문문은 단순히 정보가 궁금할 때에만 사용하는 것은 아니다.

(1) A : OO역으로 가는 길을 알려 주세요
　B : 쭉 직진하여 저 끝에서 오른쪽으로 돌면 지하철 역이 보일 겁니다

(2) 가. A : OO역 어디로 가는지 아나요?
　B : 아~ , 쭉 직진하여 저 끝에서 오른쪽으로 돌면 지하철 역이

보일 겁니다

나. A : OO역 어디로 가는지 아나요?

B : 네, 알아요

C : 아니요, 몰라요

(1-A)의 종결어미 '-세요'는 '-시어요'의 준말로, 높임의 '-시'와 종결어미 '-어' 그리고 높임의 보조사 '요'로 분석할 수 있다. 종결어미 '-어'는 평서, 의문, 명령 등 다양한 문장종결법 어미로 사용된다. (1)의 '-어'는 그 중 자신이 가야 할 길을 높임법어미 '-시'를 결합하여 정중하게 명령형으로 말하고 있다. 그런데 (2-가)에서 동일한 답 '쭉 직진하여 저 끝에서 오른쪽으로 돌면 지하철역이 보인다'를 제공받은 데서 알 수 있듯이, 정중한 명령 (1)은 의문문 (2-가)로도 표현 가능하다. 그렇다면 (2-가)의 의문형은 명령형과 대체가능한 것이라 할 수 있다.

이는 특히 의문형 (2-나)와의 대조에서 명백하게 드러난다. 자신에게 정보가 없을 때 이를 알기 위해서 상대방에게 물어보는 경우라면, (2-나)와 같이 청자는 지하철 역까지 가는 방법을 아는 경우는 '네 알아요', 모르는 경우는 '아니요, 몰라요'라고 말하면 된다. 그러나 (2-나)처럼 답을 하지 않아 궁금한 곳을 알려달라고 요청을 받아 답을 한 모양새이다. 이처럼 외형상 (1)과 같이 명령형 어미를 사용하지 않았어도 의문형어미를 사용한 (2) 역시 명령형으로 해석할 수 있다면, 우리는 명령형이 가진 강한 표현을 약화시키기 위해 다양한 수단을 동원하여 의사전달을 하고 있다고 말할 수 있을 것이다. 즉, 언어를 사용하여 자신의 생각, 정보를 전달하는 데 머무는 것이 아니라, 타인과의 원만한 관계를 유지해 나가기 위해 적극적으로 언어를 사용하고 있다고 할 수 있다.

지금까지 본 것처럼 (2-가)의 의문형은 자신의 정보를 정확하게 전달하려는 언어 사용의 기본 목적(정확성)보다는 타인과의 관계를 유지하거나 강화하려는 언어 사용의 또 다른 목적(효율성)으로 해석할 수 있다. 현대인은 타인의 감정을 헤아려 소통하는 능력에 어려움을 겪고 있다고 한다. 현재 언어의 정확한 전달보다는 효율적인 소통이 더 중요시되는 이유이기도 하다. 특히 자신이 진실이라 믿는 것을 단언하여 말할 때뿐만 아니라 자신이 궁금해하는 것을 물어보는 경우에도 상대의 견해를 의심하거나 평가하려는 느낌이 드는 경우에는 상대가 부담을 느낄 수 있어 주의가 요구된다. 인간은 자신의 생각이 타인에게 인정받고 싶은 욕구를 지니고 있기 때문에 자신이 제시한 견해가 상대방에게 부담을 주는 경우는 피하려 하기 때문이다.

실제로 51명의 여자 대학생들에게 '발표를 들은 후 질문이 생겼을 때 어떻게 말하는가?' 질문을 던졌을 때 대부분은 의문문(65%)을 사용한다고 답했다[1]. 질문이 있다는 자신의 의도를 사실 전달의 평서문으로 말한 경우도 있지만(1명), 후행절에 자신의 요구를 [희망](3-가)이나 [추측](3-나)의 표현으로 간접적으로 전달하기도 한다. 학생들이 대답한 유형을 제시하면 다음과 같다.

(3) 가. 질문이 하나 있습니다. ~에 대해서 여쭤보고 싶습니다.
　나. 제 생각에는, ~한 점이 이후 설명해주신 부분과 맞지 않은 것 같습니다.
　다. 궁금한 게 있는데, 질문해도 {될까요?/ 괜찮을까요?}
　라. 저 질문이 있는데요. 아까 ~한 부분을 다시 설명해 줄 수 있나

---

1) 이는 2025년 이화여대 언어학 수업시간에 설문조사하여 정리한 것이다.

요?

마. 저는 ~게 생각합니다. 어떻게 생각하시나요?

(3-다)는 가장 많은 학생들이 대답을 한 경우로 '-는데'를 사용하여 자신의 상황을 설명한 후, 의문문을 사용하여 상대의 허락을 구하는 경우[2]이다. 물론 (3-라, 마)처럼 의문형을 사용하여 표현하기도 했지만, 주저함의 표현인 '저'를 선행시키거나, '(다른 이들은 모르겠지만)자신은'과 같이 자기의 문제로만 국한시킨 선행절이 덧붙었다. 상대에게 질문을 던진 상황이 갖는 부담감을 대체표현들로 나타내려 한 것이다.

또한 학생들의 대답에서 눈에 띈 것은 상대방이 누구냐에 따라 답이 달라지는 것이었다. 언어는 타인과의 관계를 유지하거나 강화하는 기능을 가지고 있기 때문에, 타인과의 친밀성에 따라 메시지를 전달하는 방법이 달라지는 것은 당연해 보인다. 학생들의 설문조사 결과에서 '상대방이 다소 늦어서 자신이 먼저 가야 하는 경우, 선배와 친구에게 각기 어떻게 말을 할까?'라는 질문에 답을 한 경우를 보면 알 수 있다. 학생들의 답변을 몇 가지 제시하면 다음과 같다.

(4) 가. 선배님, 혹시 모르니 제가 먼저 가 있겠습니다. 천천히 오세요

OO아, 혹시 모르니까 나 먼저 가 있을게. 천천히 와

나. 선배님. 혹시 제가 먼저 가 있어도 될까요?

OO야, 나 먼저 갈게

다. 선배님, 혹시 제가 먼저 가도 될까요?

---

2) 후행절은 '~하다는 것으로 이해해도 괜찮을까요? ~식으로 다르게 생각할 수도 있지 않을까요?'처럼 다양한 방식으로 나타나지만, 선행절에 '-는데'를 사용하고 후행절에 의문형어미를 사용한다는 점에서 공통적이다.

걍, 나 먼저 간다

일부 학생(27%)은 (4-가)처럼 선배일 경우는 높임의 접미사 '-님'을 사용하여 자신과의 관계를 정확히 설정한 뒤, 자신의 의사를 전달하고, 친구일 경우에는 이름을 부른 뒤, 역시 자신의 의사를 전달하는 방식을 택하였다. 그러나 이보다는 (4-나, 다)처럼 선배일 경우에는 명령을 의문형으로 대체하여 표현하는 학생들이 더 많았다.(64%) 기타 유형도 존재하지만, 그 가운데 (4-다)처럼 친구인 경우에는 20대들이 자주 사용하는 '걍(<그냥)'을 사용하여 그들간의 유대감을 전달하여 부탁의 효과를 높이기도 했다.

2. 효율적인 의사소통능력과 성차

앞 절에서 언어를 사용하여 자신의 의사를 전달하는 과정에서 정확한 정보의 전달이 무엇보다 중요하지만, 자신의 의사를 좀 더 효과적으로 전달될 수 있도록 다양한 방법을 사용하고 있음을 알 수 있었다. 애초에 설문을 여성들을 대상으로 한정하여 조사하였기 때문에, 이러한 결과는 여성어의 특징으로 비추일 수 있다. Coates(1993:157-163)에서 정리하였듯이 소년, 소녀의 성장배경이 그들의 언어양상에 영향을 미칠 수 있기 때문이다. 다음은 Coates(1993)의 6장과 9장의 논의를 참고하여 정리한 민현식(1995)에서 옮겨온 것이다.

(5) 가. 소년들은 상위 조직 속에 어울리며 확대해 가지만, 소녀들은 하위 소집단으로 나뉘어 논다. 소년들은 행위 그 자체에 중점을

두며 논다. 소녀들은 말을 통해 1)친밀감을 유지하거나 맺는 일 2)수용할 수 있는 방식으로 남을 비판하는 일 3)다른 소녀의 말을 정확히 해석하는 일 등 세 가지를 배운다고 한다. 반면에 소년은 1)지배적 위치에 서는 일 2)청중의 이목을 끌고 유지하는 일 3)자기 주장을 하는 것을 배운다고 한다. 즉, 소녀들은 협동적 대화를 하지만 소년들은 경쟁적 대화를 한다고 한다.

나. 아동들의 싸움 해결방식에도 남아는 위력을 쓰지만, 소녀들은 화해, 회피, 묵인과 같은 완화적 방식을 취한다. 또 남아들은 경쟁적 대립적 논쟁으로 양분화하는 형향이지만 여아들은 '남이 뭐라고 하더라'라는 인용전략을 많이 쓰면서 많은 사람들을 끌어들여 복합적으로 만드는 경향이 있다고 한다. 또 남아들은 직접 명령어, 정보적 의문문을 많이 쓰며, 여아들은 공손명령이랄 수 있는 부가의문형, 간접명령, 청유형 등을 많이 쓴다고 한다.

다. 소년끼리는 운동, 어떤 장소 이야기가 많고 소녀끼리는 학교, 자기, 소원, 필요물 등에 관한 이야기가 많다고 한다. 이성끼리는 소년들은 직접 명령, 익살표현을 많이 쓰며, 소녀는 대화의 반이 웃음일 정도로 웃음이 많고 맞장구 표현이 많다고 한다. 소년들은 직접 명령을 많이 쓰며 소녀들은 간접명령을 쓰기에 소년들은 제안적 표현인 let's를 쓰는 일이 거의 없고 소녀들은 제안적 표현을 위해 gonna, could, can, maybe 등을 잘 쓴다고 한다.

라. 대화태도에서도 소년들은 바스락거리며 꿈틀거리고 화제전환이 빠르고 마구 건너뛰며 눈길도 피하는 경향이지만, 소녀들은 가까이 앉으며 감정을 나누는 경향이다. 남아는 남을 이기는 일이 가장 중요하기에 적대적, 독단적 의사표현이 많으나, 여아는 승자가 있으면 패자가 있음을 알기에 가급적 완화어법을 쓰며 이질적 표현을 삼간다 (밑줄은 필자의 의도에 따라 넣음)

(5)에 기술된 내용처럼 남성은 직접적 명령어, 정보적 의문문을 사용하지만, 여성은 공손한 명령체인 간접명령의 형태를 취한다는 사실을 받아들인다면, 앞서 예를 든 설문결과는 여성이기 때문에 그러한 결과가 나타난 것으로 해석할 수도 있다. 그러나 Coastes(1993)은 20년 전의 남녀특징을 정리한 것이기 때문에, 새로운 시대에 맞춰 해석을 내려야 할 필요가 있다. 현재 우리 여성의 진학률은 남성 못지않게 높으며 여성의 고등교육은 경제활동 참여증가를 가져왔기 때문에, 그녀의 사회적 지위는 이전과 비교할 수 없을 만큼 높아졌다. 물론 일과 가정을 양립하기에는 어려운 사회적 환경, 이에 따라 당연히 따라오는 남녀의 임금 격차가 여전히 존재하고 있고, 유리천장이라는 말이 존재할 만큼 고위직에 오른 여성의 비율이 상대적으로 적은 것도 사실이기 때문에 여성의 사회적 지위는 여전히 남성에 비해 낮다는 주장도 존재하고 있다. 따라서 현재 남녀 언어사용실태를 다양한 자료를 바탕으로 분석하여 여성의 언어 사용이 남성과는 다른 방식으로 진행되는지를 살펴봐야 할 것이다.

3. 공손성 이론

3.1. 협력의 원리 vs 공손성

앞서 타인과의 관계를 유지하거나 강화하기 위해 언어를 사용하는 데 성차가 존재하는지를 살펴볼 필요성을 제기하였다. 그런데 타인과의 관계를 유지하기 위해 사용된 언어를 분석하기 위해서는 여러 이론적 근거가 필요한데, 본 절에서 관심을 가지고 있는 것은 '공손성'이다.

공손성 이론은 언어를 수단으로 청자와의 마찰을 피하고 자신이 의도한 바를 이루어내려는 목적으로 사람들이 사용하는 표현을 이르는 것으로, 이는 Grice 협력의 원리와 대조되어 의의가 드러난다. Grice(1975)의 협력의 원리(Cooperative Principle)는 사람들이 대화를 나눌 때 암묵적으로 따르는 대화규칙을 설명한 것으로, 4가지 격률(maxims)로 나뉜다. 진실만을 말하라는 질의 격률(Maxim of Quality) 필요한 만큼의 정보를 제공하라는 양의 격률(Maxim of Quantity) 관련된 말만 하라는 관련성의 격률(Maxim of Relation) 그리고 명확하고 간결하게 말하라는 태도의 격률(Maxim of Manner)이 그것인데, 아래와 같은 예에서 설명가능하다.

(1) A : 지금 몇 시쯤 되었을까?
B : 얼마 전 재활용 쓰레기차가 다녀가던데

(1)은 시간을 묻는 질문에 재활용 쓰레기차의 방문 사실을 말한 것으로 서로 관련이 없어 보일 수 있다. 그러나 그들 사이에 재활용 쓰레기차가 아침 6시에 온다는 정보가 공유된 상태라면 '지금 6시쯤 되었을 것이다'는 정보로 이해된다. 이렇게 해석할 수 있는 것은 B가 재활용 쓰레기차가 다녀갔다는 사실을 확인한 상태여야 하고(질의 격률), 시간을 묻는 내용과 관련된 정보를 제공했어야 함(관련성 격률)이 전제되어서이다. 물론 필요한 정보 이상의 것이 제공되지 않았으며(양의 격률) 중의적이거나 애매한 표현이 아니기 때문에(태도의 격률) 화자 A는 '재활용 쓰레기차가 다녀감 => 6시 전후'라는 추론을 할 수 있다. 이처럼 그라이스는 의사소통 과정에서 상대방이 의미를 이해할 수 있도록 의도적

이며 협력적인 방식으로 발화가 구성된다는 것을 일정한 격률을 세워 객관적으로 설명해 주었다.

그라이스의 협력의 원리는 '대화란 참여자들이 일정한 격률 아래에서 사회적으로 상호작용하고 있는 과정'임을 구체적으로 밝힌 의의를 가진다. 하지만 Lakoff(1973)는 공손규칙(Rules of Politeness)을 설명하면서 대화의 가장 중요한 축인 청자를 고려한 이론의 중요함을 강조하였다. Leech(1983) Brown&Levinson(1987) 등 다수의 학자들 역시 이에 동의하여 Grice(1975)의 이론을 비판적으로 대했다. 즉, 협동원리는 화자지향적 표현(speaker-oriented expression)이기 때문에, 필요조건이기는 하지만 충분조건은 되지 않는다는 것이다. 대신 그들은 대화의 가장 중요한 축인 청자를 고려한 새로운 이론을 제시하였다. 아래의 예를 바탕으로 이를 설명하면 다음과 같다.

(2) 가. 차린 것은 없지만, 많이 드세요
　　나. 아무것도 아니지만 받아 주십시오

(2-가)는 집들이에 초대받은 손님들에게 음식을 대접하면서 '많이 먹어라'는 메시지를 전달할 때 관습적으로 사용하는 말이다. 집들이의 성격상 음식을 별로 차리지 않은 경우는 없으므로 이는 진실되게 말한 것이 아니다. '많이 먹어라'만 해도 되는데 굳이 앞에 '차린 것도 없다'는 말을 덧붙였으므로 불필요한 정보를 노출시킨 경우이기도 하다. 따라서 Grice(1975)에 의하면 이는 질과 양의 격률을 위반하여 자신의 겸양의 태도를 표현한 것으로 해석할 수 있다. (2-나) 역시 마찬가지로 선물을 건네면서 그것이 '아무것도 아닐' 수가 없는 상황에서 사용한 말이므로

진실되게 말하라는 질의 격률을 위반한 경우이다. 물론 '(선물을) 받아달라'고만 해도 되는데 '아무것도 아니다'를 덧붙여서 불필요한 정보로 자신의 겸양을 표현하려 한 경우로 해석할 수 있다. 이 두 경우를 살펴보건대, 겸양의 태도를 전달하려 앞에 관습적으로 사용하는 구절이 덧붙는 경우는 모두 질과 양의 격률 위반으로 처리될 것으로 보인다. 결국 Grice(1975)의 협력의 원리는 구체적인 상황이 달라지고 이에 각기 다른 표현이 사용되더라도, 특정 격률 위반으로 겸양의 태도를 전달한다는 한 가지 결론으로만 설명이 될 것으로 예측된다.

더군다나 예의바른 태도는 화자와 청자 사이의 친연성이나 지위 등 서로 간의 관계 아래서 그 정도성이 결정되기 때문에, 화자가 어떻게 생각하고 이 말을 사용하였는지를 판단하는 데는 Grice(1975)의 협력의 원리는 한계를 가진다. 이러한 판단 아래, Lakoff(1973) 이래 다수의 학자들은 명확성보다는 상대방과의 갈등을 피하기 위해 사용하는 공손성이 더 우선시되어야 한다(When clarity conflicts with politeness, in most case...politeness supersedes)는 주장을 내세웠고, (2) 역시도 문화관습상 자신이 가진 것을 베푸는 상황에서는 상대의 불편한 마음을 헤아려 더 공손하게 말해야 한다는 화자의 의도를 담은 것으로 해석하였다.

공손성 이론은 여러 학자들이 각자의 입장에 따라 서로 다른 의견을 제시하였는데, 여기에서는 공손성을 전략적 의사소통 행위로 설명한 Brown&Levinson(1987)의 견해를 적용하여 설명해 보려고 한다.

3.2. Brown&Levinson(1987) FTA

FTA(Face Threatening Act)는 명백한 표현은 모호한 표현보다 상대방에게 더 직접적인 응답을 요구하는 경향이 있기 때문에 상대방의 체면을 더 손상시킬 수 있음을 전제한다. 여기서 말하는 체면(Face)은 자신에 대해 주장하는 공적인(긍정적인) 이미지(the public self-image that every member wants to claim for himself, consisting in tow related aspects)를 뜻한다. 정보를 요구하거나(의문문) 무엇인가 같이 하자고 말하거나(청유문) 또는 행동에 따를 것을 요구하는 것(명령문)만이 아니라 단순 사실을 서술하는 것(평서문)조차 청자는 그 내용이 사실인지 아닌지를 판단해야 하는 부담을 가지기 때문에, 우리의 실제 발화는 내재적으로 상대의 체면을 위협하는 행위가 될 수밖에 없다. 따라서 우리의 거의 모든 말에는 이를 보상하기 위한 다양한 장치가 들어가 있고, Brown&Levinson은 이를 공손전략으로 구체화한 것이다. 그들이 제시한 체면위협의 정도에 따른 공손성의 선택은 다음과 같이 다섯 개로 나뉜다.

(3) 가. 상대방에게 체면손상행위를 행하지 말라(Don't do the FTA)
　나. 상대방에게 체면손상행위를 행할 경우
　　a. 상대방에게 체면손상행위를 암시적으로 행하라(off record)
　　b. 상대방에게 체면손상행위를 적극적으로 행하라(positive politeness)
　　c. 상대방에게 체면손상행위를 소극적으로 행하라(negative politeness)
　　d. 상대방에게 체면손상행위를 직접적으로 행하라(without redressive action, baldly)

상대방을 가장 우대하는 것은 결코 체면손상행위를 행하지 않는 것이다(3-가). 그러나 불이 났다거나 산이 무너진다거나 등등의 위급한 상황에서는 그 누구도 우대할 수 없다. 이때는 상대를 위해서라도 '불이야' '산이 무너진다, 모두 피해라'와 같이 직접적으로 행할 수밖에 없다(나-d). 이들을 제외하면 앞서 말한 대로 우리의 말은 크든 작든 상대에게 부담을 줄 수밖에 없다. 따라서 상대의 체면손상을 보상하기 위한 표현들을 동원할 수밖에 없는데, 이에는 적극적(positive), 소극적(negative), 암시적(off record) 전략이 사용된다. 따라서 앞서 Coates(1993)에서 정리했던 대로, 여성이 상대를 배려하는 성별 특징을 가지고 있다고 주장하려면 여성이 공손한 표현을 더 자주 사용해야 하며, 세부적으로 적극적, 소극적, 암시적 전략 중에서 여성이 좀더 자주 사용하는 전략이 있어야 주장이 가능해진다.

적극적 공손전략(positive politeness)은 인간의 인정욕구를 충족시켜주는 행위이다. 인간은 자신에게 결정을 수행할 권리가 있음을 다른 사람들에게 인식케 하려는 개인적 욕구가 있다. 따라서 상대가 자신이 능력 있는 인간으로 비추어지기를 바라는 욕구를 충족시켜주는 표현들을 적극적 공손전략이라 부른다. 좀 더 구체적으로 말하면 상대의 주장에 공감을 표하거나 상대와 화자가 서로 협력하는 관계라는 것을 전달해주거나 혹은 상대를 인정하거나 능력을 과장되게 칭찬하여 그의 인정욕구를 충족시켜주는 것을 예로 들 수 있다.

(4) 가. (선물받은 가방을 두고) 고마워, 너무너무 예뻐
  나. (컴퓨터 고장난 것을 고쳐주는 선배에게) 우와, 대박, 오빠, 복사기도 좀 봐주시겠어요?
  다. (잘못된 답을 제시한 친구에게) 그래, 뭐, 그럴 수도 있지. 너의

말이 일견 맞기도 하지만, 그런데 이렇게 한번 생각해 보자.

라. (친구가 원한 물건을 못 구하였을 때) 네가 빨간 가방을 무지 좋아하는 건 나도 알아, 나도 알지만, 내가 좀 늦게 간 건가, 이미 없더라고, 그래서 대신 이걸 가져와 봤어

마. (숙제를 하지 않은 아이에게) 응? 뭐지? 이걸 왜 하지 않았지?

(4-가)는 강화수식어(intensifying modifier)를 사용하여 자신의 칭찬을 좀더 강조하여 표현하는 예이다. 상대방의 행위에 가장 큰 호응을 보내는 것이므로 가방을 고른 상대방의 능력을 칭찬하여 적극적 공손전략의 예에 포함되었다. (4-나)는 상대방의 능력에 감탄(우와)을 한 뒤 유행어(대박)을 사용하여 자신과 그가 동일한 20대에 속해있다는 동질감을 표현하고 '오빠'라는 친족관계어를 써서 그와 나 사이의 유대감을 부각시키고 있다. 이와 같은 여러 적극적 공손전략이 사용된 뒤 부탁(복사기 수리)이 이어졌기 때문에 상대의 체면이 손상될 가능성이 줄어들어 그녀의 부탁에 상대방이 느낄 부담감은 줄어든다고 할 수 있다.

(4-다)는 잘못된 답인 것을 알지만 상대방에게 지적질을 하는 것은 상대의 능력을 깎는 행위이며 체면을 손상시킬 가능성이 크기 때문에 '일견 맞다'처럼 완전히 부정하지 않거나, 너와 내가 같이 '생각해 보자'는 의미를 전달해 서로 간의 협력관계를 형성하고 있음을 함축하고 있다. 이 역시 상대를 인정해주는 적극적 공손전략의 예로 처리가능하다. (4-라)는 상대가 원하지도 않던 물건을 받아 황당해했을 것을 고려하여 '그 마음을 자신도 안다'고 표현하여 이 일이 부득불한 일이었음을 표현하였다. 이심전심의 마음을 전달하는 것이므로 이 역시도 상대를 인정하는 행위로 해석해 적극적 공손전략이 사용된 경우라 할 수 있다. 마지

막으로 (4-마)는 숙제를 하지 않은 아이에게 화를 내지 않고 변명을 할 기회를 제공하고 있는 예이다. '이유가 있어서 안 했을 것'이라는 화자의 심정을 전달해주는 것이므로 상대방을 인정해주는 행위로 해석돼 이 역시 적극적 공손전략의 예라 할 수 있다.

소극적 공손전략은 인간이 자기 영역을 보존할 권리, 행동의 자율성을 침해받지 않으려 하는 욕구를 가지고 있음에 주목한다. 따라서 적절한 거리를 유지하여 그의 권리나 영역을 인정함으로써 상대방을 침해하지 않으려 노력하는 표현들을 대상으로 한다. 구체적으로 예를 들면, 양상조동사나 '차린 것은 없지만' 등과 같은 관습적 간접화행을 사용하는 것이나, 상대의 상황을 가정하거나 추정하지 않는 것, 혹은 청자에게 강요하지 않는 표현을 들 수 있다.

(5) 가. 변변치 않지만 제 마음이라 생각하고 받아주세요
　나. 네가 시간이 있을지 잘 모르겠지만, 혹시 가능하다면 나 좀 도와줬음 한다
　다. 문 좀 열어 줄래요?

(5-가)는 '변변치 않은 물건'에 상대가 마음에 들지 않으면 받지 않아도 됨을 함축하고 있기에 상대에게 자율성을 부여하는 것으로 해석가능하다. 두 번째로 (5-나)에서는 상대에게 시간이 있을지 없을지 자신은 가정하거나 추정을 하지 않는다는 태도를 보인다. 따라서 상대방에게 부정할 수 있는 여지를 줌으로써 그의 선택을 존중한다는 느낌을 갖게 할 수 있다. 마지막으로 명령형을 대신하는 의문문(5-다)은 실제로 가장 많이 사용되는 경우로, 의문문의 특징상 예/아니오를 상대가 자유

롭게 택할 수 있기 때문에 그의 권리를 침해하지 않으려는 소극적 공손성이라 할 수 있다.

마지막으로 암시적 공손전략은 자신의 의도를 명확하게 드러내지 않고 우회적, 암시적으로 표현함으로써 상대의 체면을 보호하는 전략이다. 이는 암시적으로 드러내기 때문에 상대방이 잘못 이해할 수도 있다.

(6) 가. (보일러가 켜지지 않은 곳에서) 여기 좀 춥다
나. (컴퓨터 자판을 두들기면서) 아, 또 이 모양이네
다. (옆에서 남의 험담을 자꾸 하자) 아, 나 수업 있었지(하며 일어난다)

(6-가, 나)는 상대에게 보일러를 켜달라거나 컴퓨터 고장난 것을 고쳐달라거나 등의 요구를 암시적으로 전달하는 경우로, 상대방은 이를 못 알아들을 수도 있다. 특히 (6-나)의 '또'란 말은 이전에 어떤 일이 있었는지 상대방이 기억해내지 못한다면 메시지 전달에는 실패할 수밖에 없는 경우이다. (6-다)는 상대의 험담을 더 이상 듣기 싫을 때 자주 취하는 화제전환의 경우로, 특히 이에는 화제전환의 담화표지 '아'를 사용하여 상대에게 자신의 의도가 전달될 수 있도록 하고 있다. 하지만 이 역시도 이어지는 행동이 없으면 상대가 모르고 넘어갈 수 있다. 따라서 이들은 모두 상대의 체면손상이 더 크게 우려되어 자신의 의도를 암시적으로 표현하는 것이라 할 수 있다.

이와 같이 공손성 전략이 여러 가지로 존재한다면, 인간이 이를 선택하는 데에도 특정 원리가 개입될 것으로 기대된다. 공손성 전략의 선택은 우연히 이루어지는 것이 아니라 대화를 구성하는 세 가지 요인,

화자와 청자 그리고 메시지가 변인이 되어 결정될 것이기 때문이다. Brown&Levinson(1987) 역시 이를 체계적으로 설명하였다.

Brown&Levinson(1987)은 어떤 공손성을 택할지 결정하는 3대 변인으로 사회적 거리(Social Distance), 상대방과의 권력관계(power), 행위의 위협정도(Rank of Imposition)를 들었다. 사회적 거리는 화자와 청자 사이의 친밀도를 말한다. 앞선 절에서 친구에게는 '걍'이라는 유행어를 사용하여 표현했듯이, 화, 청자 간의 친밀도는 어떤 표현을 사용할 것인지 결정하는 데 결정적이기도 하다. 특히 비속어를 장난처럼 쓰는 다소 무례한 경우는 가까운 사이에서는 별 문제 없이 넘어갈 수 있으나 처음 만난 사이에서는 이상한 사람으로 낙인찍힐 수 있을 만큼 위험한 행위이기 때문에 화, 청자의 친밀도는 어떤 전략을 선택할지 결정하는 요인이 된다. 또한 상대방과의 나이 차, 지위차 등 권력관계는 상대방이 상사라면 좀더 정중한 표현을 사용하고 동료라면 허물없이 농담을 던지면서 자신의 부탁을 들어달라고 요구할 수도 있기 때문에 전략선택에서 중요한 변인이라 할 수 있다. 마지막으로 행위의 위협정도는 상대에게 1만원을 빌리는 것과 10만원을 빌리는 것이 갖는 위협을 말하는 것으로, 그만큼 위협적인 요구사항일수록 상대방에게 선택권을 쥐어주는 방향으로 말하기 때문에 이 역시도 공손전략을 선택하는 변인이 될 수 있다.

4. 헤지(hedge)

4.1. 공손성 vs 헤지(hedge)

상대방의 체면을 보호하고 나의 요구사항을 효과적으로 거두기 위해서는 공손전략만 사용하지 않는다. 앞서 학생들의 답변으로 제시한 (3)을 재인용하면 다음과 같다.

(3) 가. 질문이 하나 있습니다. ~에 대해서 여쭤보고 싶습니다.
나. 제 생각에는, ~한 점이 이후 설명해주신 부분과 맞지 않은 것 같습니다.
다. 궁금한 게 있는데, 질문해도 {될까요?/ 괜찮을까요?}
라. 저 질문이 있는데요. 아까 ~한 부분을 다시 설명해 줄 수 있나요?
마. 저는 ~게 생각합니다. 어떻게 생각하시나요?

앞서 의사소통의 원리 중 첫 번째로 지적하였던 그라이스의 협력의 원리는 이 경우에도 힘을 발휘하지 못한다. 질문이 오로지 한 개가 아니여도 관습상 사용하는 '하나 있다'(가)는 표현은 정확한 사실을 전달하지 못하기 때문에 진실되게 말하라는 질의 격률 위반 사례로 해석할 수 있으나, 왜 진실되지 않게 말하는지를 설명하는 데는 한계를 가지기 때문이다. 마찬가지로 다른 이는 모르겠으나 '자신에게 국한되어서는'(나)과 같은 표현을 전제한 것은 분명하게 말하라는 태도의 격률을 지키기 위함으로 볼 수 있으나, 굳이 '자신의 생각'임을 드러내려 하는 것이 태도의 격률과 어떤 상관관계가 있는지는 말할 수 없다. 단지 상대방에게 오로지 1개의 질문만 던질 테니 부담갖지 말라고 전달하려 한다거나(가) 자신의 생각이 일반적(general)인 것이 아니기 때문에 당신의 생각이 틀렸다고 말하는 것이 아님을 전달하려 한다든지(나), 이를 사용함으로써 상대방이 갖게 되는 부담을 덜어내려 함이 공통적일 뿐이다.

기존 연구에서는 이와 같이 상대방에게 부담을 갖지 않도록 자신의 발언 수위를 조절하는 표현들을 헤지(hedge)라 부른다. 헤지(hedge)는 Lakoff(1972)가 '분류(category)에 명확하게 속하거나 속하지 않는 것들을 구별하고, 불명확하게(uncertainty)하게 만드는 것'들을 지칭하는 용어로 사용한 것으로, 의미론에서 연구가 시작되었다.

(1) 가. A robin is a bird(true)
나. A chicken is a bird.(less true than a)
다. A penguin is a bird.(less true than b)
라. A bat is a bird. (false, or at least very far from true)
마. A cow is a bird. (absolutely false)

(1)은 사람들이 '새'의 범주에 넣는 대상이 서로 다름에 착안하여, 많은 이들이 '새'라고 여기는 robin은 새라 명명할 때 '진실'이라고 답을 하지만(가) 그렇지 않은 bat는 '거짓 혹은 거의 거짓에 가까운 것'으로 생각함(라)을 보인 예이다. 물론 날개가 없는 cow는 완전히 거짓이지만(마), 사람들은 날개가 있어도 거꾸로 매달려 살고 있는 박쥐는 새인지 아닌지 애매하기 때문에 판정이 일치하지 않는 것(라)이다. 엘레노어 로쉬(Eleanor Rosch, 1973, 1975)의 원형이론에서처럼 '새'의 범주에 속한 단어들은 robin 〉 chicken 〉 penguin 〉 bat처럼 정도성을 판단할 수 있어, robin을 제외한 단어들은 그 정도성에서 차이가 있을 뿐, 어떤 이에게는 새의 범주에 포함되지 않을 수도 있는 것이다.

모든 이에게 전형적으로 여겨지는 것과 아닌 것의 차이는 아래와 같이 헤지(hedge)를 사용하는 구문에서도 차이가 난다.

(2) 가. A robin is a bird (True)

나. A chicken is a bird(Close to false? Less true than a)

다. A chicken is sort of a bird (True or very close to true?)

라. A cow is soft of bird (false)

(2)는 어떤 문장의 참과 거짓을 모호하게 만드는 단어인 'soft of'의 사용예로, 가장 원형적인 robin을 제외하고 혹자에게는 새가 아니라고 생각될 수도 있는 chicken은 앞에 'sort of'를 넣으면 없을 때(2-나)와 달리 대다수가 그렇다고 대답하는 모습을 보인다.(2-다) 'soft of'는 그럴 수도 있고 아닐 수도 있기 때문에 소수의 사람들이 '새'에 속한다고 판정한 chicken이나 penguin 등에게도 '거짓'이라는 판단을 내리지 못하게 하는 것이다.

이처럼 참과 거짓의 경계를 애매하게 흔드는 것(hedge… whose job it is to make things fuzzier or less fuzzy)을 Lakoff(1972)는 헤지(hedge)라 부르면서 다양한 언어표현을 제시하였다.

(3) 가. Tomatoes are fruits.

나. I think tomatoes are fruits.

다. Tomatoes are sort of fruits.

(3)은 토마토가 과일인지 아닌지를 잘 모르는 사람들에게 나올 법한 말을 제시한 것으로, 자신의 생각일 뿐이니 진실이 아닐 수도 있음을 전달(3-나)하거나 과일의 일종일 뿐이니 야채라고 해도 자신의 말이 엄밀하게 틀리지는 않았음을 전달하는 태도(3-다)를 표명하고 있다. 따라서

자신의 발화 이후에 상대방에게서 쏟아질 비난 등의 부정적인 반응을 차단하는 효과를 가질 수 있다. 아래 예시는 재인용한 (3)의 예시로, 이를 적용하여 설명하면 다음과 같다.

(3) 가. 질문이 하나 있습니다. ~에 대해서 여쭤보고 싶습니다.
나. 제 생각에는, ~한 점이 이후 설명해주신 부분과 맞지 않은 것 같습니다.
다. 궁금한 게 있는데, 질문해도 {될까요?/ 괜찮을까요?}
라. 저 질문이 있는데요. 아까 ~한 부분을 다시 설명해 줄 수 있나요?
마. 저는 ~게 생각합니다. 어떻게 생각하시나요?

바로 앞의 예시에서 봤듯이 '나의 생각이다'로 제한하면(나, 마) 질문자의 말이 진실이 아닐 수도 있음을 전달하기 때문에 질문을 받는 사람으로서는 부담을 덜어낼 수 있다. 마찬가지로 질문의 숫자를 명확히 하지 않고 질문이 있다는 사실을 내세움으로써(가) 나중에 질문을 10가지 이상을 하더라도 '질문이 있었다'는 사실에 초점을 맞춰 자신의 행위를 용서받을 수 있기 때문에 나중에 면죄부를 받을 수도 있다. 이처럼 명확하게 표현하지 않음으로써 화, 청자가 짊어져야 할 부담을 완화시켜 주는 헤지(hedge)는 공손한 표현들과 함께 사용이 되기 때문에 의사소통의 원리를 밝히는 데 결정적인 역할을 가지고 있다. 따라서 공손성과 함께 성별 언어사용실태를 밝히는 데 도움이 될 것으로 보인다.

4.2 헤지(hedge)의 분류

Lakoff(1972)가 의미론적 관점에서 헤지(hedge)를 연구대상으로 삼아 그 발화수반력을 논쟁으로 끌고나온 이래 이는 화용론에서 주요 연구과제로 부각되었다. 따라서 여러 학자들은 헤지(hedge)를 유형별로 분류하고 각자 담화상의 기능을 정리하여 헤지(hedge)의 체계를 정리하는 데에 매달리게 되었다. 대표적으로는 Prince, Frader, and Bosk(1982)를 들 수 있다. 그들은 헤지(hedge)를 근접어(approximator)와 방패어(shield) 둘로 나누었다. 전자는 명제에 대한 화자의 태도를 범위로 하고 후자는 화, 청자에 대한 화자의 태도를 범위로 한다.

먼저 명제에 대한 화자의 태도가 표시된 예를 보면 다음과 같다.

(4) 가. She sort of smiled, but didn't say anything.
　　나. It was almost funny

(4-가)는 'sort of'를 사용하여 그녀가 웃었을 수도 있고 아닐 수도 있다는 모호한 반응을 전달하였다. 따라서 그녀가 어떤 표정이었든지는 중요하지 않고 '아무것도 말하지 않았다'는 핵심 명제를 부각시킬 수 있다. (4-나)는 'almost'를 사용하여 재미있었을 수도 있다고 모호하게 표현하고 있다. 둘 모두 명제를 불명확하게 만드는 표현인 근접어(appoximator), 그 중에서도 범주로의 한정을 모호하게 하는 적응어(adaptor)를 사용한 경우이다.

근접어에는 범주가 아니라 아래와 같이 수치가 모호한 경우도 있다.

(5) 가. The patient lost around 2 liters of blood during the operation

나. We waited roughly 45 minutes before the doctor arrived

다. There are approximately 200 participants in the study.

(5)는 수술하는 동안 흘린 피를 정확히 알 수는 없기에 2리터가 아니라 그 정도 흘렸다고 말하거나(가) 어느 정도 기다렸는지 정확히 모르거나(나) 몇 명이 있는지도 정확하지 않을 때(다) 그와 비슷한 숫자로 이야기하는 예이다. 이처럼 수량이나 빈도, 시간 등 정량적인 것을 정확하게 측정할 수 없을 경우에 대략적으로 언급하게 되는데, 대략어(rounder) 역시도 명제의 애매모호함에 해당하기에 근접어(approximator)에 해당된다.

두 번째로 화자가 확신이 없거나 자신의 믿음에 자신이 없을 경우, 명제의 내용과 화자 사이의 관계를 모호하게 만드는 표현들을 사용하는데, 이를 방패어(shield)라 부른다. 이 역시도 두 가지 종류가 존재하는데, (6)은 개연적 방패어(Plausibility shields)이고 (7)은 귀인적 방패어(Attribution shields)이다.

(6) 가. a. She could be tired from work

b. He probably forgot about the meeting.

c. I appears they've already left

d. All evidence suggests that the fire started in the kitchen

나. a. According to the report, sales are declining.

b. Most people believe that this policy is unfair

c. In his opinion, this method doesn't work well

d. The delay was probably because of traffic.

(6-가)은 개연적 방패어의 예시로, 화자가 자신의 말에 단정하지 않고 그 진실성에 대해 가능성을 남기는 표현들이다. 양태조동사(a), 양태부사(b), 양태동사(c), 인지동사(d)를 사용하여 청자 스스로 명제를 판단할 여지가 있음을 명백하게 알려주는 태도를 전달하고 있다. 따라서 화자의 주장을 약화시키고, 화자와 발화된 진술 사이에 거리를 두어서 책임을 회피하는 것도 가능하다. (6-나)는 타인이나 어떤 정보에 빗대어서 자신이 지식이나 믿음을 가지게 되었음을 전달하는 귀인적 방패어의 예이다. 자신의 주장에 출처가 있음을 밝히거나(a), 자신의 의견이 아니라 대다수의 의견인 것처럼 말하거나(b) 보편적 사실이 아니라 특정 인물의 생각이 근거라고 하거나(c), 상황이 이 사태를 이끈 원인(d)이라고 말하는 등 판단의 주체를 외부 요인으로 미룸으로써 자신은 비난의 대상에서 벗어날 수 있게 하는 것이다. 이처럼 종류에 상관없이 헤지(hedge)는 자신의 생각이나 판단을 사실 그대로 전달하지 않고 불확실하게 표현함으로써, 상대에게서 날아올 반론이나 공격에 대비할 수 있도록 하는 일종의 완화표현이다. 따라서 상대방에게 자신의 직설적인 주장이나 단언을 피하기 위해 공손한 표현을 사용하는 이들에게는 헤지(hedge)의 사용이 자주 목격될 것으로 예상되는바, 공손성과 성차를 연구하는 데에는 헤지(hedge) 역시 좋은 소재가 될 것으로 보인다.

5. 성별 언어사용실태

〈하트 시그널2〉는 2018년에 방영된 연애 리얼이티 프로그램으로, 미혼 남녀 8명이 한 집에서 함께 생활하며 서로의 감정을 탐색하고 여러 번의 데이트를 거치면서 자신의 이상형을 찾아 마지막에 한 명의 이성과 커플이 되는 과정을 담고 있다. 남녀의 성비가 일정하고 모두 20, 30대 초반의 미혼 남녀이므로 공통된 주제에 공감하며 반응할 수 있다는 점에서 남녀가 사용하는 언어사용전략을 살피는 데에는 적절할 것으로 보인다. 다음은 〈하트시그널2〉 1-8회까지의 자료를 대상으로 살펴본 결과를 정리한 것이다.

5.1. 성별 공손 전략의 사용 현황

5.1.1. 적극적 공손전략

(1) 가. [여자는 전날 선택을 받지 못해 기분이 우울한 상태에서 남자1과 예정된 데이트 코스에 참여한 상황]

남자 : 원래는 어디 가고 싶었어?

여자 : 솔직히 여행 생각이 없었어요. 그냥 기분이 좋지 않았어요. 근데 막상 오니까 너무 좋아요 오빠 말대로

나. [남자들의 소유물을 내놓고 여자들이 선택한 뒤, 그 물건의 소유자와 데이트에 나서는 프로그램 수행 중]

여자 : 많이 기다렸어요?

남자 : 조금, 나일줄 알았구나? 나 진짜 생각도 못했는데, 아~

여자 : 아니, 이게, 제일 예뻤어요. 이게 제일 예뻐 가지고, 아, 오빠가 센스가 있으니까

남자 : 그 센스~

(1-가)에서 여자는 기분이 좋지 않았지만 예정된 스케줄을 수행하려고 나왔다. 그러나 막상 오니 너무 좋다고 상대의 데이트 코스에 칭찬을

표현한다. 그리고 '오빠 말대로'와 같이 친족관계어 '오빠'를 사용하여 친밀감을 강조하고 [앞과 동일한 상태]를 의미하는 조사 '대로'를 사용하여 적극 동조하는 자신의 의사를 표현, 친밀성을 강화하고 있다. (1-나) 역시 상대의 장점을 적극 칭찬하여 호감을 표현하는 예시로, 악세사리를 고른 후 그것이 예쁜 이유를 '센스'로 돌리는 여성의 모습이다. 이처럼 상대를 칭찬하여 그의 능력을 부각시키는 행위는 적극적 공손전략의 기본적인 요건을 갖춘 것으로 남녀 모두 자주 사용하여 상대의 호감을 쌓는 데 사용하고 있음을 보인다.

또한 (2-가)의 '오빠'와 같이 상대와의 유대감 및 친밀감을 증진시키려는 모습은 남성의 예에서도 보인다.

(2) 가. [자신이 선물한 액세서리를 하고 크리스마스 데이트에 나온 여성]

남자 : 어? 했네?① 오빠가 사온 거?

여자 : 네, 했죠

남자:② 완전[예쁘다]

여자 [진짜~] 완전

남자 : 귀걸이도?

여자:(보여주며) @@

남자 : 완전 예쁘다. 마음에 들었어?

나. [여자가 강아지를 집에 데리고 오고 싶다고 말하는 장면]

여자 : 강아지 무서워해요?

남자 : 아니, 안 무서워해

여자 : 아니, 다른 분들 괜찮으면 데리고 오게요

남자 : 진짜? ①좋지, ②강아지 키워보고 싶었는데, 강아지. 나

동물 되게 좋아해

(가-①)은 '오빠'란 친족관계어를 제시하여 여성과 자신의 관계에 유대감을 증진시키려는 남자의 의도를 읽을 수 있다. 물론 이는 상대방의 능력에 감탄(가-②)하여 외양에 우월함을 부여해줘서 앞선 '칭찬하라'는 전략과 함께 적극적 공손전략의 효과를 배가시키고 있다. 조사 결과 칭찬하는 행위는 남(18.2%)녀(24.5%) 비슷하게 나타났고 유대감 및 친밀감 증진은 남성(47.5%)이 여성(29.3%)보다 더 자주 사용하고 있었다.

마지막으로 상대의 의견에 적극 동감(나-①)을 해서 상대의 적극적 체면을 자극하여 자신의 호감을 전달하는 모습이 있다. 자신의 동의 표현은 상대와 동일한 희망의 욕구를 가지고 있음을 드러내어(나-②) 호감도를 좀더 강화하기도 한다. 이는 적극적 공손전략 중에서 가장 많이 사용되고 있었으며, 특히 여성에게서 좀더 많이 분포(여성 46.2%, 남성 34.3%)하였다.[3)]

---

3) 이는 이성 간이 아니라 동성 간에서도 자주 목격되었는데, 남성끼리는 상대의 능력을 칭찬하거나 자신보다 더 윗사람으로 인정하는 표현을 드러내어 적극적 공손전략을 낯선이들끼리 호감을 쌓는 데 자주 사용함을 알 수 있었다.

(1) 가. [남자의 영광스런 추억-동아리 회장-을 소재로 이야기하는 중]

남자4 : 팝핀? 춤춘다고?
남자2 : (남자1 가리키며) 여기, <u>팝핀 동아리 회장님</u>
남자4 : 아, 진짜로?
남자3 : 팝핀 동아리 회장님이었어?
남자2 : <u>저기 회장님이셔</u>
남자3:[아 진짜?]
남자4:[아 진짜?]
남자2:지금--(남자1이 나가자) 진짜 나가버렸어

5.1.2 소극적 공손전략

서로간의 일면식도 없는 이들이 한 집에 모여 생활하다 보니, 각자의 영역을 지켜주려는 소극적 공손전략 역시 자주 사용한다.

(3) 가. [라라랜드를 보고 주인공이 헤어지는 걸 보고 슬펐다는 얘길 하는 중]

남자 : 사랑에 대한 얘기가 아니래, 그게

여자 : 그러면?

남자 : 그냥 꿈에 대한 얘기래, 그래서 꿈의 관점에서는 해피엔딩이잖아, 둘다

여자 : 꿈 이야기

남자 : 그렇게 생각하니까 마음이 편해졌어

여자 : 꿈과 사랑의 어, 사이, 그-중간쯤 아닐까? 약간 그치?

나. [카풀로 지신의 직장 근처에 데려다 달라는 부탁을 하는 상황]

나. [남자들끼리 외출하는 중, 가장 연장자인 남자4를 기다리는 중]

남자3:면접도 봐야 하고, 집도 가야 하고, 할 일이 많아

남자1:면접?

(남자4가 합류하고)

남자1 : ①형님, 오셨습니까?

남자4 : (당황한 기색으로) 뭐야?

남자1 : 타시죠

남자4 : 잠깐만

(1-가)는 상대의 능력(동아리 회장)을 적극 칭찬함으로써 여성에게 매력적으로 비추일 수 있는 남자1의 의외의 능력에 대해 이야기하고 있다. 남자1의 능력을 적극 인정함으로써 적극적 공손전략을 구사한 예이다. (1-나)는 상대방을 '형'이라 높여 부름으로써(①) 그의 연장자로서의 능력을 인정함과 동시에 친족관계와 같은 친밀감을 유지하고 싶어하는, 따라서 적극적 공손전략을 구사하는 남자1을 보인 예이다. 남자들끼리도 적극적 공손전략을 구사하여 서로간의 친밀함을 쌓아가는 모습을 볼 수 있었다.

여자 : ①오늘 카풀 부탁해도 될까요?

남자 : 어디까지 가세요?

여자 : 저는 오늘 압구정까지 가는데, 그냥, 한남쪽에서 내려주셔도 되고요

남자 : 압구정?

여자 : 응

남자: ② 한 10분 안에만 나가면 괜찮을 것 같은네

(3-가)은 남자의 해석(사랑이 아니라 꿈에 대한 이야기라면 그 영화는 슬프지 않다)에 대해 여성은 적극적으로 동의를 표하지 않고 있다. 하지만 자신의 반대가 상대의 체면을 손상시킬 수 있기 때문에 여자는 단언을 피하기 위해 [얼추 비슷한 정도]를 가진 '-쯤'과 [물음이나 추측]의 의미를 가진 '-을까?'를 사용(①)하였다. 자신의 견해를 확고하게 표현하지 않고 에둘러 표현함으로써 상대의 의견에 침해하지 않으려고 노력하는 모습을 보여 소극적 공손전략의 예라 할 수 있다. (3-나)는 상대에게 부탁을 해야 하는 상황에서 명령문 대신 의문문을 사용하여 상대에게 강요하지 않으려는 소극적 공손전략의 예이다. 소극적 공손전략은 남성 역시도 자주 사용하는데, 추측의 표현 '-을 것 같다'와 연결어미 '-는데'를 사용(나-②)하여 지시사항의 강요성을 완화시켜 전달한다. 이처럼 요청이나 제안으로 지시화행을 완화시키는 소극적 공손전략은 여성(25%)보다 남성(42%)이 더 많이 사용하고 있었으며, 단언 대신 추측의 표현을 사용하는 것은 여성(42%)이 압도적으로 높았다(남성 26.5%).

물론 단언화행을 완화시키는 것은 아래처럼 부정의문문을 사용하여 상대에게 강한 의견전달을 피하는 데서도 나타난다.

(4) 가. [이전의 연애 경험에 대해 이야기 나누는 중]

여자 : 남자친구랑 한, 일년 조금 넘게 만났나?

남자 : 많이 만났— 그래[도 오래 만났]네

여자 : [오래 만난] 건가요?

남자 : 너희, 나이 대에서는 오래 만난 거 아닌가?

여자 : 제일 오래 만난 것 같아요

남자 : 나보다 오빠 아니었지?

여자 : 서른

5.1.3 암시적 공손전략

암시적 공손전략은 의사소통에서 상대방에게 직접적으로 말하지 않고 간접적이거나 은유적 표현을 통해 공손성을 드러내는 것으로, 아래처럼 미완성 발화가 이에 속한다.

(5) 가. [냉장고 안에 디저트 재료가 가득한 것을 보고 감격하여]

여자3:① 갑자기 왜 이렇게 이렇게--

여자1:② 이거 뭐야?

남자3 : 딸기? 요거트?

여자1 : 응, 누가 했어?[누가 저기--]

남자3 : [요거트는] 형이, [딸기는 내가]

여자1 : [누가 저거] 했어?

나. [뉴욕에 사업체를 두고 있는 여자4와의 미팅 자리에서]

남자1 : 한국에는 잠깐 잠깐 들어오시고?

여자4 : 네 근데 저는 한국이 좋긴 좋아서

남자3 : 한국 좋죠, 엄청 좋죠

남자1 : 그래도 뉴욕이 재밌을 텐데

여자4 : ①뉴욕도 좋은데 한국도 좋아요, 사실, 제가 지금, 준비 하고 있는 게 있는데 그게, 여성복 브랜드 론칭 하려고, 제작은 한국에서 하려고 해서, 아마 내년쯤에, 한국으로 ②이사올 것 같기도 하고

(5-가)는 남자들의 배려에 감격하여 말을 잇지 못하는 여자3(①)을 대신해서 여자1이 질문(②)을 하는 장면이다. 미완성발화이긴 하여도 여자3의 고마워하는 감정은 고스란히 전달된다. 물론 고맙다거나 너무 기쁘다거나 자신의 감정을 구체적으로 말하지 않기 때문에 암시적 공손전략의 예이다. (5-나)는 자신의 거주지가 현재 미국이기 때문에 한국에서 새로운 연애를 시작할 수 있을지 걱정하고 있는 남자들에게 '뉴욕도 좋다 그리고 한국도 좋다'로 애매한 상태에 처한 자신을 소개하고 있는 장면(①)이다. 따라서 마지막(②) '한국으로 이사올 것 같기도 하고'와 같이 아직 결정된 것이 없는 상태에서 '그럴 수도 있고 아니면 아닐 수도 있고'와 같이 전략적 모호성을 취할 수밖에 없다. 이런 상황에서 암시적 공손전략으로 현재 자신에게 호감을 가진 남자에게 상처를 덜 주는 전략을 택한 여성4의 모습을 보인 예이다. 이는 전체 공손전략 중에서 여성과 남성 모두에게 낮은 분포를 보이고 있다.(여성 16.2%, 남성 14.4%)

암시적 전략에는 다음과 같이 어색한 순간에 화제전환을 위해 담화표지를 적극 사용한 경우도 있다.

(6) 가. (여자들끼리 수다를 떨다가 남자3과 둘이서만 데이트 약속을 잡는 중)

여자1 : 시끄러웠나 봐, 운동하고 막

여자3 : ①언니가 어제 나 스쿼트 가르쳐 줬어

남자4 : 아 그래?

여자3 : ②3개 했어

여자1 : ③그 뭐지? 약간 감기기운 있는 사람도 있고 해서, 나 오늘 청 만들까 하거든

남자4 : 어

여자1 : 오빠 좀, 같이 장 좀 보러 가줘

남자4 : 장? 그래

여자1 : 다른 것도 좀 사올 겸

남자4 : 응

여자1 : 괜찮지? 같이 장 보고, 어, 청 만드는 것도 도와줘

나. [여자들의 선택 문자가 오고 나서 문자를 받지 못한 사람은 기분이 안 좋은 상황]

남자1 : 문자를 받긴 받았네

남자4 : 아니야

남자1 : 받긴 [받았네]

남자4 :   [아니야] 아이 너무--

남자3 : 잔인한 사람들

남자1 : 나 요즘 맨날 침 맞아

남자3 : 진짜요? 에잇--

남자1 : ①자 씻자

남자3 : ②형, 첫 빵 표예요?

남자1 : 아니, 두 번째 빵 표인데?

남자3 : 아, 첫날하고 오늘

남자1 : 어=

(6-가)는 경쟁관계인 두 여자와 그 대상인 한 남자가 대화를 나누는 장면으로, 여자3의 화제(어젯밤 이야기 ①, ②)를 바꿔 여자1이 남자4에게 장에 다녀올 것을 제안(③)하고 있다. '무엇'의 축약형인 '뭐'는 독립적인 어휘적 의미를 지니지 않고 발화에 대한 화자의 심리적인 태도를 반영하는 담화표지로, (6-가)에서도 자신의 생각을 정리하면서 그 과정에 상대방을 끌어들이는 효과를 지녀, 화제전환의 의도를 상대에게 전달해줄 수 있다. (6-나)는 하루를 끝내면서 행해진 인기투표에서 남자4에게만 여성들의 표가 몰리자, 자신은 모든 걸 접고 샤워를 하겠다는 남자1의 화제전환 장면(①)의 예이다. 역시 [화제도입] [새로운 화제로의 전환]에 자주 사용하는 담화표지 '자'를 첫마디에 넣어 자신의 의도를 상대에게 전달하고 있다. 물론 화제전환의 의도를 상대가 수용하지 않을 경우 자신의 의도와 상관없이 앞선 화제로 계속 진행이 되기도 하기 때문에(나-②) 암시적 공손전략은 그 효과가 미비할 수 있다. 따라서 공손전략에서도 가장 빈도가 낮아 2회 분포하였다.

지금까지 본 것처럼 상대에게 호감을 얻으려 모인 남녀가 사용하는 공손전략은 성별에 구애받지 않고 대부분 적극적 공손전략을 가장 많이 사용하고 있음을 알 수 있었다. 또한 암시적 공손전략을 가장 덜 사용하고 있음도 공통적이었다. 기존의 연구에서처럼 여성이 더 공손한 표현을 사용할 것이란 가정은 이 자료에서는 반박된 셈이다.

5.2 성별 헤지(hedge) 사용 현황

앞 절에서 설명했던 것처럼 헤지(hedge)는 Lakoff(1973)에서 '어떤 것을 다소 모호하게 만드는 단어들'로 정의되면서 논의가 시작되었다.

이는 Fraser(1975)에 수용돼, 수행동사에 양태의 의미가 더해질 경우 발화의 의미내용을 강화, 약화시킬 수 있음이 드러났다. 그리고 Prince et al(1982)에서 명제를 애매모호하게 하는 표현과 명제에 대한 화자의 태도를 나타내는 표현으로 나뉘었는데, 이는 화용론적 관점에서 헤지(hedge)를 유형화하였다는 데 의의가 크다 하겠다.

국내에서의 완화표현의 초기 연구는 좀, 글쎄 등의 개별어휘를 대상으로 한 연구(손세모돌 1987, 이해영 1994, 송인성, 신지영 2014 등) 나 '-겠-' 등의 어미들이 갖는 공손성에 대한 연구(전혜영 1995, 구현정 2004 등)로 이루어졌다. 그러나 최근 들어 헤지(hedge) 전반에 관한 연구가 활발히 일어나고 있는데, 신명선(2006)의 연구가 후속 연구의 바탕이 돼준다. 신명선(2006)은 완화표현을 판단유보와 수행성 완화로 나누어 학술텍스트의 완화표현 실현양상을 정리하였다. 이후 텍스트를 구어(고재필 2007, 이찬규, 노석영 2012 등)와 문어(신명선 2006, 신영주 2011, 신진원 2012, 이준호 2012 등)로 다양화하여 연구가 진행되었고, 헤지(hedge)가 갖는 담화기능에 대한 연구에도 많은 진전을 이루었다. 최근에는 용어를 완화표현으로 설정(고재필 2007)하고 명제 내용(bush)만이 아니라 발화수반력(hedge), 화청자 그리고 시공간을 전환시키는 다양한 요소(shield)를 포함하여 종합적으로 다루고 있는 추세이다.

본고는 〈하트시그널2〉를 대상으로 성별에 따른 헤지(hedge) 사용양상을 살피려는 목적 아래, 1~8부를 대상으로 헤지(hedge) 사용양상을 정리한 결과, 단언과 지시화행에 집중적으로 몰려 있음을 발견하였다(후행하는 〈표1〉 참조). 이에 따르면 화자의 발화수반력 약화(hedge)를 축으로 유형을 정리한 고재필(2007)을 논의의 참고점으로 삼을 만하다.

물론 본고에서는 화시에서의 헤지(shield)는 고려에 넣지 않았다. 연구의 대상을 단언화행과 지시화행으로 정리하였기 때문이기도 하지만, 화시에서의 헤지(shield)는 화자의 책임을 경감(화자 관련표현)시키거나 청자의 의무를 경감(청자 관련 표현)시키는 효과를 가지고 있어, 단언화행과 지시화행에서 말한 바와 동일한 효과를 가지고 있기 때문이다[4]. 몇 가지 예를 들면 다음과 같다.

(6) 가. 우리 아 해 볼까요?[청자:복수대명사 =〉지시화행]
나. 일단은 지금 144면은 당뇨가 의심되시는 거기 때문에[화자:피동표현 =〉단언화행]
다. 이번 기회에 금연을 좀 합시다[청자:청유형 =〉지시화행]
라. 뭐 제가 알기로는 비용적인 측면에서 더 비싸다고 들었어요[화자:인용구문=〉단언화행]
마. 안경 좀 벗어 볼게요[청자 : 1인칭의도어미 =〉지시화행]
바. 조금 더 조절이 됐으면 좋겠어요[청자:피동표현=〉지시화행]

따라서 명제와 발화수반력(단언과 지시화행) 둘로 나누어 헤지(hedge)를 분류하고, 성별로 사용양상을 정리하면 다음과 같다. 상위순위만 제시하였다.[5]

---

4) hedge expression이란 용어를 사용한 대부분의 연구에서도 따로 분류를 하지 않았다.
5) 연구대상에 오른 헤지(hedge) 표현 목록은 다음과 같다.
가. 다수의 분포를 보이는 경우
추측, 가능성, 의문문, 인용, 피동, 보조용언(어 주다, 어 되다), 청유
나. 5회 이하의 분포를 보이는 경우
저희/우리, 정확히, 아무튼, 내 생각에는, 어떻게 보면 등

〈표1〉에 있는 선어말어미 '-더-'는 무의지적 서법의 담화기능을 보이는 예가 많지 않

		남	여	합계			남	여	합계
명제	명제모호	77	68	145		보조용언	25	44	69
	추측	221	207	428		청유	48	13	61
	인용	53	24	77		의문문	33	25	58
단언 화행	의문문	55	22	77	지시 화행	좀	38	20	58
	-잖-	48	21	69		부정의문문	16	24	40
	피동	28	17	45		희망	8	10	18
	더	5	9	14		부탁드리다	10	6	16

〈표1〉 성별 헤지(hedge)표현의 실제

5회 이상의 헤지(hedge)를 모아 남녀별로 통계를 낸 결과, 남자는 883회, 여자는 625회로 나타났다[6]. 여성보다 남성이 더 자주 사용한 것이 특징적이었다. 구체적으로 세부항목을 보면, 자신의 의견에 객관화를 시도하는 인용과 단언을 약화시켜 청자를 배려하는 의문문(상승억양)은 남성이 여성보다 2배 이상 많이 사용한 것으로 나타났다. 또한 부정의문문으로 상대에게 에둘러 명령을 내리는 것은 여성이 높지만, 청유나 의문문 등은 남성이 대부분 높게 나타나 이 역시도 여성이 상대를 배려하며 공손하게 말을 한다는 기존의 연구와는 다소 다른 결과를 보

았으나, 여성어의 특징으로 중요시 부각된 형태소인지라 목록에 넣었다.

6) 1-8회까지 남녀 말차례를 잡은 횟수 그리고 완화표현 사용 횟수를 정리하면 다음과 같다. 여4는 6회에 등장하였기에 상대적으로 횟수가 적다.

	대화참여횟수	완화표현		대화참여횟수	완화표현
여자1	1664	164	남자1	1319	236
여자2	907	180	남자2	758	256
여자3	1205	218	남자3	995	189
여자4	420	63	남자4	1283	202

이었다.

다음으로 통합된 통계를 1-3회(낯선 사이), 4-8회(친한 사이)로 나누어 조사한 결과[7]에서도 성차가 나타남을 보인 것이다.

	남(1-3화)	남(4-8화)	여(1-3화)	남(4-8화)
명제	21	56	34	34
단언화행	218	315	221	136
지시화행	151	122	111	89
합계	390	493	366	259
총계	883		625	

〈표2〉 친연성{+solidity}을 고려한 성별 헤지(hedge) 분포현황

추세를 볼 때, 남성은 명제의 모호함과 단언화행의 약화는 친해질수록 자주 사용하였으며, 여성은 단언화행의 약화를 다소 낯선 상황에서 자주 사용하였고, 친해질수록 단언이나 지시 모두에서 헤지(hedge)의 사용이 감소되고 있음을 볼 수 있다.

지금까지 살핀 것처럼 공격적인 남성과 공손한 여성의 상식적인 현상과는 달리 남성이 더 헤지(hedge)를 자주 사용함을 알 수 있었다. 물론 이러한 특징이 서로를 향한 호감을 행동으로 옮기는 후반부, 즉 제안, 수락, 거절 등 특정화행이 다수 출현하는 후반부에서도 동일하게 이어질지 자료를 좀더 분석하여 최종 결과를 도출해야 하지만, 서로 간에 호감을 쌓는 전반부에서는 남성이 여성보다 더 헤지(hedge)를 적극적으로

7) 남남은 2회에서 말을 놓기로 합의를 본 상태였고, 남-여는 3회부터 데이트를 시작하여 4회에 모든 커플이 '오빠(여성)'와 '반말(남자)'을 사용하고 있어서 4회를 기점으로 분리하였다. 이를 확인할 수 있도록 부록의 전사 자료 역시 3회부터 넣어두었다.

사용하고 있음이 특징적이었다. 향후 각 공손규칙에서 가장 많이 사용된 헤지(hedge)는 어떤 것이 있는지 살피고 이것이 헤지(hedge)의 담화기능을 정리하는 데 도움이 될 것인지 그리고 친밀도의 정도와 청자의 성별에 따른 공손전략과 헤지(hedge)의 사용현황이 어떤 식으로 달라지는지 또한 살펴볼 만한 주제이다. 많은 후속 연구들이 실제 발화 상황에서 다양한 변인을 바탕으로 성별 언어사용실태를 밝히는 데 기여하고 그것이 기존의 이론을 좀더 풍성하게 만들어주는 데 기여할 수 있기를 기대하는 바이다.

토론 속 성별 공손 전략 비교 연구

이지호, 김시은

1. 서론

성과 언어적 공격성 사이에 연관성이 있다는 주장은 많은 학자들로부터 제기되었다. Hirschman(1973)은 남성이 여성에 비해 대화 상대의 말에 더 자주 도전한다고 한 바 있고, Uchida(1992) 역시 일본어의 경우를 제시하며 남성과 여성의 서로 다른 문화적 세계가 서로 다른 말하기 방식을 만들어낸다고 주장하며 성이 언어에 미치는 영향을 인정하는 '두 개의 문화 이론(two-culture theory)'을 제시하였다. 이와 같은 주장은 2000년대에도 이어져 McConnell-Ginet(2003)이 여성이 남성보다 대화 시 공손의 규칙을 지키려고 하는 경향이 있다는 주장을 하기도 하였다.[1)]

여성이 남성에 비해 발화 시에 공손성을 더 많이 드러내는 경향이 있

---

1) 이성범, 「언어적 무례함에 대한 실험화용적 연구 : 공격성 발화를 중심으로」, 2014, 9쪽.

다는 주장을 살펴보기 위해서는 먼저 남녀의 사회 · 경제적 지위를 고려해야 할 필요가 있다. 경제협력개발기구(OECD)의 2022년 통계에 따르면 한국의 관리자급 여성 비율은 14.6%로 회원국 중 하위 두 번째였으며, 성별 임금격차는 31.2%로 회원국 중 가장 높았다.[2] 따라서 실제로 여성이 남성에 비해 발화 시 공손성을 크게 드러낸다면 그것은 여성의 상대적으로 낮은 사회 · 경제적 지위와 관련이 있을 가능성이 크다.

또한 화자가 언어적 공격성, 혹은 공손성을 드러냄으로써 이루고자 하는 목적에 따라서도 성별에 따른 공손성 사용 양상은 달리 나타날 수 있다. 발화에는 청자와의 관계에 관한 의도와, 화자가 발화를 통해 전달할 내용에 관한 의도가 영향을 미친다.[3] 화자와 청자의 관계는 사회 · 경제적 요인에 영향을 받아 성차를 가지고 구성될 수 있으며, 이에 따라 특정 성별의 화자가 특정 내용을 전달해야 하는 상황이 반복적으로 발생할 가능성이 있다.

즉 남녀 성차에 따른 공손성 사용 양상을 살펴보기 위해서는 남녀의 사회 · 경제적 지위와 남녀의 관계, 발화를 통해 전달할 내용에 관한 의도를 통일하는 것이 반드시 필요하다. 그리하여 본고는 대화 상황에 속한 남녀 발화자의 학력 등 자격조건, 남녀 발화자의 관계, 발화 상황, 발화목적을 통일하여 발화 시 공손성 사용 양상을 살펴보고 그 결과를 분류하여 남녀 성차에 따른 공손성 사용 양상을 파악하고자 하였다.

---

2) 통계청, 「한국의 SDG 이행보고서 2024」, 2024, 4쪽.
3) 김미령, 「대화 화행의 유형 설정에 대한 연구」, 2009, 4쪽.

2. 선행연구 정리와 연구의 방법

2.1. 공손성 이론

본고는 Brown & Levinson(1987) 의 공손성 이론을 바탕으로 공손 전략을 살펴보고, 토론 상황에서 관찰 가능한 공손 전략 유형을 선정하여 토론자들의 발화를 분석할 것이다. Brown & Levinson(1987)은 Lakoff(1973) 가 제시한 공손 이론을 체계화하여 공손 전략을 제시하였다. 첫째로 "체면을 '자신에 대해 주장하는 공적인 자신의 이미지'라고 정의하였다."[4] 체면은 적극적인 체면(Positive face)과 소극적인 체면(Negative face)으로 나뉜다. 적극적인 체면은 "화자의 바람이 대화자들에게 수용되길 바라는 의식"을 나타내며, 소극적 체면은 "화자의 욕구가 다른 사람에 의해 방해받지 않"고자 하는 의식과, "다른 사람들에 의해 강요받지 않"고자 하는 욕구를 나타낸다.[5] Brown & Levinson(1987)은 모든 개인은 적극적 체면과 소극적 체면을 지니고 있으며, 따라서 모든 언어행위는 내재적으로 상대방의 체면을 손상시키는 행위일 수 밖에 없다고 보았다. 이것이 체면위협행위(Face-Threatening Act, FTA)이며, 화자는 청자의 체면 손상을 최소화하거나, 손상된 체면을 보상하기 위해 공손 전략을 사용한다. Brown & Levinson(1987)은 이러한 공손 전략(strategies for linguistic politeness)을 체면손실위험도에 따라 세부

4) 주현정, 「한국어 학습자와 교사의 적극적 · 소극적 공손 전략 실현 양상 연구 학문 목적 2 · 3 · 4급 학습자의 수업을 중심으로」, 『한국어문화교육』, 제12권 제2호, 한국어문화교육학회, 2019, 122쪽.

5) 위의 논문, 같은 쪽.

적으로 분류하여 제시하였다. 체면손실위험도가 낮을수록 직접적인 체면위협행위가 이루어질 수 있으며, 화자의 의사가 보다 효율적이고, 명시적으로 전달된다. 반면 체면손실위험도가 높을수록 높은 수치의 공손 전략이 사용되며, 화자는 청자의 체면 위협을 최소화하는 방식으로 말하고자 한다. 다음 〈그림1〉은 체면위협행위를 피하는 공손 전략들을 나타낸 것이며, 주현정(2019)의 자료를 인용하였다.

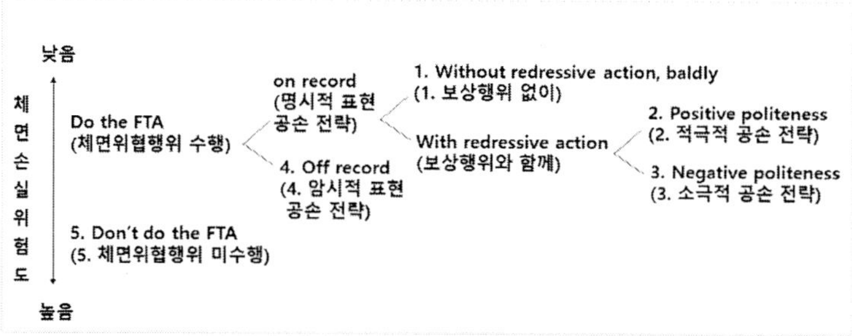

〈그림1〉 체면위협행위를 피하는 공손 전략들 (Brown&Levinson 1987:60)[6]

그림 맨 오른쪽 상단의 '적극적 공손 전략(Positive politeness)'은 청자의 적극적 체면을 유지하기 위해 화자와 청자 간의 거리감을 좁히는 전략이다. 따라서 청자와의 협력관계를 강조하거나, 공감대를 형성하거나, 청자의 의견을 수용하거나, 청자의 능력을 인정하는 방식 등으로 실현된다. 화자는 실제로 생각하는 것과는 반대로 가장하여 발화할 수도 있으며, 이를 통해 명시적인 의견 전달보다는 의견 충돌을 완화하거나, 회피하는 것을 우선시하게 된다.

6) 위의 논문, 같은 쪽.

그림 맨 오른쪽 하단의 '소극적 공손 전략(Negative politeness)'은 청자의 소극적 체면을 만족시키기 위해 자신의 영역을 보존하고자 하는 욕구를 존중하고 행동의 자율성을 침해하지 않는 전략이다. 화자가 발화 시에 청자와 거리를 두고, 완곡하게 말하거나, 선택권을 청자에게 주며 존경을 표하는 방식으로 실현된다.

본고는 명시적 표현 공손 전략 중 보상행위와 함께 사용되는 적극적 공손 전략과 소극적 공손 전략을 중점적으로 살펴보고자 한다. 본고에서 연구대상으로 삼고자 하는 토론대회 상황은 표면적으로는 상호협력을 통해 보다 합리적인 방안을 고안하는 대화 상황이라고 볼 수 있겠으나, 실질적으로는 한정된 시간 동안 각 팀의 주장이 첨예하게 대립하며, 주장의 논리적 완성도 등을 기준으로 우열을 나눠야 하는 상황임에 주목하였다. 따라서 보상행위 없는 명시적 표현 공손 전략이 사용되기 가장 쉬우며, 암시적 표현 공손 전략과 체면위협행위 미수행은 사실상 사용되기 어려울 것으로 보인다. 이러한 상황에서 토론자들의 적극적 공손 전략과 소극적 공손 전략의 활용 양상을 분석하는 것이 체면위협행위에 대한 토론자들의 태도 차이를 유의미하게 드러낼 수 있을 것이라고 예상된다.

2.2. 연구 대상

본고는 중앙선거방송토론위원회가 주최한 대한민국 열린 토론대회의 결승 영상 중, 자유토론 부분에서 남녀 토론자를 연구 대상으로 하여 토론자의 발화 텍스트를 분석한다. 대한민국 열린 토론대회는 중앙선거방송토론위원회가 매년 주최 · 주관하는 토론대회로 2005년 제1회 전

국대학생토론대회를 시작으로 하여 2018년부터는 "대한민국 열린 토론대회"로 명칭이 변경되어 운영되고 있다. 본고는 "대한민국 열린 토론대회"가 시작된 2018년부터 가장 최근 영상인 2024년까지, 고등부와 대학부 결승 영상 중 토론자의 성비가 1:1로 맞는 영상만을 분석의 대상으로 선정하였다.[7)]

이에 따라 선정된 영상은 고등부 2022년도 영상과 대학부 2018년도, 2021년도, 2023년도 영상이다. 토론자는 2인이 한 조가 되어 찬성 혹은 반대 진영에서 토론을 하며, 선정된 각 영상에 등장하는 토론자, 연구 대상의 성별과 진영을 정리하면 다음과 같다.

<table>
<tr><th colspan="6">연구 대상 상세(1)</th></tr>
<tr><th colspan="2">년도/부문</th><th>2018/대학부</th><th>2021/대학부</th><th>2022/고등부</th><th>2023/대학부</th></tr>
<tr><td rowspan="2">진영</td><td>찬성</td><td>남성 1명
여성 1명</td><td>여성 2명</td><td>남성 1명
여성 1명</td><td>남성 1명
여성 1명</td></tr>
<tr><td>반대</td><td>남성 1명
여성 1명</td><td>남성 2명</td><td>남성 1명
여성 1명</td><td>남성 1명
여성 1명</td></tr>
</table>

〈표1〉 연구 대상 상세(1)

본 토론 대회에서 토론자는 무조건 심사위원(입론, 최종 변론)이나 상대 진영의 토론자(반론)를 향해 발화하지만, 상대 진영의 특정 토론자를 지목하여 발화하지 않는다. 상대 진영을 향해 발화하고, 상대 진영의 둘 중 하나가 답변하는 식으로 진행된다. 따라서 상대의 성별에 따른 공손성 사용 양상에 차이가 없을 것으로 판단하였고, 진영에 따른 성별

7) 2019년은 고등부 결승 영상이 없고, 2020년은 고등부, 대학부 영상 모두가 없으며, 2021년은 고등부 영상의 토론 방식이 변경되어 제외하였다.

을 고려하지 않고 영상에 등장하는 토론자의 성비를 1:1로 조정하였다.

연구 대상이 되는 남녀 발화자의 자격조건, 관계, 발화 상황, 발화 목적은 통일되며, 다음과 같이 정리할 수 있다.

연구 대상 상세(2)	
자격조건	동일 학력 (고등학생/대학생)
	결승 진출자
발화 상대와의 관계	경쟁 관계
발화 상황	자신의 발화가 심사위원에게 평가받는 상황
발화 목적	대회 승리

〈표2〉 연구 대상 상세(2)

토론 방식은 다음과 같다.

토론 방식				
년도/부문	2018/대학부	2021/대학부	2022/고등부	2023/대학부
논제	공직선거에 의무투표제를 도입하여야 한다	대통령선거의 피선거권을 25세 이하로 하향하여야 한다	교육감선거 선거권 연령을 16세로 하향하여야 한다	선거에 관한 여론조사 공표를 상시 허용하여야 한다
입론	기조연설 3분 찬성부터 1분 30초	시작발언 3분 찬성부터 1분 30초	시작발언 3분 찬성부터 1분 30초	시작발언 4분 찬성부터 2분
반론	자유토론 24분 반대부터 답변 요구 기회 진영 별 12분 사용 가능	자유토론 24분 반대부터 답변 요구 기회 진영 별 12분 사용 가능	자유토론 24분 반대부터 답변 요구 기회 진영 별 12분 사용 가능	자유토론 24분 찬성부터 답변 요구 기회 진영 별 12분 사용 가능

반론	*특정 진영의 발언 이후에 반드시 그 상대 진영이 발언해야 한다는 규칙은 없음.(예 : 찬성측 남성 발언 이후 찬성측 여성이 발언하는 경우가 있음.) *1회당 발언을 2분 이내로 마쳐야 함. (2분을 초과할 시, 진행자가 발언을 끊고 상대 진영에게 발언 기회가 넘어감.)			
최종 변론	맺음말 3분 반대부터 1분 30초	마무리 발언 3분 반대부터 1분 30초	마무리 발언 3분 반대부터 1분 30초	마무리 발언 4분 반대부터 2분

〈표3〉 토론 방식

본고의 분석의 대상이 되는 대한민국 열린 토론대회의 결승 영상 중, 자유토론 부분은 답변 요구가 가능하다. 답변 요구 기회가 먼저 주어진 팀(2023년도를 제외하면 전부 반대팀)이 상대 진영의 입론을 기반으로 미진하거나 오류가 있는 지점에 대해 답변을 요구하며 자유토론이 시작되는데, 첫 답변 요구 이후로는 요구받은 답변을 제공하거나, 역으로 답변을 요구하거나, 입론에서 펼친 주장을 강화하는 식으로 진행된다. 분석의 대상을 자유토론 부분으로 한정한 이유는 답변을 요구하며 상대를 공격하는, 체면위협행위의 양상이 가장 잘 드러난다고 판단했기 때문이다. 이에 따라 분석하는 영상의 길이는 총 96분이 된다.

2.3. 연구 방법

본고는 영상 텍스트를 추출한 다음 전수조사하는 방식으로 연구를 진행하였다. 이후 적극적 공손 전략, 소극적 공손 전략에 해당하는 발화를 뽑아 분류하였다. 이때에 발화가 답변하는 발화이냐 답변 요구에 해당하는 발화이냐에 따라 주로 사용되는 전략이 다름을 확인하였고, 답변하는 발화에 가장 많이 사용된 적극적 공손 전략과 답변 요구에 해당하는 발화에 가장 많이 사용된 소극적 공손 전략을 나누어 분석하였다.

답변에서 사용된 적극적 공손 전략은 Brown & Levinson(1987)이 제시한 '적극적 공손 전략'의 세부 책략을 정리한 이성범(2015)의 연구를 참고하여 크게 '화 · 청자의 공감대 강조', '동질그룹 표시어 사용', '청자의 의견에 동의', '칭찬하기' 네 가지로 분석할 수 있었다.[8] 이를 정리한 표는 다음과 같다.

토론 대회 답변에서의 적극적 공손 전략	
화 · 청자의 공감대 강조	공통 관심사, 공통 가치 환기
동질그룹 표시어 사용	화자와 청자 간의 협력 관계 강조, 호칭어
청자의 의견에 동의	동의 표현, 부분적 동의
칭찬하기	청자의 능력 인정, 형식적 인사

〈표4〉 토론 대회 답변에서의 적극적 공손 전략

답변과 달리 답변 요구는 주로 요청 화행으로 이루어지는 양상을 보였다. 그 예로, 아래의 답변 요구문은 진술문의 형태를 갖지만 해당 진술문이 요청 화행[9]을 수행하고 있다고 파악이 가능하다.

8) 장문예, 「요청과 거절 화행을 중심으로 본 공손 전략 연구」, 충남대학교 석사학위논문, 2018, 17-18쪽.

9) 토론 대회에서 사용되는 지시화행은 세부적으로는 요청화행에 해당한다. 토론자가 상대 진영 토론자에게 답변을 수행하기를 바랄 때에, 상대 진영 토론자는 선택의 여지없이 답변을 해야만 하는 의무가 있다고 여겨지지만 실제로는 그렇지 않다. 토론자들의 궁극적인 목적은 대회에서 승리하는 것이기 때문에 상대가 요구한 답변을 하는 것보다 자신의 기존 주장에 새로운 근거를 들어 강화하거나, 역으로 상대에게 답변을 요구하는 것이 점수 확보에 더 유리하다고 판단되는 경우 토론자들은 답변을 하지 않기를 선택한다. 따라서 화자가 요구한 행위의 수행에 대한 결정권이 청자에게 달려있다고 판단하였다.

<table>
<tr><th colspan="3">답변 요구문 예시</th></tr>
<tr><td rowspan="2">남1(찬) : 이 부분에 대해서
답변을 듣고 싶습니다.
〈2022 고등부 결승〉</td><td>의도된 의미</td><td>답변을 하라</td></tr>
<tr><td>글자대로의 의미</td><td>답변을 듣고 싶다</td></tr>
</table>

〈표5〉 답변 요구문 예시

이에 따라 답변 요구에서 사용된 소극적 공손 전략은 Brown & Levinson(1987)이 제시한 '소극적 공손 전략'의 세부 책략을 바탕으로 파악하되, 답변 요구가 요청 화행으로 이루어진다는 점을 고려하여 요청 화행을 대상으로 공손 전략을 분석한 전정미(2007)의 연구를 참고하였고, '간접 화행'과 '부탁하기'로 분석하였다.[10] 표5의 답변 요구문 예시 역시 간접 화행에 해당하며, Searle(1975), Leech(2002) 등에서 간접화행을 사용하는 주된 동기는 공손함이라고 주장되어 왔다.[11] 간접 화행은 간접적 언표내적 힘의 작용으로 그 의미를 의도된 의미와 글자대로의 의미로 나눌 수 있다.[12] 따라서 위 답변 요구문은 '답변을 듣고 싶다'는 사실을 진술하는 것이 아닌 답변을 하라는 요청 화행의 일종으로 파악할 수 있다. 토론 대회 답변 요구는 다음 표와 같은 소극적 공손 전략을 바탕으로 분석하였다고 정리할 수 있다.

토론 대회 '답변 요구'에서의 소극적 공손 전략	
간접 화행	요청 화행을 진술문의 형태로 수행
부탁하기	요청 화행에 부탁의 형식을 사용

〈표6〉 토론 대회 '답변 요구'에서의 소극적 공손 전략

10) 전정미, 「요청화행에 나타난 공손 전략의 실현 양상」, 『한말연구』, 제21호, 2007, 6쪽.
11) 류팡, 「한국어 간접화행과 공손표현」, 인하대학교 석사학위논문, 2009, 24쪽.
12) 태혜경, 「요청 중심의 간접화행에 관한 연구」, 동아대학교 석사학위논문, 1995, 29쪽.

3. 성별 발화 비율 구성

3.1. 남녀 발언 수 비교

발언 수란, 끊기지 않고 계속 발화한 경우를 뜻한다. 발화 기회가 몇 번 주어졌느냐를 구분한 것이다.

남성 발언 수								
대상	2018		2021		2022		2023	
	남1 (찬)	남2 (반)	남1 (반)	남2 (반)	남1 (찬)	남2 (반)	남1 (찬)	남2 (반)
발언 횟수	9	9	8	4	10	9	6	8

여성 발언 수								
대상	2018		2021		2022		2023	
	여1 (찬)	여2 (반)	여1 (찬)	여2 (찬)	여1 (찬)	여2 (반)	여1 (찬)	여2 (반)
발언 횟수	6	9	5	5	3	12	7	7

〈표7〉 남성 발언 수/여성 발언 수

남성은 평균 7.875회 발언한 것에 비해 여성은 평균 6.75회 발언하였다. 여성이 남성에 비해 발화 기회가 평균 1.125회 덜 주어졌다고 볼 수 있다.

3.2. 남녀 발화 수 비교

발화 수란, 한 발언 안에 포함되는 문장의 수이다.

남성 발화 수								
대상	2018		2021		2022		2023	
	남1 (찬)	남2 (반)	남1 (반)	남2 (반)	남1 (찬)	남2 (반)	남1 (찬)	남2 (반)
발화 횟수	75	90	59	24	72	66	47	69

여성 발화 수								
대상	2018		2021		2022		2023	
	여1 (찬)	여2 (반)	여1 (찬)	여2 (찬)	여1 (찬)	여2 (반)	여1 (찬)	여2 (반)
발화 횟수	36	59	37	62	10	41	93	32

〈표8〉 남성 발화 수/여성 발화 수

남성은 평균 62.75회 발화한 것에 비해 여성은 평균 46.25회 발언하였다. 여성이 남성에 비해 발화를 평균 16.5회 덜 하였다고 볼 수 있다.

3.3. 남녀 답변 횟수 비교

다음으로, 발화에서 답변하는 문장이 몇 회 등장하였는지 분석해 보았다.

남성 답변 수								
대상	2018		2021		2022		2023	
	남1 (찬)	남2 (반)	남1 (반)	남2 (반)	남1 (찬)	남2 (반)	남1 (찬)	남2 (반)
답변 횟수	69	86	48	19	59	64	34	63

여성 답변 수								
대상	2018		2021		2022		2023	
	여1 (찬)	여2 (반)	여1 (찬)	여2 (찬)	여1 (찬)	여2 (반)	여1 (찬)	여2 (반)
답변 횟수	34	54	35	61	10	38	90	30

〈표9〉 남성 답변 수/여성 답변 수

남성은 평균 55.25회 답변한 것에 비해 여성은 평균 44회 답변하였다. 여성이 남성에 비해 답변을 평균 11.25회 덜 하였다고 볼 수 있다.

3.4. 남녀 답변 요구 횟수 비교

다음으로, 발화에서 답변을 요구하는 문장이 몇 회 등장하였는지 분석해 보았다.

남성 답변 요구 수								
대상	2018		2021		2022		2023	
	남1 (찬)	남2 (반)	남1 (반)	남2 (반)	남1 (찬)	남2 (반)	남1 (찬)	남2 (반)
답변 요구 횟수	6	4	11	5	13	2	13	6

여성 답변 요구 수								
대상	2018		2021		2022		2023	
	여1 (찬)	여2 (반)	여1 (찬)	여2 (찬)	여1 (찬)	여2 (반)	여1 (찬)	여2 (반)
답변 요구 횟수	2	5	2	1	-	3	3	2

〈표10〉 남성 답변 요구 수/여성 답변 요구 수

남성은 평균 7.5회 답변을 요구한 것에 비해 여성은 평균 2.25회 답변을 요구하였다. 여성이 남성에 비해 답변 요구를 평균 5.25회 덜 하였다고 볼 수 있다.[13)]

4. 답변에서의 적극적 공손 전략 사용 양상

4.1. 답변 중 적극적 공손 전략 사용 비율

적극적 공손 전략 사용 비율 (남성)								
대상	2018 남1 (찬)	2018 남2 (반)	2021 남1 (반)	2021 남2 (반)	2022 남1 (찬)	2022 남2 (반)	2023 남1 (찬)	2023 남2 (반)
사용 횟수/ 답변 횟수	9/69 (0.13)	2/86 (0.02)	1/48 (0.02)	-/19 -	4/59 (0.06)	11/64 (0.17)	1/34 (0.02)	6/63 (0.09)

〈표11〉 적극적 공손 전략 사용 비율 (남성)

답변 횟수 중 적극적 공손 전략 사용 비율을 확인한 결과 남성의 적극적 공손 전략 사용 비율은 소수점 둘째 자리까지 계산했을 때 전원 0.2 미만이었다. 답변에 적극적 공손 전략을 적극적으로 사용하고 있지는 않는 것으로 드러났다.

13) 이러한 현상이 한 팀 내에서 남녀 토론자가 각각 답변자, 답변 요구자로 역할을 분배하여, 여성 토론자가 답변자의 역할을 맡았기 때문에 발생한 현상이라고 볼 수도 있겠지만 2021년의 경우에는 남성과 여성이 동성 2명으로 한 팀이 되어 토론에 참여하였는데도 불구하고 여성의 답변 요구 횟수가 현격히 적었다. 또한, 답변 횟수 역시 여성이 남성에 비해 적었다는 점을 고려해 볼 때, 여성의 답변 요구 횟수 저조가 역할 분배로 인해 발생하였다고 결론짓기는 어렵다.

적극적 공손 전략 사용 비율 (여성)								
대상	2018 여1 (찬)	2018 여2 (반)	2021 여1 (찬)	2021 여2 (찬)	2022 여1 (찬)	2022 여2 (반)	2023 여1 (찬)	2023 여2 (반)
사용 횟수/ 답변 횟수	7/34 (0.2)	1/54 (0.01)	-/35 -	1/61 (0.01)	2/10 (0.2)	1/38 (0.02)	3/90 (0.03)	2/30 (0.06)

〈표12〉 적극적 공손 전략 사용 비율 (여성)

소수점 둘째 자리까지 계산했을 때 여성의 적극적 공손 전략 사용 비율은 다음과 같았다. 여성의 답변 횟수가 남성에 비해 적었음을 고려하면 남성에 비해 높은 적극적 공손 전략 사용 수치를 보이는 사례가 2018 여1(찬), 2022 여1(찬)로 2회 관측되었다.

4.2. 분석 내용

해당 절에서는 토론 대회 상황에서 토론자들의 '답변'과 '답변 요구' 발화 중 '답변'을 대상으로 적극적 공손 전략의 실현 양상을 살펴볼 것이다. 분석 시에는 여성 발화자의 사례와 남성 발화자의 사례를 나누어 제시하며, 토론 대회 상황에서의 태도를 발화자의 성별을 기준으로 비교해보고자 한다.

4.2.1. 화 · 청자의 공감대 강조

'화 · 청자의 공감대 강조'는 화자가 청자와의 공통 관심사 또는 공통의 가치를 환기함으로써 유대감을 형성하고자 하는 전략이다. 해당 유형의 전략은 4개년의 토론 대회에서 여성 토론자는 한 번도 사용하지 않았으며, 남성 토론자만 총 34회의 '적극적 공손 전략 사용 답변' 발화 중 총 7회 사용하였다. 또한 해당 유형의 전략은 찬성 측과 반대 측을 특정한 공감대 형성의 방식으로 표현되는 양상을 보였다.

(1)

가. 남1(찬) : 우선 교육 정책의 당사자가 누구냐라고 여쭤본다면 당연히 찬성 반대할 거 없이 학생이라고 대답할 것입니다. 이 과정에서 저희는 본인이 역량을 가장 크게 받고 본인이 가장 크게 영향을 받을 이 교육정책에서 학생이 참여한다는 그 과정 자체가 매우 중요한 것이라 생각합니다. 〈2022 고등부 결승〉

나. 남2(반) : 저희 반대 측과 찬성 측께서는 모두 선거 문화의 공정한 정착이라는 목표 공유하는 것 같습니다. 그런데 찬성 측도 동의하시다시피 이런 건강한 문화를 정착시키기 위해서는 그런 여론조사가 문제가 없어야 합니다. 〈2023 대학부 결승〉

위 두 가지 사례는 모두 '찬성' 측 또는 '반대' 측을 언급하면서 의견 대립 상황에 있는 두 팀이 함께 공유하는 사실이나, 모두 동의하는 사실을 환기하고 있다. 이는 뒤에 이어지는 자신의 주장의 타당성에 힘을 싣는다. 또한 적극적 공손 전략으로써, 찬성 측과 반대 측이 단순히 적대적인 갈등 관계에 놓인 것이 아니라, 논제에 대한 합리적인 방안을 고안하고자 하는 목적을 공유하고 있다는 사실을 환기한다. 따라서 이어지는 주장의 체면위협정도를 낮춘다.

4.2.2. 동질그룹 표시어 사용

'동질그룹 표시어 사용'은 토론 대회 상황에서 토론자가 '우리, 혹은 '저희'라는 호칭어를 사용함으로써 화자와 청자 간의 협력 관계를 강조하는 전략이다. 해당 유형의 전략은 여성 토론자가 총 17회의 '적극적 공손 전략 사용 답변' 발화 중 총 2회, 남성 토론자가 총 34회의 '적극적 공손 전략 사용 답변' 발화 중 총 11회 사용한 것으로 나타났다.

(2)

가. 여1(찬) : 네 맞습니다. 제가 답변 드리겠습니다. 국가는 정책을 새로 만드는 과정에서 당연히 국민들의 의견 크게 반영해야 합니다. 하지만 때로는 우리 국가가 주도하는, 만드는 제도가 우리 국민들의 의식을 이끌어올 수도 있죠. 〈2018 대학부 결승〉

나. 남1(찬) : 그런데 그것을 비교 선상에서 한국도 그렇다면 그런 교육을 통해서 충분히 해결할 수 있다, 저는 그런 교육 필요하다고 생각합니다. 하지만 저희가 가지고 있는 그 국민권에 대한 의식과 그들이 가지고 있는 의식이 다르기 때문에 저는 분명 의식이 제도를 바꿀 수도 있지만 제도가 오히려 의식을 견인해서 제도와 의식이 함께 병행될 수 있는 시스템이 가능하다고 말씀을 드리는 것이었습니다. 〈2018 대학부 결승〉

(2-가)의 여성은 각각 "우리 국가", "우리 국민들"을 언급하면서 현재 자신이 주장하고 있는 내용이 특정 집단에 한정된 것이 아니라, "우리"

라고 칭할 수 있는 보다 포괄적인 집단에 적용하여 일반화 가능한 내용이라는 것을 드러내고 있다. 이를 통해 화자와 청자 간에 있던 '찬성'과 '반대'라는 경계를 흐리고, 더 큰 범주에 함께 소속되어 협력하는 관계에 있다는 느낌을 줄 수 있는 것이다.

(2-나) 남성의 경우, "저희"는 대한민국의 국민을 지칭하는 것이고, "그들"은 앞선 대화에서 언급한 덴마크와 스웨덴 등의 타국 국민을 지칭하는 것이다. 따라서 모두 대한민국의 국민인 화자와 청자는 해당 발화를 통해 동질그룹인 "저희"에 속하게 되며, 이를 통해 협력 관계가 강조된다.

4.2.3. 청자의 의견에 동의

'청자의 의견에 동의'는 토론 대회 상황에서 토론자가 상대측의 주장을 '인정'하거나, 이에 '공감'하면서 화 · 청자 간의 유대감을 형성하는 전략이다. 또한 상대 진영의 토론자를 설득시켜야 하는 토론 대회 상황의 특성상, 청자의 의견의 일부 혹은 전체를 화자가 동의하는 발화를 하는 것은 상대방의 능력을 인정하는 답변 전략을 사용한 것으로 볼 수 있다. 이때 해당 동의 표현이 청자의 의견에 대한 화자의 진실된 수용을 의미한다기보다는, 토론 대회라는 특수한 상황 속에서 상대방의 체면 손상 위협 정도를 완화하고자 하는 목적으로 전략적 동의 표현을 활용한 것으로 판단하였다.

본 전략은 여성 토론자가 총 17회의 '적극적 공손 전략 사용 답변' 발화 중 총 14회, 남성 토론자가 총 34회의 '적극적 공손 전략 사용 답변' 발화 중 총 14회 사용한 것으로 나타났다. 따라서 여성 토론자의 답변 발화에 사용된 적극적 공손 전략 중 대다수가 해당 전략임에 주목해볼 수 있다.

(3)

가. 여1(찬) : 그리고 반대 측에서는 여론조사 선거 직전에 여론조사 결과가 잘못 발표되었을 때 이를 어떻게 정정할 수 있냐라고 말씀을 해 주셨습니다. 네 맞습니다. 하지만 정정은 어떻게 이루어집니까? 정정은 팩트 체크를 통해서 이루어집니다. 정정은 단순히 그 정보, 잘못된 정보에 대한 삭제가 아니라 그것이 어떤 정보가 맞는지 올바른 정보의 공표를 통해서 이루어질 수 있는 것입니다. 그렇기 때문에 오히려 저희 찬성 측에서 주장하는 바가 정보의 정정에 조금 더 가까워질 수 있는 방안이라고 생각을 합니다. 〈2023 대학부 결승〉

나. 남2(반) : 저희 반대 측은 찬성 측의 주장이 매우 타당하다고 생각합니다. 단, 여론조사가 아무런 문제가 없는 것이라면 가능하겠죠. 〈2023 대학부 결승〉

(3)에서 볼 수 있듯, '청자의 의견에 동의' 표현은 "상대방의 의견을 반박하기에 앞서 상대방의 의견에 대해 긍정적인 평가를 하는 것"[14]이다. 이는 화자가 청자의 의견에 진실로 동의하여 나타는 발화일 수도 있고, 혹은 청자의 체면 손상 위협을 낮추기 위한 형식적 동의 표현일 수도 있다. (3-가)에서 여성 발화자는 반대 측에서 제시한 "여론 조사 결과의

14) 아야 · 이혜용, 「TV 쟁점 토론에서 나타난 공손성과 불손성 전략」, 『어화어문논집』, 제60권, 이화어문학회, 2023, 258쪽.

정정의 어려움"에 대해 "네 맞습니다."라며 상대방의 의견에 동의하는 표현을 사용했으나, "하지만"으로 시작되는 발화에서는 오히려 자신들이 주장하는 "여론조사 공표의 상시 허용"이 정정을 용이하게 만든다고 진술하고 있다. 따라서 발화자는 상대의 의견에 진실로 동의하였다기보다는, 상대방의 의견을 반박하기 전에 해당 적극적 공손 전략을 사용함으로써 체면 위협 정도를 완화하고자 한 것으로 볼 수 있다.

(3-나)에서는 "매우 타당하다고 생각합니다."라는 강력한 동의의 표현을 사용하였다는 점이 특징적이다. 하지만 해당 발화에서도 마찬가지로 뒤에 조건문이 오면서, 앞에 있는 동의의 표현은 해당 조건이 충족될 때에 진실성을 가질 수 있게 된다. 따라서 이어지는 조건을 충족하지 못하는 현재 시점에서 화자의 동의 표현은 전략적인 형식적 동의 표현이라고 볼 수 있다.

4.2.4. 칭찬하기

'칭찬하기'는 화자가 청자의 능력을 인정하는 표현으로, 화자와 청자 간의 거리감을 좁힘으로써 공손성을 실현할 수 있는 전략이다. 해당 유형 또한 앞서 살펴본 '청자의 의견에 동의' 유형과 같이, 진실된 표현일 수도 있으나, 발화자들이 자신의 승리를 목적으로 주장을 하며 의견이 대립하는 상황임을 고려할 때에 형식적인 인사로써 활용되었을 가능성이 높다.

해당 유형의 전략은 여성 토론자가 총 17회의 '적극적 공손 전략 사용 답변' 발화 중 총 1회, 남성 토론자가 총 34회의 '적극적 공손 전략 사용 답변' 발화 중 총 2회 사용한 것으로 나타났다. 이는 남녀의 사용 횟수를 합산했을 때, 적극적 공손 전략 유형 중 가장 낮은 빈도로 사용된 유형임을 알 수 있다.

(4)

가. 여1(찬) : 네 우선 반대 측 입론 잘 들었습니다. 〈2023 대학부 결승〉

나. 남2(반) : 먼저 찬성 측 입론 잘 들었습니다. 〈2023 대학부 결승〉

위 두 사례에서는 모두 "잘 들었습니다"라는 표현을 사용하여 상대측의 입론에 대해 칭찬하는 모습을 보이고 있다. 발화자들은 칭찬 이후 자신들의 답변 혹은 답변 요구를 이어 간다. 또한 각각 "우선"과 "먼저"라는 표현을 함께 사용하며 발화하는 것으로 보아, 자신의 주장을 정식으로 펼치기 이전에 형식적으로 표하는 칭찬 표현이라고 볼 수 있다.

5. 답변 요구에서의 소극적 공손 전략 사용 양상

5.1. 답변 요구 중 소극적 공손 전략 사용 비율

소극적 공손 전략 사용 비율 (남성)								
대상	2018 남1 (찬)	2018 남2 (반)	2021 남1 (반)	2021 남2 (반)	2022 남1 (찬)	2022 남2 (반)	2023 남1 (찬)	2023 남2 (반)
사용 횟수/ 답변 요구 횟수	5/6 (0.8)	3/4 (0.7)	7/11 (0.6)	3/5 (0.6)	11/13 (0.8)	-/2 -	13/13 (1)	5/6 (0.8)

〈표13〉 소극적 공손 전략 사용 비율 (남성)

답변 요구 횟수 중 소극적 공손 전략 사용 비율을 확인한 결과 남성의 소극적 공손 전략 사용 비율은 소수점 첫째 자리까지 계산했을 때 한 명을 제외하면 모두 0.6 이상이었다. 소극적 공손 전략을 적극적으로 사용하고 있는 것으로 드러났다.

소극적 공손 전략 사용 비율 (여성)								
대상	2018 여1 (찬)	2018 여2 (반)	2021 여1 (찬)	2021 여2 (찬)	2022 여1 (찬)	2022 여2 (반)	2023 여1 (찬)	2023 여2 (반)
사용 횟수/ 답변 요구 횟수	1/2 (0.5)	3/5 (0.6)	2/2 (1)	-/1 -	-/- -	1/3 (0.3)	2/3 (0.6)	2/2 (1)

〈표14〉 소극적 공손 전략 사용 비율 (여성)

소수점 첫째 자리까지 계산했을 때 여성의 소극적 공손 전략 사용 비율은 다음과 같았다. 두 명을 제외한 전원이 0.3 이상의 수치를 보였으며 모든 답변 요구에 소극적 공손 전략을 사용한 여성이 2명 있었다. 여성의 답변 요구 횟수가 남성에 비해 적었음을 고려하면 높은 사용 수치를 보였다.

5.2. 분석 내용

해당 절에서는 토론 대회 상황에서 토론자들의 '답변'과 '답변 요구' 발화 중 '답변 요구'를 대상으로 소극적 공손 전략의 실현 양상을 살펴볼 것이다. 분석 시에는 여성 발화자의 사례와 남성 발화자의 사례를 나누어 제시하며, 토론 대회 상황에서의 태도를 발화자의 성별을 기준으로 비교해 보고자 한다.

5.2.1. 간접 표현

해당 유형의 전략은 토론 대회 영상 전반에서 두 명의 여성 토론자와 한 명의 남성 토론자를 제외하면 전부 사용하였다. 여성 토론자가 총 8회, 남성 토론자가 총 33회 사용하였다. 해당 유형의 전략은 세부적으로 궁금증 표현, 바람 표현, 답변을 요구했음을 상기시키기, 총 세 가지의 양상을 보였다.

(5)

가. 여1(찬) : 따라서 의무 투표를 도입해서 투표율을 획기적으로 재고하지 않는다면 반대 측은 어떻게 우리나라의 모든 국민들의 의사를 정치에 반영할 수 있다고 생각하시는지 궁금한데요. 〈2018 대학부 결승〉

나. 남1(반) : 우선 참정권의 확대는 기본권의 제한으로서 기본적으로 능력주의가 가미되어야 함을 그렇기 때문에 능력과 관계없이라는 말은 현재 상황과 맞지 않는 것임을 명확히 밝히며 찬성 측에서는 대통령 피선거권 인하의 구체적인 방안을 어떻게 생각하시는지 궁금합니다. 〈2021 대학부 결승〉

위 두 가지 사례는 모두 궁금증 표현으로, 자신의 궁금증을 진술하며 상대로 하여금 해당 지점에 대한 답변을 요구하고 있다. 사례 가의 경우 '의무 투표를 도입하지 않고 모든 국민의 의사를 정치에 반영할 방법'을, 사례 나의 경우 '대통령 피선거권 인하의 구체적인 방안'을 묻는다. 이는 답변을 그대로 요청하였을 때에 비해 체면위협정도를 낮춘다고 할 수 있다.

(6)

가. 여1(찬) : 하지만 저희 측은 과연 이것이 부당하게 어떤 층을 차별하고 있는 법이라면 왜 그것을 법을 개정하면 안 되는지에 대해서 오히려 여쭤보고 싶은 것이요. 〈2021 대학부 결승〉

나. 남1(찬) : 이렇게 두 가지 선거가 다 명백히 나름에도 불구하고 왜 법의 안정성이 약화된다고 생각하시는지에 대해서 여쭤보고 싶습니다. 〈2022 고등부 결승〉

위 두 가지 사례는 모두 바람 표현으로, 자신의 바람을 진술하며 상대로 하여금 해당 지점에 대한 답변을 요구하고 있다. 사례 다의 경우 '법을 개정하면 안 되는 이유'를, 사례 라의 경우 '법의 안정성이 약화된다고 생각하는 이유'를 묻는다. 이는 답변을 그대로 요청하였을 때에 비해 체면위협정도를 낮춘다고 할 수 있다.

(7)

가. 남1(찬) : 이 부분에 대한 답변은 아직까지 듣지 못한 것 같습니다. 〈2022 고등부 결승〉

나. 남2(반) : 밴드웨건 때문에 저렇게 나온 것이다 내지는 언더독 때문에 저렇게 나온 것이다라는 끊임없는 정쟁을 어떻게 해결해야 되는지에 대해 답변해 주지 않고 계십니다. 〈2023 대학부 결승〉

위 두 가지 사례는 답변을 요구했음을 상기시키기 전략에 해당하며,

모두 상대에게 이전에 요구했던 답변을 아직 듣지 못한 상태에서 이루어지는 발화이다. 다시 한 번 직접적으로 답변을 요구하는 것이 아니라, 아직 답변이 이루어지지 못했음을 상기시키는 방식을 사용하고 있다. 이는 답변을 그대로 반복적으로 요청하였을 때에 비해 체면위협정도를 낮춘다고 할 수 있다. 본 표현은 남성 토론자만이 사용하였다.

5.2.2. 부탁하기

해당 유형의 전략은 토론 대회 영상 전반에서 세 명의 여성 토론자와 다섯 명의 남성 토론자가 사용하였다. 여성 토론자가 총 3회, 남성 토론자가 총 16회 사용하였다. '부탁'이라는 단어를 사용하여 명확한 부탁의 의도를 드러내고 있는 경우만 포함하였으며, 선행 문장에 해당 단어가 포함되지 않더라도 뒤이어 오는 문장에 부탁하기 전략이 사용되는 경우 체면위협정도를 완화하는 것으로 보고 묶어 제시하기로 한다.

(8)

가. 여1(찬) : 저희는 그러면 오히려 또 다르게 여쭤보고 싶은 것이 그렇다면 청년들은 이러한 정치적인 말을 충분히 할 수 있는 국회의원의 연령임에도 불구하고 대통령의 기회조차 갖지 못하는 것이 맞냐 또는 그렇다면 만약 국회의원의 연령을 다른 해외 사례처럼 하락시킨다면 대통령 연령 하향도 같이 가져갈 수 있는 것이냐에 대해서 답변 부탁드립니다. 〈2021 대학부 결승〉

나. 남1(찬) : 또한 금지 기간 내에 말씀드린 이른바 가짜 뉴스라든지 혹은 가짜 여론조사가 공표되었을 때 반대 측에서는 이에 대해서 어떻게 시정할 수 있습니까? 이를 어떻게 실

행할 수 있는지 질문 답변 부탁드리겠습니다. 〈2023 대학부 결승〉

위 두 가지 사례는 체면위협에 해당하는 답변 요구를 부탁의 형식으로 제안하여 체면위협정도를 낮추고 있다. (8-가)를 보면 알 수 있듯 부탁하기 전략은 단독으로 사용되지 않고 다른 전략과 함께 사용되는 모습도 관찰할 수 있었다. 즉, "여쭤보고 싶은 것"이라는 말을 통해 간접 표현 중 바람 표현을 더불어 답변 요구에 사용하고 있다. (8-나)의 경우는 부탁하기 전략이 단독으로 사용된 경우이다. 첫 번째 문장인 "또한 금지 기간 내에 말씀드린 이른바 가짜 뉴스라든지 혹은 가짜 여론조사가 공표되었을 때 반대 측에서는 이에 대해서 어떻게 시정할 수 있습니까?"만 제시하고 발언을 종료할 수도 있었으나, 뒤에 부탁하기 전략을 사용함으로써 답변 요구의 강도를 낮추었다.

6. 결론

본고에서는 남녀 성차에 따른 공손성 사용 양상을 살펴보기 위해 남녀의 사회 · 경제적 지위와 남녀의 관계, 발화를 통해 전달할 내용에 관한 의도를 통일할 수 있는 "대한민국 열린 토론대회" 결승 영상을 연구 대상으로 삼아 발화의 공손 전략 양상을 분석하였다. 2018년부터 2024년까지의 해당 대회 결승전 영상 중 토론자의 성비가 1:1로 맞는 4개의 영상에서 텍스트를 추출하고 전수조사하였다. 분석에 앞서 Brown & Levinson(1987) 의 공손성 이론이 제시하는 적극적 공손 전략과 소극적 공손 전략의 세부 책략을 검토하였고, 소극적 공손 전략에 속하는 간접

화행에 있어서는 Searle(1980)의 화행 구분을 중점으로 검토하였다. 이를 바탕으로 토론자들의 발화를 '답변'과 '답변 요구', 두 가지로 나누어 각각 적극적 공손 전략과 소극적 공손 전략의 활용 양상을 분석하였다.

분석 결과 남녀 모두 답변에서의 적극적 공손 전략 사용량에 비해 답변 요구에서의 소극적 공손 전략 사용량이 더 많았으며, 답변과 답변 요구 모두에서 남성 토론자가 여성 토론자보다 발화 횟수와 공손 전략 사용 횟수가 많다는 사실을 파악할 수 있었다. 발화 횟수를 고려했을 때 공손 전략 사용 횟수에서는 성차를 발견하지 못했으나, 성별에 따른 공손 전략 채택 양상에 차이가 있었다. 답변에서는 적극적 공손 전략 중 화 · 청자의 공감대 강조 전략은 남성 토론자만 사용하였으며, 청자의 의견에 동의 전략은 여성 토론자가 남성 토론자와 동일한 횟수로 사용하였다. 반면 답변 요구에서는 답변에서 드러난 것과 같은 가시적인 공손 전략 채택 양상의 차이가 나타나지 않았다.

본고는 동일한 학력을 지닌 경쟁 관계에 놓여 있는 발화 상대와의 사이에서 대회에서 승리하는 것을 목적으로 두고 발화하는 토론 대회 상황에서 남녀의 공손 전략 활용 양상을 분석함으로써, 남녀의 성차를 제외한 요인들을 통제시킨 결과를 도출해냈다는 점에서 의의가 있다. 따라서 해당 연구에서 드러난 남성과 여성의 공손 전략 활용 양상의 차이는 남녀의 성차에서 기인한 것으로 해석할 수 있을 것이나, 공손 전략 활용 횟수에서는 성차를 발견할 수 없었다. 이는 전수조사를 통해 남성과 여성의 적극적 · 소극적 공손 전략의 사용 비율, 각 세부 유형의 사용 비율과 같은 양적 수치를 비교하는 데에 중점을 두었기 때문으로, 여성이 남성에 비해 발화 횟수가 적어 발화 양상의 다양성 측면에서 남녀의 발화를 같은 수준으로 분석하기에는 어려움이 있었다.

여성의 발화 횟수가 남성에 비해 적은 원인을 경쟁 상황에서 여성이 체면위협행위를 미수행하기를 의도했다는 것으로 해석한다면, 적극적 · 소극적 공손 전략의 사용 빈도를 곧 상대를 향한 체면위협행위를 수행하는 빈도로 간주되어 여성이 남성보다 언어적 공격성이 낮다고 파악할 수도 있을 것이다. 본고에서 주목할 점은 공손 전략의 세부 전략 채택에서 드러나는 남녀의 차이였다. 이를 성차로 해석할지 개인의 역량이나 성향을 요인으로 해석할지에 대한 논의가 필요할 것이다. 따라서 후속 연구에서는 앞서 언급한 해당 연구의 한계점들을 보완하는 방식으로 연구가 이루어질 수 있기를 바란다.

가수의 성별에 따른 공연 멘트의 공손 전략 분석

-2025년 개최된 공연을 중심으로 -

장은우

1. 서론

공연 중 가수들은 노래만 부르는 것이 아니라, 멘트를 통해 관객과 소통한다. 멘트의 사전적 의미는 "방송이나 예식 등에서 진행자나 사회자가 상황에 맞게 하는 말"[1]이다. 본 고에서는 공연 중 가수가 관객을 대상으로 하는 발화를 멘트로 칭하겠다. 멘트는 공연의 흐름을 잇고, 관객의 호응을 유도하여 공연의 분위기를 형성하는 역할을 한다. 공연 멘트에서는 관객들에게 특정 행동을 요청하는 발화가 빈번하게 나타난다. 요청 화행이란 화자가 청자가 할 수 있다고 믿는 행위를 청자에게 요구하는 발화행위이다. 노래 부르기, 소리 지르기 등을 관객에게 요구하는 가수의 멘트 화행은 요청 화행으로 볼 수 있다. 요청 화행은 상대방의 자

---

1) 검색어 「멘트」, 『고려대 한국어대사전』, https://ko.dict.naver.com/#/entry/koko/bb7f7911b0b5409580c84f4f4cef0f7d, 접속일 2025.06.21.

율성을 제한할 수 있기에 공손성이 중요하게 작용한다. 공연이라는 특수한 상황에서 가수는 요청 화행을 할 때 공손 전략을 적극적으로 활용할 것이다. 따라서 본 고에서는 가수의 공연 멘트 중 요청 화행을 중점적으로 공손 전략을 분석하고자 한다.

본 연구에서는 공연 멘트의 공손 전략 사용 양상에 성차가 존재하는지, 있다면 어떠한 양상으로 나타나는지를 분석하고자 한다. 본 연구를 통해 가수의 성별에 따라 요구되거나 형성된 공적 이미지와 젠더 수행성까지 다룰 수 있을 것으로 기대된다.

2. 선행연구 정리와 연구의 방법

공연에서의 화행을 다룬 기존의 연구로는 연극의 대사를 화용론적으로 접근한 사례들이 있다. 최정근(2018)은 오스틴의 화행론과 라반의 에포트를 기반으로 연극에서의 무대 언어와 움직임이 야기하는 극적 상황에 대하여 논의하였다.[2] 장영지(2022)는 연극 대사의 의미와 효과에 대해 다룬 바 있다.[3] 그러나 화용론보다는 인지 이론 및 뇌과학을 기반으로 분석하였다. 또, 대사의 화용 전략보다는 배우의 신체 행위의 영향을 중심에 둔 연구이므로 본 고의 연구 방향과는 거리가 있다. 오민정(2023)은 판소리 사설을 오스틴과 Seral의 화행론적 시각에서 다루었다[4]. 판소리가 연행될 때 대사의 발화수반행위를 진술행위, 지시행위,

2) 최정근, 「'배반적 발화효과행위'와 극적 상황 – 무대 언어 및 움직임 야기하는 극적 상황에 대한 연구-」, 『예술과 과학기술』, 43호, 2018.

3) 장영지, 「관객의 몸-마음에 호소하는 An Oak Tree의 대사 전략」, 『현대영미드라마』, 제35권, 2022.

4) 오민정, 「판소리 동초제 〈심청가〉 사설의 화행론적 분석」, 고려대학교 박사학위논문,

표출행위, 언약행위, 선언행위로 나누어 빈도를 살펴본 결과, 가장 많이 사용된 발화수반행위의 유형은 각 대목별로 다양하게 나타났다. 이는 판소리 구현에 있어 창자 발화행위의 특징을 도출해 냈다는 점에서 의의가 있다. 그러나 대중음악 공연 중 가수의 멘트에 대한 화용론적 접근이 이루어진 사례는 찾을 수 없었다.

공연 중에는 가수가 관객들의 호응을 이끌어내기 위해 소리 지르기, 뛰기, 노래 따라 부르기 등을 요청하는 경우가 많다. 가수의 멘트에는 관객에게 특정 행동을 요청하는 발화가 주로 나타난다는 것이다. 가수들은 멘트를 말할 때 공손 전략을 다양하게 활용한다. 이러한 멘트에서 활용되는 공손 전략을 Brown & Levinson의 FTA 이론을 기반으로 분석하여, 적극적 공손 전략, 소극적 공손 전략, 암시적 공손 전략, 명시적 표현 4가지로 화행을 분류해 통계를 냈다.

최윤정(2015)에 따르면, 남성의 경우 반대 의사를 표명하거나 요구사항이 있을 때 직접적으로 표현하는 반면 여성의 경우에는 동일한 상황에서 남성에 비해 간접적인 체면 위협의 성향을 보여주었다고 한다. 이를 참고하여 통계에 대한 가설을 아래와 같이 세워보았다.

> [가설 1] 여성 가수는 남성 가수보다 명시적 표현 사용을 꺼릴 것이다.
> [가설 2] 여성 가수는 남성 가수보다 소극적 공손 전략을 많이 사용할 것이다.

연구 대상은 2025년 개최된 공연 중에서도 페스티벌에서의 화행을 대상으로 한다. 가수의 단독 콘서트의 경우 관객층이 특정 성별이 주가

2023.

되는 경우가 많다. 그러나 페스티벌은 하루에 여러 가수가 공연하는 방식으로 진행된다. 페스티벌 무대에서는 가수도 자신의 팬뿐만 아니라 다양한 관객이 있음을 인지하고 공연을 진행한다. 이에 페스티벌 공연 중 가수의 멘트는 청중을 남녀 모두로 상정하고 진행된다고 판단하였다. 따라서 청중의 성별은 따로 분류하지 않을 것이다. 가수의 연령대에 따라 화행의 차이가 발생할 수 있으므로, 가수의 나이대는 20~30대로 한정하였다. 해당 연령대로 한정한 이유는 20~30대 가수가 페스티벌 출연 가수의 대다수인 경우가 많기 때문이다. 2025년 개최된 피크 페스티벌의 경우 출연한 24명의 가수 중 (밴드의 경우 주로 멘트를 담당하는 멤버 기준) 19명이 20~30대였다.

여성과 남성 각각 밴드 2팀, 솔로 가수 2명씩을 선정하였다. 최근에 개최된 페스티벌에 출연한 적이 있는 가수로 선정하였으며, 음악 장르도 최대한 비슷하게 맞추었다. 아래 기재된 정보는 가수명, 나이, 데뷔 연도, 장르 순이다. 솔로 가수가 아닌 밴드의 경우에는, 멘트를 주로 하는 사람을 기준으로 그 한 사람의 화행만 분석하였다. 선정한 가수는 아래와 같다. 정렬 순서는 가나다순이다.

[여성]

(1) 유다빈밴드(밴드) / 만 27세 / 2021년 데뷔 / 록 · 메탈, 인디, 국내 드라마

(2) 윤마치(솔로) / 만 29세 / 2019년 데뷔 / 록 · 메탈, 인디, 포크 · 블루스

(3) 터치드(밴드) / 만 28세 / 2021년 데뷔 / 록 · 메탈, 인디

(4) 한로로(솔로) / 만 24세 / 2022년 데뷔 / 록 · 메탈, 인디

[남성]

(1) 기현(솔로) / 만 31세 / 2022년 데뷔 / 록 · 메탈, 발라드, 댄스

(2) 엔플라잉(밴드) / 만 32세 / 2015년 데뷔 / 록 · 메탈, 국내드라마, 댄스

(3) 원위(밴드) / 만 30세 / 2019년 데뷔 / 록 · 메탈, 발라드, 국내드라마

(4) 하현상(솔로) / 만 26세 / 2018년 데뷔 / 록 · 메탈, 국내드라마, 발라드

장르는 음원 사이트 멜론에 기재된 프로필을 기준으로 작성하였다.[5] 하현상을 제외한 7명은 2025년 5월에 진행된 '피크 페스티벌'에서의 공연의 화행을 분석하였다. 해당 페스티벌을 분석 대상으로 선정한 이유는 필자가 당시 현장에 있었으므로, 화행의 맥락 분석에 이점이 있다고 판단하였기 때문이다. 또한 페스티벌마다 분위기가 다를 수 있기에 최대한 동일한 페스티벌에서 진행된 공연을 분석하고자 하였다. 그러나 피크 페스티벌에서 공연한 가수 중 분석 대상으로 삼을만한 남성 솔로 가수가 없었다. 따라서 피크 페스티벌과 비슷한 시기인 2025년 6월 진행된 '뷰티풀 민트 라이프 페스티벌'에서의 하현상의 화행을 분석하였다. 이처럼 2025년에 진행된 공연을 분석 대상으로 하여 최근 화행 속 공손전략을 분석하고자 하였다.

유튜브에 공연 전체를 담은 영상이 다수 업로드 되어있어, 해당 영상들[6]을 보고 멘트를 전사한 뒤, 화행을 분석하였다.

---

5) 멜론(Melon), https://www.melon.com/, 접속일 2025.06.22.

6) 주로 참고한 영상은 다음과 같다. (잘 들리지 않는 부분이 있는 경우 다른 영상들도 일부 참고하였다.)
유다빈밴드 : https://youtu.be/veHr62GFOOI?si=p5Vxd3ByRPmGxUEz
윤마치 : https://youtu.be/ixgR765vwaQ?si=aHqEAwK6PBkUpFZ7

3. 공연 멘트의 공손 전략 분석

3.1. 여성 가수의 공손 전략

	적극적 공손전략	소극적 공손전략	암시적 공손전략	명시적 표현
유다빈밴드	2	3	1	5
윤마치	7	10	4	12
터치드	2	6	2	6
한로로	3	7	1	9
총합	14	26	8	32

유다빈밴드 : 명시적 표현(42%)〉소극적 공손 전략(27%)〉적극적 공손 전략(18%)〉암시적 공손 전략(9%)

윤마치 : 명시적 표현(36%)〉소극적 공손 전략(30%)〉적극적 공손 전략(21%)〉암시적 공손 전략(12%)

터치드 : 명시적 표현=소극적 공손 전략(38%)〉적극적 공손 전략=암시적 공손 전략(13%)

한로로 : 명시적 표현(45%)〉소극적 공손 전략(35%)〉적극적 공손 전략(15%)〉암시적 공손 전략(5%)

〈표1〉 여성 가수의 공손전략 현황

여성 가수의 경우 모두가 명시적 표현을 가장 많이 사용했다. 터치드

터치드 : https://youtu.be/wQ_6G9Peyac?si=Ei5jyD3SnRXu_oxv
한로로 : https://youtu.be/UePLBkygJfY?si=yefNFXX3pjdMR1Lh
기현 : https://youtu.be/-qVyuzVmzdw?si=iRV8PdJTUgPMzsF2
엔플라잉 : https://youtu.be/iwOm5b0DlFE?si=JTGghSWI1TZSFGvY
원위; https://youtu.be/xzTIteA9Q1g?si=S8ZUL64IzNlGSDxs
하현상 : https://youtu.be/Z3oHb8QyM2w?si=NQnarnAl-CjD8gy2

를 제외한 3명의 가수에서 모두 '명시적 표현-소극적 공손 전략-적극적 공손 전략-암시적 공손 전략'의 순으로 나타나는 경향성을 보인다. 터치드의 경우 명시적 표현과 소극적 공손 전략이, 또한 적극적 공손 전략과 암시적 공손 전략이 각각 같은 빈도로 나타났다.

적극적 공손 전략이 사용된 주요 사례는 다음과 같다.

(1)

가. 우리 여름 동안 어디선가 또 우연히 또 만나요. (유다빈밴드)

나. 대-피크페스티벌에 놀러오신 대-관객 여러분 (윤마치)

다. 여러분이 잘 노니까 사투리 막 절로 나오고 또 신나네요. 진짜로. (한로로)

라. 가자 가자 가자. (터치드)

가에서는 '우리'라는 동일 그룹 표시어를 사용한 적극적 공손 전략이 나타난다. 이처럼 멘트에서 우리나 저희(가수와 관객을 통틀어 지칭)와 같은 동일그룹표시전략이 사용된 예를 찾아 볼 수 있었다. 나에서는 유행어를 사용하여 유대감을 형성하는 적극적 공손 전략이 나타난다. 나에서 쓰인 유행어인 '대'는 클 대(大)자를 의미하며, 높이고자 하는 대상의 앞에 붙이는 방식으로 쓰인다. 본인이 좋아하는 유명인의 이름에 대를 결합하여 호명하는 방식으로 자주 쓰인다. 예를 들자면, 한로로 팬들 사이에서는 한로로를 '대로로'라고 부르는 문화가 있다. 이러한 유행어를 사용함으로써 관객들과 본인이 같은 문화를 공유하고 있음을 나타내 유대감을 형성하고자 하는 의도로 추측된다. 다에서는 청자의 욕구를 충족시키기 위한 인정 화행이 나타난다. 관객의 무대 참여 태도를 칭찬함으로써 호응을 더 이끌어내려는 전략인 것이다. 라에서는 함께 하자는 청유형 문장을 통해 적극적 공손 전략이 실현되고 있다.

소극적 공손 전략은 적절한 거리를 유지하여 그의 권리나 영역을 인정함으로써 상대방을 침해하지 않으려는 공손법이다. 소극적 공손 전략이 사용된 주요 사례는 다음과 같다.

(2)

가. 기분 좋게 들어주시면 감사하겠습니다. (윤마치)

나. 뛸 준비 됐어요? (터치드)

다. 마지막 곡 함께 즐겨주실 수 있나요? (한로로)

가에서는 '~하면 감사하겠다'라는 형식의 문장으로 청자에게 자신의 노래를 기분 좋게 들어달라는 메시지를 강요하지 않는 표현으로 완화하고 있다. 나와 다에서는 의문문이 사용되었다. 명령문이 아닌 의문문을 사용함으로써 상대의 자율적 선택을 부여하는 소극적 공손 전략이 실현되고 있다. 이와 같은 의문문 형식이 멘트에서의 소극적 공손 전략 활용에서 가장 빈번하게 나타났다.

암시적 공손 전략은 말하고자 하는 바를 직접적으로 드러내지 않고 암시적으로 이야기하는 전략이다. 암시적 공손 전략이 사용된 주요 사례는 다음과 같다.

(3)

가. 놀기 딱 좋은 날씨입니다. (유다빈밴드)

나. 돗자리에 앉아 계실 거예요? (터치드)

다. 맨 뒤에 떼창파트 있거든요. (한로로)

가에서는 관객들에게 무대를 즐기며 놀라는 요청을 '놀기 좋은 날씨'라는 말을 통해 암시적으로 하고 있다. 나에서는 돗자리에 앉아 있지 말고 일어나서 무대를 즐기라는 요청을 앉아 있을 거냐고 질문하는 화행을 통해 암시적으로 하고 있다. 다 역시 떼창 파트를 같이 불러달라는 요구를 떼창 파트가 있다는 말을 통해 암시적으로 하고 있다.

공손한 표현을 사용하지 않고 명시적으로 자신의 요청을 지시하는 경우도 있다. 아래와 같은 예시가 그것이다.

(4)
가. 모두 손 머리 위로 박수. (유다빈밴드)
나. 이쪽 소리 질러. (윤마치)
다. 뛰어. (터치드)
라. 한 번 더. (한로로)

가~라의 내용과 같이 명시적 표현이 가장 빈번하게 사용되었다. 특히 '뛰어'나 '소리질러'와 같이 반말을 사용하여 직접적으로 명령하는 표현도 자주 사용되었다.

3.2 남성 가수의 공손 전략

남성 가수는 명시적 전략을 가장 많이 사용하긴 하였지만, 다소 양상이 다양하였다. 엔플라잉은 명시적 표현을 가장 많이 사용하였다. 원위의 경우 명시적 표현을 가장 많이 사용하긴 했으나, 소극적 공손 전략과 그 빈도가 거의 유사하다. 기현과 하현상은 소극적 공손 전략을 가장 많이 사용하였다. 하현상의 경우 전체 멘트에서 요청/지시 화행이 별로 쓰이지 않아 공손 전략이나 명시적 표현이 쓰인 화행의 수가 절대적으로 적거나 없었다.

	적극적 공손전략	소극적 공손전략	암시적 공손전략	명시적 표현
기현	3	18	1	7
엔플라잉	6	10	4	15
원위	5	11	6	12
하현상	1	3	0	0
총합	15	42	11	34

기현 : 소극적 공손 전략(62%)〉명시적 표현(24%)〉적극적 공손 전략(10%)〉암시적 공손 전략(3%)

엔플라잉 : 명시적 표현(43%)〉소극적 공손 전략(29%)〉적극적 공손 전략(17%)〉암시적 공손 전략(11%)

원위 : 명시적 표현(35%)〉소극적 공손 전략(32%)〉암시적 공손 전략(18%)〉적극적 공손 전략(15%)

하현상 : 소극적 공손 전략(75%)〉 적극적 공손 전략(25%)〉명시적 표현=암시적 공손 전략(0%)

〈표2〉 남성 가수의 공손전략 현황

적극적 공손 전략이 나타난 주요 사례는 다음과 같다.

(5)

가. 또 저 말고 다른 가수분들을 보러 온 우리 팬분들도 계실 거 아니에요. (기현)

나. 여러분들 함성 소리 때문에 분위기가 살았습니다. (엔플라잉)

다. 아 오늘 분위기 너무 좋아요. (원위)

가에서는 '우리'라는 동일 그룹 표시어를 사용한 적극적 공손 전략이 나타난다. 특히 자신의 팬이 아닌 다른 가수의 팬을 이야기할 때 '우리'라는 단어를 붙인 점이 특징적이다. '우리'라는 동일 그룹 표시어를 사용하여, 자신의 팬이 아닌 관객과도 유대감을 형성하고 있다고 볼 수 있다. 나와 다와 같이 관객의 태도를 칭찬하여 청자의 욕구를 충족시켜 주는 방식의 적극적 공손 전략도 나타났다.

소극적 공손 전략이 사용된 주요 사례는 다음과 같다.

(6)

가. 여러분 잘 따라 할 수 있죠? (엔플라잉)

나. 소리 질러주시면 감사하겠습니다. (원위)

다. 따라 불러주셨으면, 좋을 것 같은데. (하현상)

가와 같이 의문문을 사용함으로써 소극적 공손 전략을 실현하는 경우가 많았다. 나에서는 '~하면 감사하겠다'는 형식의 문장을 사용하여 소리를 질러달라는 화자의 요청을 소극적 공손 전략을 사용하여 부드럽게 전달하고 있다. 다에서는 '~것 같다'라는 추측의 표현과 '~면 좋다'를 결합한 표현이 사용되었다. 이러한 완곡한 표현을 통해 관객에게 요청하는 발화를 자신의 소망으로 표현하여 완곡하게 전달하는 소극적 공손 전략을 사용하였다.

암시적 공손 전략이 사용된 주요 사례는 다음과 같다.

(7)

가. 내가 봤을 땐 핸드폰 너무 들고 있어. (기현)

나. 다음에 할 곡도 아마 같이 뛰어놀기 좋은 곡입니다. (엔플라잉)

다. 저는 이런 정적을 싫어하는 ESFP라서요. (원위)

가에서는 핸드폰으로 찍는 걸 그만하고 무대를 즐기라는 요청을 핸드폰을 너무 들고 있다는 화행에서 암시적으로 하고 있다. 나에서는 다음에 할 곡에서 같이 뛰어놀자는 요청을 '뛰어놀기 좋은 곡이다'라는 화행 속에서 암시하고 있다. 다에서는 소리를 질러달라는 요청을 '정적을 싫어하는 ESFP다'라는 유머를 섞은 화행을 통해 암시적으로 하고 있다. 이처럼 관객에게 가수가 요청하고 싶은 내용을 암시적 공손 전략을 사용하여 전달하는 경우도 다수 나타났다.

명시적 표현이 나타난 주요 사례는 다음과 같다.

(8)
가. 목으로 대체해 줘. (기현)
나. 손 머리 위로. (엔플라잉)
다. 여러분 함성을 10초 이상 끌어주세요. (원위)

가~다에서 나타나듯 명시적으로 특정 행동을 관객에게 요구하는 화행이 자주 쓰였다. 반말을 사용하여 직접적으로 명령하는 사례도 빈번하게 나타났다.

3.3 공손 전략의 성차 비교 분석

멘트 화행 중 각 공손 전략이 사용된 비율을 성별별로 통계를 내면 다음과 같다.

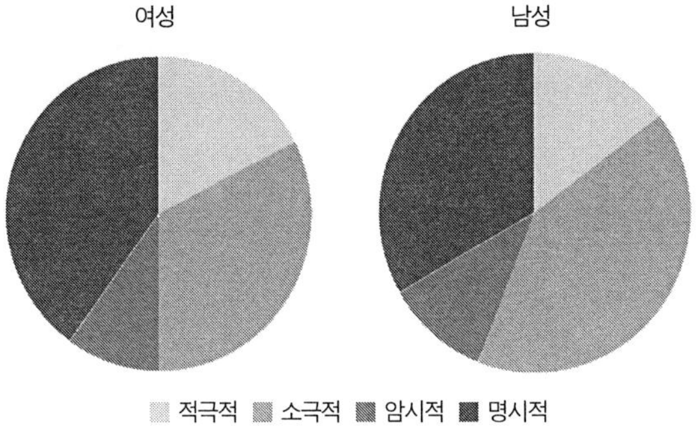

〈표3〉 성별 공손전략의 분포 현황

〈표3〉에서 보이듯 여성의 공손전략은 명시적 표현(40%)〉소극적 공손 전략(33%)〉적극적 공손 전략(17%)〉암시적 공손 전략(10%) 순으로 분포하였고, 남성은 소극적 공손 전략(41%)〉명시적 표현(33%)〉적극적 공손 전략(15%)〉암시적 공손 전략(11%) 순으로 분포하였다.

가장 눈에 띄는 차이점은 여성의 경우 명시적 표현이 40%로 가장 높은 비율을 차지하였지만, 남성의 경우 소극적 공손 전략이 41%로 가장 높은 비율을 차지하였다는 점이다. 적극적 공손 전략과 암시적 공손 전략은 비슷한 비율로 나타났다. 여성 가수가 남성 가수보다 명시적 표현 사용을 꺼릴 것이라는 [가설 1]과 여성 가수가 남성 가수보다 소극적 공손 전략을 많이 사용할 것이라는 [가설 2] 모두 기각되었다. 이러한 결과에 대해 해석을 제시해 보고자 한다.

첫 번째는 멘트 화행의 공손 전략에는 가수의 성별보다는 개인의 성향과 공연하는 노래의 특성이 더 큰 영향을 줄 수 있다는 해석이다. 남성 가수 중 기현과 하현상은 명시적 표현보다 소극적 표현을 훨씬 많이 사용하였다. 기현의 경우 8명의 가수 중 유일하게 아이돌 출신이다. 아이돌 가수의 경우 인디나 밴드 가수보다 언행에 더 많은 제약이 있는 분위기이다. 따라서 다른 가수들에 비해 완곡한 언행을 많이 쓰는 경향이 나타났을 수도 있다. 하현상의 경우 8명의 가수 중 가장 잔잔한 노래들을 공연하였다. 관객들이 뛰거나 소리 지를 만한 무대들이 아닌, 잔잔하게 즐길 수 있는 곡들로 무대를 구성하였다. 따라서 관객들의 호응을 유도할 필요성이 적었고, 멘트에서 공손 전략의 사용 빈도도 아주 낮게 나타났다. 남성 가수 중에서도 관객의 호응이 많이 필요한 곡들을 공연한 엔플라잉과 원위의 경우에는 명시적 표현의 비율이 가장 높게 나타났다.

두 번째는 여성 가수들이 의도적으로 소극적 표현보다 명시적 표현을 사용하려는 경향이 있을 수도 있다는 해석이다. 음악계, 특히 밴드와 인디 음악계에서의 여성 차별은 아직 실재한다. 아래 인용문은 유다빈밴드의 인터뷰 내용이다.

> 솔직한 마음을 말씀드리면 저는 여성 프론트맨으로 제가 하고 싶은 음악을 하는 게 가능은 할까...라는 생각을 하며 음악을 꿈꿔왔습니다. 하지만 음악하는 여자는 징그럽다는 그 가삿말을 너무 깨부수고 싶었어요. 이제 깨지 못한들 별로 상관없습니다. 돌은 지독히 맞아봤고 그래도 저는 부서지지 않아요.[7]

위의 인터뷰는 여성 음악인들이 무시당하는 실정을 단적으로 보여준다. 음악계에서 여성 차별이 존재하는 상황에서, 여성 가수들이 무대에

---

7) 바리, 「인디 씬 속 음악을 만드는/전하는/즐기는 여자들 이야기」, 인스타그램 게시물, https://www.instagram.com/p/DG7kreDS20g/?img_index=2&igsh=ejBrOTNmNGxjejNk, 접속일 2025.06.23.

서 더 당차고 카리스마 있는 모습을 보여주기 위해 노력할 수도 있다는 해석도 가능하다. 여성 가수들이 소극적 공손 전략을 사용하기보다는 명시적 표현을 사용하여 발화가 가지는 힘을 강화함으로써 자신의 권위를 높이려 하는 것일 수 있다.

이 외에 가수들의 멘트 화행에서 눈에 띄었던 점은 지시 화행 뿐만 아니라 멘트에서 전반적으로 반말을 섞어서 사용하는 경우가 나타났다는 점이다. '뛰어', '소리 질러'와 같이 무대에서 관습적으로 사용되는 명령문에 쓰인 반말을 제외한 반말 사용 횟수는 아래와 같다.

유다빈밴드	윤마치	터치드	한로로
2	5	0	0

〈표4〉 여성 반말 분포 현황

기현	엔플라잉	원위	하현상
21	2	5	4

〈표5〉 남성 반말 분포 현황

멘트에서 반말이 사용된 주요 사례는 아래와 같다.

(9)

가. 이거 약간 지금 꿈인지 현실인지 분간이 안 돼. (윤마치)

나. 어제 좀 잠을 못 잤어. (유다빈밴드)

(10)

가. 지금 날씨랑 딱 좋을 수도 있어. (기현)

나. 아직 아니야. (엔플라잉)

다. 이거를 보통 이제 제가 해야 가지고. (원위)

라. 어쩌다가 이제 곧 제가 손을 밖으로 못 뺄을 수도 있어. (하현상)

(9)는 여성이, (10)은 남성이 사용한 반말의 예시이다. 보통 청자가 화자보다 나이나 지위가 아래이면 낮춤말을 사용하지만, 상대와 매우 친한 경우에는 특별히 말을 놓기도 한다. 반말은 이런 상황에서 자주 사용되는 높임법이다. 가수와 관객의 관계는 관객이 불특정다수라는 측면에서 높임의 대상일 수밖에 없지만, 청중을 자신의 이야기에 몰입시키기 위해서 가수는 변칙적인 행동을 취할 수 있다. 반말은 이와 같은 효과를 가진다. 자신의 현재 상태가 꿈과 현실을 분간할 수 없을 정도로 감성 충만한 상태임을 고백하여(9-가) 청중도 그 감정에 이입되게 하거나, 자신의 사생활을 거리낌 없이 표현함으로써(9-나) 청중이 자기의 친한 친구인 것처럼 느끼게 해줄 수 있는 것이다. 관객에게 전달하고자 하는 내용을 반말로 이야기함으로써 간결하게 전달하고 관객과의 심리적 거리를 좁히는 효과도 준다(10-가, 10-나). 한 문장 안에서 존댓말과 반말을 섞어 사용하는 사례도 있다. 10-다와 10-라의 사례를 보면, '제가'라는 어휘를 사용했으나 문장의 종결 형태는 반말을 사용하였다. 한 문장 안에서 존댓말과 반말을 섞어 쓰는 화행은 관객에게 무례하다는 인상은 주지 않되, 지나치게 딱딱하거나 격식을 차리는 느낌보다는 친근한 느낌을 주는 효과를 줄 수 있다.

전반적으로 남성 가수의 반말 사용 횟수가 잦다. 특히 여성 가수의 경우 반말을 아예 사용하지 않은 가수가 2명 있었다. 반면 남성 가수의 경우 4명 모두에게서 반말 사용이 나타났다. 이러한 점은 주목해 볼 만한 지점이라고 생각한다. 남성의 반말 사용에 조금 더 관대한 사회적 분위기가 있을 수도 있고, 반말 사용을 남성들이 더 쉽게 여기는 것일 수도 있다. 혹은 선정한 남성 가수들이 전반적으로 여성 가수들보다 데뷔한 지 오래되었다는 점이 영향을 미쳤을 가능성도 있다.

4. 결론

해당 연구는 가수의 공연 멘트 화행의 공손 전략을 분석하였다. 그리고 분석한 결과를 성별에 따라 비교 · 분석하여 공손 전략의 성차를 살펴보았다. 여성 가수들이 명시적 표현 사용을 꺼리고 소극적 공손 전략을 더 많이 사용할 것이라는 가설과는 달리 남성 가수들이 공손 전략을 더 많이 사용하는 결과가 나타났다. 이러한 결과에 대한 해석 또한 본론에서 제시해 보았다. 여성 4명, 남성 4명 총 8명에 국한된 조사였으므로, 더 많은 연구 대상을 가지고 통계를 낸다면 다른 결과가 나올 가능성이 있다. 비슷한 길이의 무대를 가지고 전사를 했음에도 불구하고 멘트의 양이 남성 가수 쪽이 2배 가까이 많았다. 이러한 분량 차이에서도 부정확함이 발생할 수 있다. 향후 연구가 이루어진다면 여성과 남성의 발화 양을 비슷하게 맞추는 편이 연구의 정확성을 높일 수 있으리라 판단된다. 또한 나이대와 가수 경력 기간, 음악의 장르와 같이 화행에 영향을 줄 수 있을 만한 요인들을 최대한 비슷하게 맞추려 했음에도 한계가 있었다. 이러한 한계점들을 보완한다면 연구의 정확성이 더욱 높아질 것으로 기대된다.

기존의 화용 연구에서 다루지 않은 대중음악 공연이라는 특수한 상황에서의 화용 전략을 분석해 보았다는 점에서 본 연구의 의의가 있다. 또한 여성 가수들이 남성 가수에 비해 완곡한 화행을 사용할 것이라는 예상을 깬 결과가 나왔다는 점에서도 의의가 있다. K-POP과 공연 시장이 나날이 성장해 나가는 상황에서 공연에서의 화행 전략을 살펴보는 것은 유의미한 접근이다. 차후 더 많은 멘트 화행의 화용론적 전략의 성차에 관한 연구가 이루어진다면 K-POP 가수들의 젠더 수행성에 대한 더 나아간 논의의 발판이 될 것으로 기대된다.

국내 젠더 이데올로기의 변화 과정과 남녀 헤지(hedge) 표현 사용의 상관관계

박희원, 서윤서, 한재영

Ⅰ. 서론

1. 연구 배경 및 문제 제기

국내 여성의 사회적 지위는 시간의 흐름에 따라 크게 변화해왔다. 1997년 IMF 이후 경제적 어려움으로 사회에 진출하는 여성들이 증가했고, 2015년 강남역 살인사건 이후로는 페미니즘 리부트의 바람이 불며 여성의 권리에 대한 논의가 월등히 활발해지기 시작했다. 이렇듯 우리 사회에서는 여성에 대한 인식 변화의 실마리가 된 주요한 사건들이 주기적으로 발생해왔다.

본 연구에서는 1990년대부터 2020년대까지의 대중가요 가사 속 헤지(hedge) 표현의 사용을 통해 이러한 젠더 이데올로기의 변화와 언어적 표현의 상관관계를 살펴보고자 한다. 시대별 대중가요 차트는 해당 곡의 가사에 담긴 언어를 통해 그 사회 속 젠더에 대한 인식이 어떠했는지를 비춘다. 대중가요는 문화의 산물이기에 그 시대의 이데올로기가 강하게 반영되며, 대중적 인기를 위해 연애 서사를 높은 빈도로 이용하여 남녀 관계가 잘 드러나기 때문이다. 또한 헤지(hedge) 표현은 상대적으로 지위가 낮은 여성 혹은 사회적 약자들이 빈번히 사용한다고 여겨져 왔다. 이에 따라 대중가요의 가사를 바탕으로 헤지(hedge) 표현과 성차를 분석함으로써 여성 지위의 변화와 언어적 표현의 상관관계를 밝혀낼 필요성을 인식하게 되었다.

2. 연구 목적 및 의의

워프의 언어상대성 가설은 인간의 사고와 인식이 사용하는 언어에 의해 구조화된다는 전제에 기반하는 이론이다. 이를 언어 연구에 적용할 경우, 특정 사회가 여성에 대해 사용하는 언어가 곧 그 사회의 젠더적 세계관을 반영하고 재생산한다는 것을 뒷받침하므로 본 연구의 분석에 중요한 이론적 근거가 된다.

이에 따라 본 연구에서는 언어상대성 가설을 바탕으로 Prince의 헤지(hedge) 분류에 따라 해당 분류가 등장한 이후인 1990년부터 현재까지 대중가요 가사를 10개년씩 나누어 살펴보며, 시대별 젠더 이데올로기의 변화에 따라 대중가요 가사에 등장하는 남녀별 헤지(hedge) 표현 사용의 양상이 어떻게 달라지는지 살펴본다. 이를 통해 헤지(hedge) 표현과 성별의 상관관계 및 시대별 변화 여부를 밝혀내고자 한다. 나아가 여성 언어는 여성과 남성의 태생적 특질 차이에 기반하기에 여성의 헤지(hedge) 표현 사용이 더 빈번하게 나타난다는 '차이 가설'과, 사회적으로 힘이 없거나 부족하다고 생각하는 남성들에게서도 나타나기에 헤지

(hedge)가 남녀 불문 사회적 약자들의 언어라고 보는 '지배 가설'의 실현 여부를 검증한다. 이를 통해 실제로 헤지(hedge) 표현이 사용되는 배경과 상황 또한 밝힐 수 있을 것으로 기대된다.

3. 연구 방법 및 분석 대상

멜론 내 각 시대별 차트 중 1990년대, 2000년대, 2010년대, 그리고 2020~2024년의 연도별 TOP100에 오른 각 100곡의 가사, 총 1,000곡의 가사를 전수조사한 후, 사용된 헤지(hedge) 표현을 Prince의 분류 체계에 의해 분류해 통계를 도출하였다. 나아가 해당 표현을 남성 화자와 여성 화자로 분류하고 시대별 변화를 살펴보았으며, 시대 흐름에 따른 특이사항이 나타났을 경우 함께 기록하였다.

Ⅱ. 이론적 배경

1. 언어상대성 가설과 젠더 언어

언어는 단순한 의사소통의 도구를 넘어서, 사고와 인식의 틀을 구성하는 매개체로 기능한다는 관점에서 출발한 이론이 바로 '언어상대성 가설(the Sapir-Whorf Hypothesis)'이다.[1] 이 이론은 에드워드 사피어(Edward Sapir)와 그의 제자 벤저민 워프(Benjamin Lee Whorf)에 의해

---

1) 검색어「언어상대성」,『실험심리학용어사전』, https://terms.naver.com/list.naver?cid=41990&categoryId=41990, 접속일 2025.06.23.

공식화되었으며, 언어의 구조가 인간의 사고방식과 세계 인식 방식에 영향을 미친다는 주장을 핵심으로 한다.

이러한 이론적 틀은 '젠더 언어(gendered language)'의 분석에서도 유효하게 적용된다. 언어가 특정 집단의 사회적 경험과 인식을 반영한다는 전제 아래, 여성과 남성이 사용하는 언어는 단순한 표현의 차이를 넘어서 성별이 사회적으로 규정되고 or 인식되고 있는지를 보여주는 지표가 될 수 있다. 특히 젠더 언어는 '여성어'와 '남성어'라는 이분법적 틀 안에서, 정중성, 완곡성, 감정 표현의 정도, 단언의 회피 여부 등의 차이를 통해 그 차별성을 드러낸다. 따라서 언어상대성 가설은 젠더 언어 연구에서 언어가 젠더 정체성과 이데올로기를 어떻게 내면화시키고 재생산하는지를 분석하는 이론적 기반이 된다.

2. 헤지(hedge) 표현의 정의와 분류

헤지(hedge)란 화자가 발화 내용에 대해 갖는 불확실성 또는 비확정적 태도를 표현하는 언어 전략으로, 명제의 명확성을 조절하거나 정보에 대한 책임을 회피하는 데에 사용된다. 이러한 헤지(hedge)는 대화의 정중성 유지, 담화 내 상호작용 조절, 체면 위협 최소화 등의 기능을 수행하며, 특히 권력관계나 사회적 지위가 비대칭적인 상황에서 더욱 빈번하게 나타나는 특성이 있다.

이러한 논의는 이후 Prince, Fraser와 Bosk(1982, p. 3-4)의 연구에서 헤지(hedge)가 화자의 체면 위협을 최소화하기 위한 전략 외에도 화자 자신이 한 발언에 대한 자기방어적 전략의 수단으로 설명되고 전략적 방식을 두 가지로 구분하기 시작하며 의미가 확장되었다. 명제 내용에 직접 영향을 미치는 것(approximator)과 명제 전체의 진리치에 대한 화자의 자기 결정 장치로서의 기능(shield)이 그것이다.[2)]

따라서 이러한 근접어(Approximator)는 다시 적응어(adaptor)와 대략어(rounder)로 나뉘며, 근접어는 특정 범주로의 한정을 모호하게 하는 역할을 하고, 대략어는 정확하게 측정할 수 없는 것을 보여준다. 두 번째 유형의 방패어(Shield)는 다시 귀인적 방패어(attribute shields)와 개연적 방패어(Plausibility shields)로 세분화되는데, 귀인적 방패어는 화자가 정보를 타인의 발화로 전가하며 책임을 유보하는 전략이고, 개연적 방패어는 가능성을 바탕으로 화자와 발화된 진술 사이에 거리를 두어 책임을 회피한다.

이러한 분류 체계는 단순히 표현 방식의 다양성을 설명하는 데 그치지 않고, 담화 참여자의 사회적 태도, 권력 인식, 젠더 정체성과 같은 심층적 의미를 분석하는 데 유용하게 활용된다. 특히 헤지(hedge)는 여성 화자의 언어적 특징 중 하나로 논의되며, 여성어의 정중성, 완곡성, 방어적 표현 전략과도 밀접한 관련을 지닌다.

3. 여성 언어에 대한 두 가지 관점

1) 차이 가설(Difference Hypothesis)

차이 가설은 여성 언어가 여성과 남성의 태생적인 특질 차이에 기인한다고 보는 가설이다. 여성들은 타인과의 공감대를 형성하고 원만한

2) 신명선, 「국어 학술텍스트에 드러난 헤지(Hedge) 표현에 대한 연구」, 『배달말』 38, 2006, 155-156쪽.

대인 관계를 형성하고자 하는, 남성과 다른 태생적 특성을 지닌다고 보는 것이다. 그렇기에 여성이 배려를 목적으로 하는 언어 사용을 더 많이 한다는 관점을 가진다.

2) 지배 가설(Dominance Hypothesis)

반면 지배 가설은 여성 언어가 여성 언어들만의 특성은 아니라고 보는 가설이다. 여성들뿐 아니라, 사회적으로 힘이 없거나 자신의 견해가 부족한 것일 수 있다고 생각하는 남성들에게 나타나기도 한다는 것이다. 예시로는 남성들이 불확실성을 나타내기 위하여 여성들보다 부가 의문문을 더 많이 사용한 연구 사례를 들 수 있다.

본 연구에서는 대중가요 가사 속 헤지(hedge) 표현을 살펴보고 두 가설과의 상관관계를 검증한다. 먼저 차이 가설이 입증될 경우, 상황을 불문하고 여성 화자의 가사에서 헤지(hedge) 표현이 남성 화자의 가사에서보다 많은 횟수로 사용되어야 한다. 지배 가설이 입증되려면 성별보다는 가사 속 화자와 청자의 관계 및 상황이 주요하게 영향을 미칠 것이다.

4. 대중가요와 젠더 이데올로기

대중가요는 말 그대로 대중이 널리 즐겨 듣고 부르는 노래를 의미한다. 그렇기에 그 가사는 발매된 시기의 사회상을 반영하게 된다. 대중의 정서와 사회적 사건 및 유행에 영향을 받기 때문이다. 그 사례로, 2016년에 사실 미화 곡의 수가 급격히 감소하고 사실인정 곡의 수가 증가한 데 대해 2016년 박근혜 전 대통령 탄핵 사건 등으로 인해 솔직한 표현이 늘었다고 볼 수 있으며 대중가요가 현실적 사회문화의 영향을 받았다고 할 수 있다[3]는 연구 결과가 있다. 또한 같은 연구에서 2014년 '썸을 타다'라는 말이 유행하고, 남녀 혼성 프로젝트 그룹이 다양하게 나타나며 남녀 간의 사랑 이야기를 다룬 노래들이 증가하였다는 결과 역시 나타났다. 이렇듯 대중가요의 가사는 사회적 정서와 분위기의 영향을 받는다. 이를 바탕으로 대중가요 가사 속 여성어를 살펴본다면, 가요의 발매 시기별 여성의 사회적 지위에 따라 가사에도 변화가 일어났을 것으로 추측해 볼 수 있다. 1997년 IMF 이후의 여성 사회 진출 증가, 2015년 페미니즘 리부트 이후 여성 권리 논의 증가 등을 대표적 예시로 들 수 있다.

실제로 1990년대 이후 대중가요 가사에서는 민주화 운동 이후 기본권으로서의 자유에 대한 인식이 기반이 되어 자유로운 사랑에 대한 가사가 급증하기도 하지만, 이후 2000년대까지의 가사 속 여성은 여전히 수동적으로 비치며 운명 순응적이고 비주체적인 이데올로기와 성차별 이데올로기를 내용으로 한다고 분석된다.[4] 2010년대 초반까지는 수동적 여성을 기만적으로 대상화하는 남성의 의미가 약화하면서도 상당하게 유지되고, 적극적이고 도발적인 여성을 노골적으로 쾌락적 대상화하는 남성의 의미는 급증한다. 동시에 이 모든 성차별 구도에 도전하는 양성평등의 의미도 이제 막 자리 잡으려 한다.[5] 이러한 주제적 흐름을 살펴보았을 때, 간접적 표현을 위해 사용되는 부가 의문문이나 공손전략,헤지(hedge) 등의 형식적 측면에서도 변화가 나타났을 것이라고 유추해볼 수 있다.

---

3) 주광호, 「2천년대 이후 한국 대중가요의 정서변화」, 『인문사회 21』, 12권 5호, 2021, 675쪽.

4) 추병식, 「대중가요 가사에 나타난 낭만적 사랑의 탈근대적 변화 : 신세대 문화 이전과 이후의 비교」, 『미래청소년학회지』, 12권 3호, 2015, 118쪽.

5) 위의 책, 134쪽.

Ⅲ. 분석 설계 및 절차

1. 연구 대상 및 분석 방법

본 연구에서는 한국 대중가요의 시대별 헤지(hedge) 사용 변화를 체계적으로 분석하기 위하여, 대한민국의 음악 스트리밍 플랫폼인 멜론의 시대별 TOP 100 차트를 연구 자료로 선정하였다. 멜론 차트는 국내 최대 음원 스트리밍 플랫폼 중 하나로서, 시대별로 높은 인기를 얻은 곡들을 차트에 포함하고 있어 해당 시대의 사회문화적 정서와 언어 사용의 양상을 파악하는 데에 가장 적합할 것으로 판단하였다. 연구 대상의 기간은 Prince의 헤지(hedge) 이론이 등장한 1982년 이후인 1990년부터 2024년까지 약 30년의 기간으로 설정하였는데, 구체적으로 2000~2009년, 2010~2019년, 2020년대 이후로 나누어 살피려 한다. 이는 한국 사회의 젠더 이데올로기의 변화를 관찰할 수 있는 충분한 기간이다. 특히 대한민국 내에서 이 시기는 IMF, 여성의 사회 진출 확대, 2015년 페미니즘 리부트 등 젠더 인식에 영향을 미친 주요 사회적 변화가 집약적으로 발생한 시기로서 연구 목적에 부합한다. 분석 결과는 표와 그래프를 통해 시각화하여 제시하며, 시대별 · 성별 비교를 통해 연구 가설 검증의 토대를 마련하고자 한다.

2. 헤지(hedge) 표현 분류 기준

본 연구에서는 Prince(1982)의 헤지(hedge) 분류 체계를 기준으로 하여 대중가요 가사에 나타나는 헤지(hedge) 표현을 개연적 방패어, 귀인적 방패어 그리고 근접어 3개 범주로 분류하였다. 개연적 방패어는 화자가 명제의 진실성에 대해 불확실함을 표현하며, 화자와 발화 사이에 거리를 두는 표현들로 예를 들면 '아마도', '혹시', '어쩌면', '~것 같다', '~는 듯하다', '~지 않을까' 등이 있다. 귀인적 방패어는 화자가 자신의 의견이나 판단을 다른 사람이나 일반적 통념에 귀속시킴으로서 직접적인 단언을 피하는 표현들로, '사람들이 말하길', '누군가 말했듯이', '보통', '일반적으로' 등을 예로 들 수 있다. 마지막 근접어는 명제에 대한 정확한 표현을 유보하는 표현으로, 구체적이고 정확한 표현 대신 모호한 표현을 통해 특정 범주나 수치로의 명확한 한정을 피하는 언어적 장치들을 의미한다. 노랫말에서 발견된 예들로는 '대략', '보통', '일종의', '다소', '뭔가', '어떤', '그런', '이런' 등이 있었다.

3. 성별 화자 판단 기준

대중가요 가사의 화자 성별 판단은 다음과 같은 위계적 기준을 적용하였다. 먼저, 기본적으로 화자의 성별은 가수인 가창자의 성별에 따라 분류하였다. 이에 따라 남성 가수는 남성 발화자와 여성 청자의 구도로 여성 가수는 여성 발화자와 남성 청자의 구도로 분류하였으며, 혼성 그룹의 경우 파트별로 실제 가창자의 성별에 따라 구분하였다. 그리고 가사 내용을 통해 기본 원칙과 다른 화자-청자 관계가 추정될 때는 다음 기준에 따라 재분류를 진행하였다. 독백이나 자기성찰적 내용으로 가사에서 특정한 청자가 등장하지 않는 경우에는 자기 지시적 발화로서 분류하였으며, 특정 성별을 지시하지 않는 사회비판, 희망, 위로의 메시지를 다룬 경우에는 성별 중립적 발화로서 분류하였으며, 이외의 경우는 예외로서 분류하였다.

Ⅳ. 분석 결과

1. 1990년대 분석

1) 헤지(hedge) 유형별 사용 분포 현황

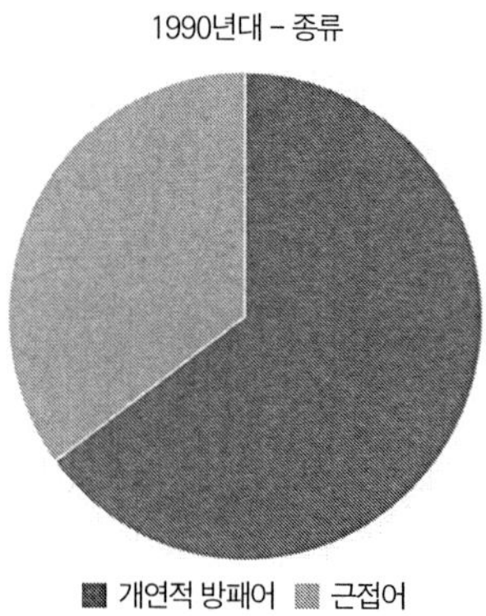

〈표1〉 1990년대 헤지(hedge) 사용현황

〈표1〉은 1990년대의 헤지(hedge) 사용현황을 제시한 것으로 가장 빈번하게 사용된 유형은 35회 나타난 개연적 방패어였다. 구체적 예시를 들면 다음과 같다.

(1)

가. '너는 언제나 마음을 열지 못하고 그에게 다가서지만 그럴 필요있겠니 내가 보기엔 넌 그를 사랑하고 있는걸(015B, 너에게 들려주고

싶은 이야기)

나. '이룰 수 없다고 슬퍼했던 날들 낯설었던 그 이별도 이젠 추억이라 할 수 있죠'(한동준, 사랑의 서약)

주로 '~는가', '~니', '~려나'와 같은 의문형 어미가 사용되는 양상을 보였다. 이들은 '하지 말라' 대신 상대의 선택을 요구한 의문문(1-가)이나 단언을 약화한 확인의문문(1-나)의 사용으로 발화수반력을 낮추는 역할을 하는 것으로 보인다.

(2)

가. '수없이 많은 밤은 가고' (민해경, 보고싶은 얼굴)

나. '내 생각 가끔 나는지' (윤상, 가려진 시간 사이로) 등

(2)는 두 번째로 많이 사용된 유형은 근접어의 예시이다. 근접어는 54건 중 19건 사용되어 전체의 약 35%를 차지했다. 주로 사용된 표현으로는 '가끔', '수없이'와 같은 표현이 있었다. (2-가)는 연인과의 이별의 시간을 '수없이 많다'와 같이 정확하지 않은 수치로 표현해 자신이 느낀 애달픈 마음을 호소하고 있고, (2-나)는 정확하지 않은 모호한 표현 '가끔'을 사용해 상대에게 자신과의 추억을 비록 낮은 빈도로라도 떠올려 주기를 바라고 있다. 이러한 근접어 사용을 통해 명확한 표현 대신 모호한 표현을 사용해 상대에게 느끼는 부담감을 낮추는 모습이었다. 물론 귀인적 방패어 사용은 나타나지 않았다.

2) 성별에 따른 헤지(hedge) 표현 사용 양상

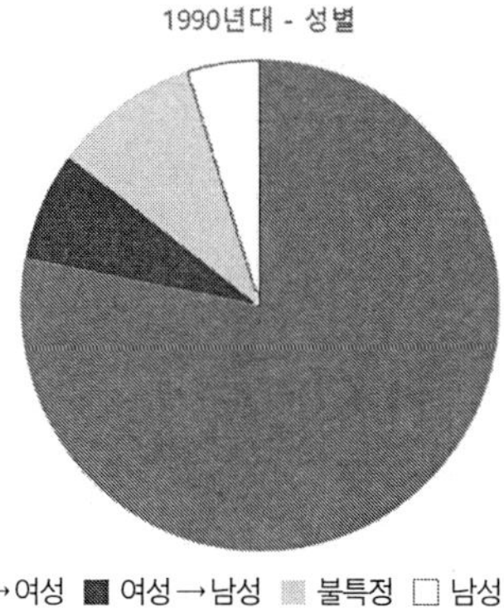

〈표2〉 청자를 기준으로 분류한 헤지(hedge)

1990년대 대중가요 가사에서 발화자와 청자의 관계를 분석한 결과, 남성→여성의 구도가 총 32건으로 과반을 차지했다. 반면 여성→남성의 구도는 총 3건으로 거의 나타나지 않는 수준에 그쳤다. 남성들은 "가야만 하는 거니"와 같은 표현을 통해 이별 상황에서의 그리움을 나타내기 위해 헤지(hedge) 표현을 사용했다. 여성도 유사한 상황이 나타난다.

반면, 청자를 특정할 수 없는 경우인 총 4회의 헤지(hedge) 표현은 "언젠가 먼 훗날에"와 같이 연애 서사와는 거리가 먼 주제 의식이었다. 이외에도 남성이 자신에게 헤지(hedge) 표현을 사용하는 경우가 2건 나타나기도 했다.

3) 1990년대 젠더 이데올로기와 헤지(hedge) 사용의 상관성

먼저, 1990년대 TOP100 차트에 오른 가수 대부분은 남성이었다. 여성 가수는 전체 100곡 중 19곡에 불과해 찾아보기 어려울 정도였다. 이러한 남성과 여성 가수의 격차가 결과에도 영향을 미쳤을 것으로 보인다. 남성 가수가 많음에 따라 남성 화자가 많을 수밖에 없고, 이성애 규범이 강하게 작용하던 당시 사회 분위기 가운데 자연스럽게 청자는 여성인 경우가 많았기 때문이다. 또한 이 격차는 당시 여성의 사회 진출 비율이 남성과 비교해 확연히 낮았음을 시사하는 지표이기도 하다.

동시에 1990년대는 80년대의 민주화를 거친 이후 자유를 얻게 된 시대이다. 이에 따라 이념적이거나 사유적인 가사보다는 남녀 간의 사랑 서사를 그리는 가사가 월등히 많아지기 시작했다. 분석 결과 헤지(hedge) 표현이 사용된 16곡은 모두 사랑 서사에 대한 가사로 나타났다. 그뿐만 아니라 전체 16곡 중 14곡이 이별 상황의 가사에 해당했다. 즉, 사랑 서사 중에서도 이별 서사를 노래하는 가사가 많았으며, 이러한 서사에서 헤지(hedge) 표현이 빈번하게 사용되었다는 것이다.

또한 "한두 번 원망도 했지만"에서처럼 근접어 '한두 번'으로 자신의 원망 강도를 약화하거나, "가야만 하는 거니"에서처럼 가지 말라는 명령을 의문으로 완화시켜 보편하는 등 이별 상황 중에서도 화자가 상대를 그리워하는 경우가 대다수였다. 이는 화자가 청자를 일방적으로 그리워할 때 관계에서의 위계가 발생하고, 그 위계에서 화자가 청자보다 낮게 나타난다. 그렇기에 이러한 경우에는 성별과 관계없이 관계 내 위계 극복을 위해 표현을 완화하고자 헤지(hedge) 표현을 사용한 것이라고 볼 수 있다. 따라서 남성 화자도 다수의 헤지(hedge) 표현을 사용한 것이다.

2. 2000년대 분석

1) 헤지(hedge) 유형별 사용 분포 현황

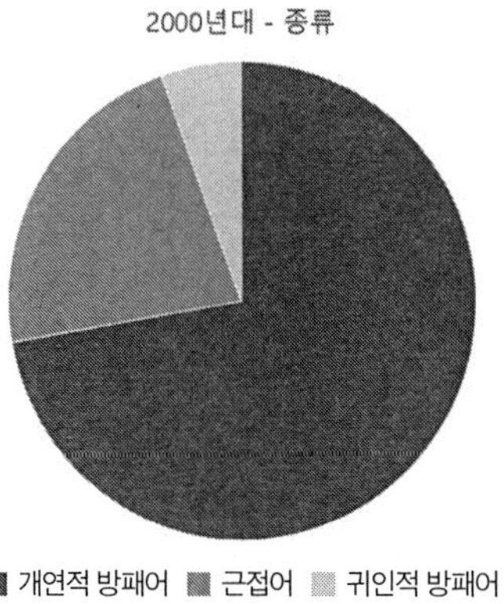

〈표3〉 2000년대 헤지(hedge) 사용현황

〈표3〉은 2000년대 헤지(hedge) 표현의 양상을 보인 것인데, 가장 많은 것은 역시 개연적 방패어였다. 다음은 그 예문을 보인 것이다.

(3)
가. '지친 가슴 이젠 나도 막지 못할 것만 같아' (빅뱅, 마지막 인사)
나. '사랑했나 봐' (윤도현, 사랑했나봐)
다. '요즘 내가 왜 이러는지 나도 몰라' (클론, 초련) 등

2000년대에 개연적 방패어는 총 26건 등장하였다. 이는 가장 빈번하게 사용된 유형에 해당하며, 전체의 약 72%를 차지한다. 2000년대에 주로 사용된 개연적 방패어에는 '~나봐', '~인 것 같아', '아마', '~을까', '~몰라'와 같은 표현들이었으며, 주로 사랑에 빠진 자신의 마음을 고백하는 데 나타난다.

(4)
가. '몇 번을 다시 태어나고' (조성모, 아시나요)

나. '매일 하루에 수십 번 꺼져있는 핸드폰' (2NE1, I don't care) 등

또한 근접어는 총 8건 등장하였으며, 이는 두 번째로 많이 사용된 유형으로 전체의 22%를 차지한다. 두 번째로 많이 사용된 유형임에도 개연적 방패어와 사용된 수가 상당한 차이가 나는 것을 주목해볼 만하며, 주로 사용된 표현으로는 '몇 번', '수십 번' 등 명확하지 못한 수치로 자신의 현재 감정을 표현하고 있다.

마지막으로 앞선 1990년대와 달리 소수이긴 하지만 귀인적 방패어가 나타남이 특징적이었다.

(5)
가. '친한 친구들은 말하죠' (소녀시대, Gee)
나. '내 눈물이 내게 따지듯이 내겐 널 사랑할 자격도 없다 하잖아' (버즈, 사랑은 가슴이 시킨다)

귀인적 방패어는 총 2건으로 가장 적게 사용되었으며, 전체의 약 5%를 차지하였다. 주로 '(친구들이) 말한다'(5-가)나 '~다고 말한다'(5-나)처럼 인용의 표현을 사용하고 있다. (6-가)는 자신이 하고 싶은 말이지만 친구의 입을 빌어 처리하는 것이므로 자신의 견해를 지지해주는 효과를 가진다. (5-나)는 '내 눈물이 나에게 한 말'이 선행절로 나온 데서 알 수 있듯이, 나의 감정을 인용으로 처리하여 제3자적으로 내 감정을 들여다보고 있는 모습을 묘사하였다.

2) 성별에 따른 헤지(hedge) 표현 사용 양상

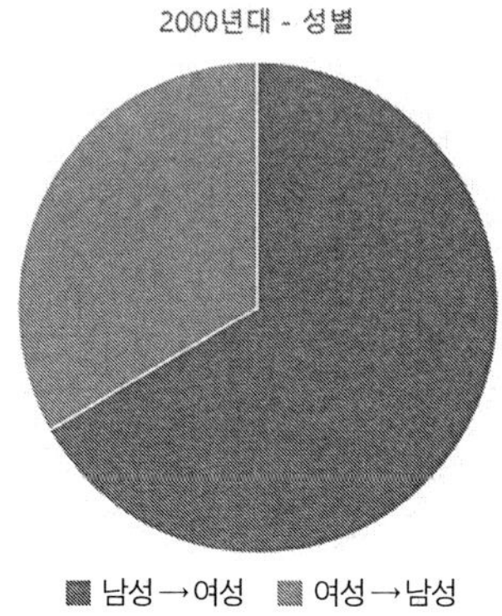

〈표4〉 청자를 기준으로 분류한 헤지(hedge)

2000년대 대중가요 가사에서 발화자와 청자의 관계를 분석한 결과, 개연적 방패어 26회 중 17회, 대략어가 8회 중 4회, 귀인적 방패어가 2회 중 2회로 남성→여성의 구도가 총 23건으로 가장 높은 비중을 차지했다. 이는 2000년대 대중가요에서 남성 화자가 여성을 대상으로 노래하는 서사가 주류를 이루었음을 시사한다. 특히, 남성 화자의 헤지(hedge) 사용률이 23건으로 여성 화자의 11건보다 약 2배 높은 사용률이 나타난 점을 주목할 만하다.

3) 2000년대 젠더 이데올로기와 헤지(hedge) 사용의 상관성

언어상대성 가설을 기반으로 할 때, 2000년대 대중가요에서 남성 화자의 헤지(hedge) 사용 비율이 높게 나타난 것은 당시의 사회문화적 변화가 언어 사용에 직접적으로 반영된 결과임을 짐작해볼 수 있다. 이에 따라, 사회적 불안정과 젠더 역할의 변화가 남성들의 언어 사용 패턴을 변화시켰으며 이러한 언어 사용의 변화가 다시 그들의 사고와 정체성

인식에 영향을 미쳤을 것으로 추정해 볼 수 있다. 2000년대는 IMF 이후 경제적 불안정이 지속됨에 따라 전통적 남성성에 대한 회의가 증가하던 시기였다. 가부장적 사회에서 '가족의 경제적 책임자'로서 특권적 지위를 지니던 남성들은 경제적 어려움과 남성 중심적 가부장제 사회의 권위를 해체하고자 하는 활발한 사회의 움직임을 직면하면서 남성의 존재가 공적 담론의 대상이 되며 자신감과 확신을 잃게 되었다.[6] 이러한 사회적 현실이 언어 사용에도 영향을 미쳐, 남성들의 자아 인식과 감정 처리 방식 자체의 변화를 유도했을 가능성을 짐작해 볼 수 있다. 불확실성을 표현하는 헤지(hedge) 언어의 반복적 사용은 남성들로 하여금 확신보다는 회의적이고 불확실한 사고를 내재화하게 했을 것으로 분석해 볼 수 있다. 이와 같은 언어와 사고의 순환적 관계는 새로운 젠더의식을 형성하고 재생산하는 문화적 도구로서 기능하게 된다.

전반적으로 남성과 여성의 이성 관계를 다룬 가사들에서는 '이별'이 주로 서사화되며, 이는 대중가요에서 '이별'이 가장 보편화된 감정 서사라는 점을 시사한다. 화자의 성별을 막론하고 이별의 상황에서 헤지(hedge) 표현은 감정적 완충 장치로서 기능한다. 이별이라는 극단적 감정 상황에서 자신의 감정을 직접적이고 명시적인 방법으로 표출하는 것이 아닌 헤지(hedge)를 통해 우회적으로 완곡하게 전달함으로써 자신의 감정을 표출하고 감정적 상처를 보호하고자 하는 모습이 나타난다.

남성과 여성 모두 헤지(hedge) 표현을 사용하고 있으나, 헤지(hedge)의 기능과 효과는 성별에 따라 상이하게 나타난다. 남성 화자의 경우, 헤

---

6) 이현정, 「위기적 남성성 재현에 관한 연구 - 90년대 한국 영화를 중심으로」, 연세대학교 대학원 석사 학위논문, 2003, 1-3쪽.

지(hedge) 표현을 통해 감정의 격렬함을 완충시키며 자신의 감정을 비교적 명확히 전달한다. 남성 화자는 이별을 수용하며 이에 대한 분노와 슬픔을 표현하고자 하는 경향이 강하게 나타난다. 따라서 헤지(hedge) 표현을 통해 자신의 감정과 비난의 강도를 조절하고자 한다. 이는 2000년대의 남성들이 전통적인 '강한 남성성'의 기대에서 벗어나 감정적 연약함을 인정하는 모습에 해당한다. 반면, 여성 화자의 가사에서 헤지(hedge) 표현은 감정을 유보하는 장치로서 기능한다. 여성 화자는 헤지(hedge) 표현을 활용하여 자신의 격렬한 감정을 완화하기보다는 체념과 혼란의 정서를 드러내는 경우가 다수 나타난다. 특히, 여성화자들은 개연적 방패어를 주로 사용하며 감정을 완전히 정리하거나 단정 짓지 않으며 이별의 감정을 연장하는 양상을 드러낸다.

그러나 예외적으로 이효리의 〈10 minutes〉는 여성 발화자와 남성 청자의 구도를 띠고 있음에도 남녀 간의 이별이나 이에 준하는 갈등 상황을 주제로 하지 않는다. 이 곡은 여성이 주체적으로 남성을 유혹하는 과정을 묘사하고 있으며 이 과정에서 추측의 표현을 통한 헤지(hedge)가 아닌 '강화 표현'의 사용이 나타난다. "순진한 내숭에 속아 우는 남자들 Baby 다른 매력에 흔들리고 있잖아 용기 내봐 다가와 날 가질 수도 있잖아"의 표현에서 여성 화자는 '-잖아'의 어미를 통해 화자와 청자가 상황을 모두 인지하고 있음을 언급하고 있으며, 이는 2000년대 후반 여성의 주체성 증가와 성역할 변화의 조짐을 보여주는 대표적인 사례에 해당한다.

이성 관계에서의 헤지(hedge) 사용이 타자와의 감정적 거리를 조절하기 위함이었다면, 동성 관계에서의 헤지(hedge) 사용은 자아 내에서 자기 성찰적 언어로서 기능하였다. 귀인적 방패어로서 묘사된 소녀시대의 gee를 제외하고 나머지의 개연적 방패어의 경우 모두 동성 구도에서는 실질적으로 자신의 내면과 대화하는 내적 독백의 성격이 강하게 나타났다. 여성 화자의 경우에는 원더걸스의 〈so hot〉에서는 "모두가 나를 좋아하는 것 같애"라는 헤지(hedge) 표현을 통해 자기 확신에 대한 완충 장치로서 기능하였으며, 보아의 〈아틀란티스 소녀〉에서는 "왜이래 나 이제 커버린걸까"의 의문형 헤지(hedge)를 사용해 복잡한 감정을 표현하였다. 남성 화자의 경우 리쌍의 〈헤어지지 못하는 여자, 떠나가지 못하는 남자〉에서 "비밀을 숨기는 남자는 나쁜인 걸까"의 헤지(hedge)를 자신의 행동과 정체성에 대한 의문을 헤지(hedge)로서 드러내며 자신의 남성성에 대한 의구심을 표출한다. 동성 관계에서의 헤지(hedge) 표현은 표면적으로는 확정적인 자기규정을 피함으로써 자신의 내면을 탐구하고, 헤지(hedge)를 통해 탐구 과정에서 느끼는 불확실성과 혼란을 표현한다는 특징을 가진다.

3. 2010년대 분석

1) 헤지(hedge) 유형별 사용 분포 현황

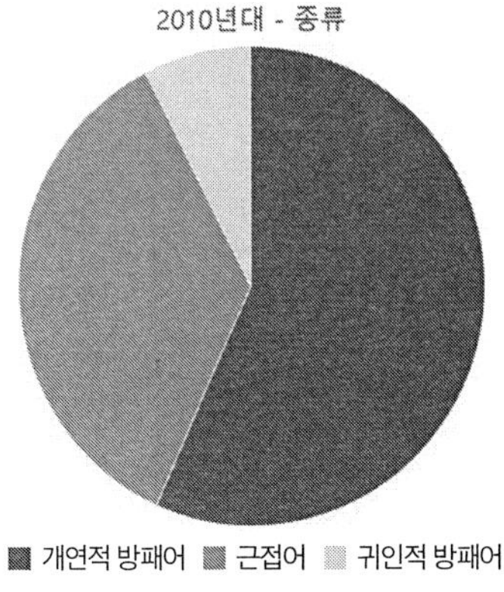

〈표5〉 2010년대 헤지(hedge) 사용현황

(6)

가. '나에게만 준비 된 선물 같아'(멜로망스, 선물)

나. '우연히 내게 오나 봐'(로꼬, 유주, 우연히 봄)

다. '나만 힘든 것 같아'(윤종신, 좋니)

라. '커피를 너무 많이 마셨나봐요'(볼빨간사춘기, 우주를 줄게)

마. '세계도 더 작아질 텐데'(딘, D(Half Moon)) 등

2010년대에 개연적 방패어는 총 38건 등장하였다. 이는 가장 빈번하게 사용된 유형이었으며, 전체의 약 56%를 차지하였다. 특히 2010년대에 개연적 방패어로 주로 사용된 표현으로는 '~ 것 같아', '~ㄹ까 봐', '~ 텐데'와 같은 표현들이 있었는데, 화자가 직접적인 단정이나 확신을 피하고 감정의 여지를 남기는 방식으로 표현하고 있음을 보여준다.

(7)

가. '뭔가 좀 다른'(성시경, 박효신, 이석훈, 서인국, VIXX (빅스), 크리스마스니까) - 정도 완화 표현

나. '솔직하게 좀 굴어봐'(소유, 정기고, 썸)

다. '월요일엔 아마 바쁘지 않을까'(아이유, 금요일에 만나요)

(7)에서와 같이 2010년대에 근접어는 총 24건 등장하였고, 이는 두 번째로 많이 사용된 유형이었으며 전체의 35%를 차지하였다. 주로 사용된 표현으로는 '좀, 어쩌면, 언제, 가끔씩, 조금' 등을 확인할 수 있었다. 이러한 예시들은 발화의 명확성을 낮춤으로써 듣는 이로 하여금 의미를 유추하도록 유도하는 언어 전략의 일환으로 이해될 수 있다. (7-가)에서는 정도를 완화하는 '좀'이 사용되었으며, 범주를 애매하게 설정

하는 '뭔가(무엇인가)'를 통해 근접어의 예를 잘 보여주고 있다. (7-나)에서도 명령형의 수위를 낮추는 '좀'이 사용되고 있다. (7-다)에서도 '아마', '~않을까'와 같은 표현을 통해 발화의 명확성을 낮추고 있다.

(8)

가. '사람들 말이 아직도 너는 왜 그러니?'(아이유, 하이포, 봄 사랑 벚꽃말고),

나. '걔 말은 나 너무 예쁘대'(트와이스, Cheer Up)

다. '어떤 사람은 어머님이 누구냐고'(트와이스, Ooh-Ahh하게) 등

마지막으로 귀인적 방패어는 총 5건으로 가장 적게 사용된 유형이자, 전체의 약 7%를 차지하였다. 주로 사용된 표현 : '사람들은', '그 아이' 등이 있다. 이는 발화자가 직접 자신의 감정이나 평가를 드러내기보다는 주변 인물의 시선이나 의견을 빌리는 방식으로 의미를 전달하고 있는 것으로. 칭찬, 비난, 짜증 등의 감정적 반응을 에둘러 표현하는 효과를 가진다.

2) 성별에 따른 헤지(hedge) 표현 사용 양상

2010년대 대중가요 가사에서 발화자와 청자의 관계를 분석한 결과, 남성→여성의 구도와 여성→남성의 구도 비율이 같게 나타났다. 이는 당연히 '차이 가설'을 지지하기 어려운 이유가 되며, 헤지(hedge)가 더 이상 여성만의 전유물이 아니라는 점을 매우 크게 시사한다. 전체 헤지(hedge) 사용 곡 자체는 파격적으로 증가했으나, 성별 비율에 있어서 어느 한쪽으로 치우치지 않는다는 점은 기존 체계에 있어 새로운 인사이트를 보여준다.

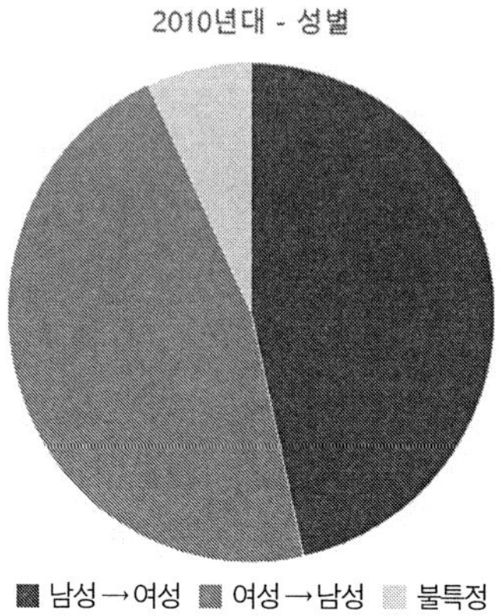

〈표6〉 청자를 기준으로 분류한 헤지(hedge)

혼잣말, 자기 자신에게 하는 말 등은 극도로 적었고, 사랑하는 사이에서 상대방에게 하는 이야기들이 공통적이었다. 남성→여성의 경우 이별 중인 상황에서 개연적 방패어 등을 사용하여 상대방에게 닿고자 하는 가사가 많았다. 또한 짝사랑의 과정에서 사랑의 결실을 위해 헤지표현을 사용하는 경우를 빈번하게 찾을 수 있었다. 반대로 여성→남성의 경우에도 위와 같이 전반적으로 이별 혹은 사랑의 시작, 혹은 사랑의 과정인 경우에 헤지 표현을 사용하는 경우가 대다수였고, 성별 간의 유의미한 차이는 찾기 힘들었다.

2010년대가 특이했던 점은 남성과 여성 가수의 콜라보성 노래가 많았다는 점이다. 특히 이들 대부분은 남성가수와 여성가수가 가사에 있어서 연인으로 등장하였고, 서로에게 사랑 중 고충이나 설렘을 헤지(hedge) 표현을 사용해 표현하는 경우가 많았다. 대표적인 콜라보 노래는 〈아이유, 하이포 - 봄 사랑 벚꽃 말고〉, 〈소유, 정기고 - 썸〉, 〈산이, 레이나 - 한 여름밤의 꿀〉, 〈로꼬, 유주 - 우연히 봄〉 등 매우 많았다. 먼저 〈아이유, 하이포 - 봄 사랑 벚꽃 말고〉에서는 '수많은 연인들', '난 제자린데 세상은 왜 변한 것만 같지'와 같은 가사가 등장했으며, 〈소유, 정기고 - 썸〉에서는 '솔직하게 좀 굴어봐'와 같은 가사가 등장했다. 또한 〈산이, 레이나 - 한 여름밤의 꿀〉에서는 '어쩜'과 같은 표현, '취했나 봐' 등의 가사, 〈로꼬, 유주 - 우연히 봄〉에서는 '우연히 내게 오나봐', '너도 같이 오나 봐'와 같은 헤지(hedge) 표현 사용 가사를 확인할 수 있었다. 이를 통해 한쪽 성별이 다른 쪽 성별에 지속적으로 헤지(hedge) 표현을 사용하는 타 노래와는 달리 파트를 바꿔 부르며 서로에게 하고자 하는 말을 헤지(hedge) 표현으로 전달하는 방식을 취했다.

3) 2010년대 젠더 이데올로기와 헤지(hedge) 사용의 상관성

2010년대에는 젠더 이데올로기에서 큰 변화의 물결이 등장했다. 먼저 2015년에는 트위터, 페이스북과 같은 온라인 커뮤니티를 중심으로 탈코르셋 등 페미니즘 담론 등장의 시발점이 나타났으며, 조남주의 『82년생 김지영』이 출간되면서 젠더적인 갈등이 촉발되었다.

2016년에는 '강남역 살인사건'을 기점으로 여성혐오를 둘러싼 논쟁이 담론화됨에 따라 국내의 문화산업에 내재한 남성 중심적 사고와 시각에 대한 비판이 전개되었고, 이러한 선상에서 걸그룹에게 나타나는 외모의 획일화, 인격체의 상품화, 성적 대상화 등이 본격적인 비판의 대상이 되기 시작하였다. 이러한 관점은 오늘날 한국 대중문화에 내재되어 있는 왜곡된 여성성에 대한 경각심을 일깨우는 데 기여하고 있는 것으로 보인다.[7] 2019년 이후 'N번방 사건' 등이 등장하였고, 여성 성착취

7) 김태룡, 「한국 걸그룹 음악 가사의 주제 양상과 여성 화자의 태도 - 여성 연애 경험의

에 대한 사회적 심각성이 대두되었다.

즉, 2010년대는 젠더적인 흐름에 있어서 새로운 물결의 시대라는 것이다. 더 이상 남성-여성의 위계와 지배 이데올로기에 갇힌 문화적 양상이 나타나는 것이 아니라, 이를 탈피하려는 시도가 곳곳에서 등장하는 시기이다. 10개년을 계속해서 비교해볼 때, 90년대 39곡 → 00년대 33곡 → 10년대 50곡으로 전체 100곡 중 헤지(hedge) 표현 사용 곡이 소폭 증가하는 양상을 확인할 수 있었다. 이는 헤지(hedge) 표현을 사용하여 자칫 성별에 있어 부담될 수 있는 부분을 모호하게 처리하여 책임을 회피하려는 의도로 더 많은 헤지(hedge) 표현이 계속해서 사용되는 것을 추리해볼 수 있다. 헤지(hedge) 표현을 사용하게 되면 정보의 정확도 등 명제에 결부되는 책임을 약화시킬 수 있기 때문이다. 즉 젠더적 생각에 있어서 새로운 발판이 등장하는 시대적 흐름에 맞게 헤지(hedge) 표현을 통해 자신의 생각일 뿐이라고 여기도록 하는 주관화와, 비판할 여지를 마련하는 일반화 등의 효과를 유발하고자 하였고, 성별 간 논란과 젠더적 흐름을 회피하는 헤지(hedge)의 방식을 통해 새로운 사건을 인식함을 알 수 있다.

4. 2020년대 분석

1) 헤지(hedge) 유형별 사용 분포 현황

2020년대는 5개년만 분석이 가능했기에, 5개년 전체 헤지(hedge) 표

수용 · 발화 방식에 대한 통시적 접근 - 」, 『문화콘텐츠연구』 제18호, 2020,

현을 합산하여 나타내었다. 먼저 개연적 방패어가 151건 나타났다.

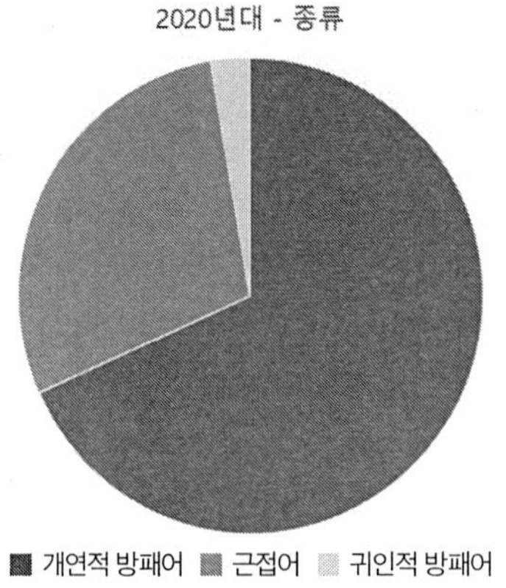

〈표5〉 2010년대 헤지(hedge) 사용현황

(9)

가. '뭔가 잊고 온 게 있는 것 같아'(아이들, 나는 아픈 건 딱 질색이니까)

나. '이렇게 난 너에게 빠졌나 봐'(치즈, 이렇게 좋아해 본 적이 없어요)

다, '잊혀진 것 같아'(노을, 늦은 밤 너의 집 앞 골목길에서) 등

(9)는 가장 빈번하게 사용된 개연적 방패어로, 추측의 보조용언 '~나 봐'나 추측의 관용구'~ 것 같아'가 대표적이다. 모두 자신의 감정을 단정적으로 표현하지 않고 가능성으로 수위를 낮춰 말함으로써, 상대에게 자신의 상황을 납득 가능하게 하는 효과를 가진다.

(10)

가. '가끔 아주 가끔'(벤, 혼술하고 싶은 밤)

나. '조금 더 빨리 닿을 수 있을 텐데'(방탄소년단, 봄날)
다. '언젠가 우리 시간 지나면 알게 되겠죠'(임영웅, 우리들의 블루스) 등

(10)은 근접어의 예로, 근접어는 총 64건 사용되었으며, 두 번째로 많이 사용된 유형이었다. 주로 사용된 표현은 '가끔', '조금', '언젠가' 등이 있었다. 무엇보다 우선시되는 자신의 마음을 '조금 더'로 표현하여 초조한 마음을 느끼게 해주거나(10-가), 자신의 생각을 알 수 있을 그 날을 애매하게 '언젠가'로 표현함으로써 청자가 이에 수긍할 수 있게 하는 효과를 가진다(10-나).

(11)
가. '우리 진짜 별나대'(레드벨벳, Psycho)
나. '다들 폭죽 터뜨리고 축제'(이영지, NOT SORRY (Feat. pH-1))
다. '다들 언젠가부터 말하네 우릴 최고라고'(방탄소년단, Yet to Come) 등

(11)은 귀인적 방패어의 예시로, 가장 적게 사용된 유형이었으며. 총 6건 사용되었다. 주로 사용된 표현으로는 인용의 '~대', '다들~ 말하네' 등이 있었다.

2) 성별에 따른 헤지(hedge) 표현 사용 양상

2020년대에 들어서는, 단순히 남성-여성의 이성 관계를 넘어서 다양한 발화자-청자 구도의 관계가 나타난다, 먼저 2020년대에는 미지칭/불특정의 발화자-청자 구도의 관계가 나타나는 성별 중립적 발화가 가

장 높은 비중을 차지하였으며, 남자→여자의 발화자-청자 구도, 여자→남자의 발화자-청자 구도가 각각 그 다음을 차지하였으며, 여성의 자기 지시적 발화, 남성의 자기 지시적 발화가 그 다음을 차지하였다. 2020년대에도 여전히 이성 관계를 함의하는 발화자-청자의 구도가 높게 나타나지만, 성별 중립적 발화의 비중과 여성의 자기 지시적 발화의 비중이 높게 나타난다는 점을 주목해볼 만하다.

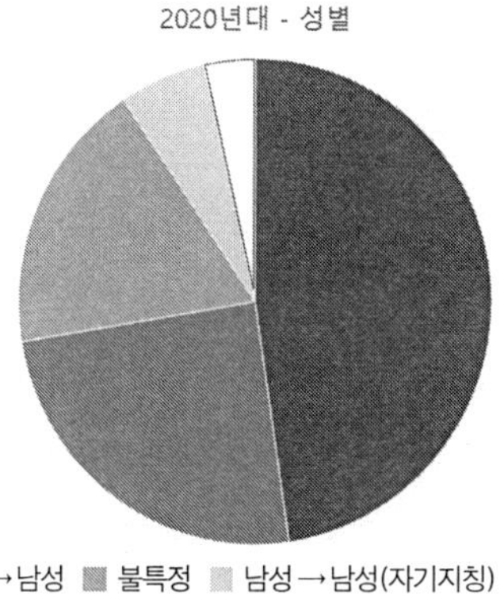

〈표8〉 청자를 기준으로 분류한 헤지(hedge)

수치를 살펴보면, 2020년대를 종합한 결과 2020~2024년까지 남성→여성 헤지(hedge) 발화는 총 81건이었다. 이는 여성→남성 헤지(hedge) 발화 건수인 42건의 약 2배에 달하는 비율이었다. 그렇기에 이는 차이가설을 지지하기 어려운 결과라고 볼 수 있다.

불특정 다수를 대상으로 한 헤지(hedge) 표현이 31건으로, 이전보다 비율상으로 증가한 모습을 보였다. 이는 시대의 변화로 연애 서사에 대한 가사가 감소함에 따라 등장한 양상이라고 볼 수 있다. 이러한 가사에서 청자의 성별이 측정되지 않은 경우가 많았던 것이다. 또한 자기를 지칭하며 사용한 헤지(hedge) 표현의 경우 남성은 10건, 여성은 6건으로 나타났다.

따라서 2020년대는 전체적으로 남성의 헤지(hedge) 발화 비율이 높으며, 불특정 다수를 향한 사용이 증가한 시기였다고 정리할 수 있다.

3) 2020년대 젠더 이데올로기와 헤지(hedge) 사용의 상관성

2020년대와 함께 코로나19 팬데믹은 전 세계적으로 확실함과 완전함에 대한 회의를 확산시켰고, 이는 남녀를 불문하고 언어에서의 헤지(hedge) 사용의 증가로 이어졌다. 워프의 언어상대성 이론에 따르면, 사고와 언어의 순환적 관계는 헤지(hedge)를 불확실한 시대에 적응하는 전략적 표현 방식으로 재구성하게끔 하였다.

동시에 2015년 페미니즘 리부트를 기점으로 여성들은 자신의 주장을 보다 주체적이고 명확하게 표현하게 되었으며, 이는 2020년의 시대적 변화와 맞물려 헤지(hedge)의 전략적인 사용 결과를 초래했다. 결과적으로 헤지(hedge)는 젠더 이데올로기 내의 경계와 권위, 표현 방식에 대한 재정의를 가능하게 하며, 인식과 사고의 변화를 일으키는 요소로 기능하고 있다. 이러한 변화는 사람들의 내면적 불확실성과 주체적 인식을 반영하여, 대중문화를 통해 섬세하게 표출되고 있다.

5. 전체 분석 - '차이 가설'과 '지배 가설'을 중심으로

	사용 곡	개연적 방패어	근접어	귀인적 방패어
1990년대	39	35	19	0
2000년대	33	26	8	2
2010년대	50	38	24	5
2020년대 (*5개년)	151	151	64	6

〈표 9 : 연도별 헤지(hedge) 사용 곡 수와 헤지(hedge) 표현 별 사용 현황〉

	남성 → 여성	여성 → 남성	본인 or 불특정 다수
1990년대	32	3	4
2000년대	20	11	0
2010년대	22	22	6
2020년대 (*5개년)	81	42	47

〈표 10 : 연도별 성별에 따른 헤지(hedge) 표현 사용 양상〉

	차이 가설	지배 가설
1990년대	기각	지지
2000년대	기각	지지
2010년대	약하게 기각	지지
2020년대 (*5개년)	기각	지지

〈표 11 : 연도별 '차이 가설'과 '지배 가설' 지지 및 기각 여부〉

1990년대에서는 〈표 9〉을 보면 총 39곡에서 헤지(hedge) 표현이 나타났으며, 개연적 방패어가 35건, 근접어가 19건 나타났다. 1990년대는 80년대의 민주화 운동을 거친 이후 시대로 자유를 얻게 된 시대였기에 이념적이거나 사유적인 가사보다는 남녀 간의 사랑 서사를 그리는 가사가 월등히 많아지기 시작했다. 이후 시대와 비교해 헤지(hedge) 표현이 적은 것은 이러한 자유롭고 적극적인 분위기의 영향인 것으로 분석되며, 헤지(hedge) 표현은 주로 이별 가사에서 사용되었다. 다만 남성 가수가 압도적으로 많은 시기였기에 〈표 10〉을 바탕으로 분석하면, 남성→여성의 발화자-청자 구도가 대부분인 것으로 보인다. 즉, 이는 이별 상황에서 상대와의 위계 발생으로 인해 남성도 헤지(hedge) 표현을 사용하게 된다는 것을 보여주므로 〈표 3〉에 따라 차이 가설을 기각하고 지배 가설을 지지한다.

2000년대에서는 〈표 9〉을 보면 총 33곡에서 헤지(hedge) 표현이 나타났으며, 개연적 방패어가 28건, 근접어가 7건, 귀인적 방패어가 2건 나타났다. 〈표 10〉에 따르면 남-여 간의 관계가 중점적으로 그려졌으며, 남성→여성의 발화자-청자 분포가 여성→남성의 발화자-청자 분포에 비해 약 2.5배 높게 나타났다. 이와 같은 결과는 2000년대의 IMF로 인한 전통적 남성성에 대한 회의와 불확실성의 증가가 언어로서 발현된 것이라고 짐작할 수 있으며, 〈표 11〉에 따라 이는 기존의 차이 가설을 반박하고 부분적으로 지배 가설을 지지한다.

2010년대에서는 〈표 9〉을 보면 총 50곡에서 헤지(hedge) 표현이 나타나 그 빈도가 증가하는 양상을 보였다. 개연적 방패어가 38건, 근접어가 24건, 귀인적 방패어가 5건 나타났다. 화자와 청자의 관계에서도 〈표 10〉에 따르면 남→여, 여→남 구도가 명확히 나타났고, 남-여 가수가 콜라보하여 사랑 노래를 발매하는 유행을 찾아볼 수 있었다. 2010년대는 젠더 이데올로기가 크게 변화하는 시점인데, 먼저 2015년 커뮤니티 등에서 탈코르셋 운동이 시작되었으며 주요 페미니즘 담론 관련 출판이 활성화되어 사회적 인식이 변화하였다. 이는 자칫 성별에 있어 부담될 수 있는 부분을 모호하게 처리하여 책임을 회피하려는 의도로 해석해 볼 수 있었다. 또한 〈표 10〉에서 알 수 있듯이 남성과 여성의 헤지표현 사용이 동일하게 나타났다는 점에서 〈표 11〉에 따라, 차이 가설을 지지하기에는 어려워 보인다. 그러나, 이별과 짝사랑 등 불균형적인 사랑에 있어서는 사회적인 위계를 반영하고 있으므로 지배 가설을 지지할 수 있었다.

2020년대에서는 〈표 9〉을 보면, 개연적 방패어의 비중이 높게 나타났으며, 여전히 〈표 10〉에 따라 남-여 간의 관계가 중점적으로 그려지지만, 성별 중립적 발화와 여성의 자기 지칭적 발화의 비중이 증가했다. 이와 같은 결과는 2020년대의 코로나19 팬데믹으로 인한 확실함에 대한 회의, 2015년 페미니즘 리부트로 인한 여성의 자기 인식의 확대에 의한 결과로 판단할 수 있으며, 이는 〈표 11〉과 같이 기존의 차이 가설을 반박하고 지배 가설을 부분적으로 지지한다.

따라서 시대별 분석을 종합해볼 때, 〈표 11〉에 따라 차이 가설은 전반적으로 지지되지 않는 것으로 나타났다. 1990~2020년대를 통틀어 명확히 차이 가설을 지지할 수 있는 시대는 등장하지 않았다. 또한 여성의 불확실한 언어적 전략으로 여겨지는 차이가설이, 〈표 10〉과 같이 대중가요의 가사에서 남성 발화자의 헤지(hedge) 사용이 시대마다 높은 비중으로 나타남에 따라 기각되는 현상을 주목할 필요가 있다. 이는 헤지(hedge)의 사용이 전통적인 권력의 구도를 해체하며 불확실성과 다양성을 포용하는 언어적 전략으로서의 소통 방식으로 인식되고 있음을 시사한다. 반면, 지배 가설은 성별을 불문하고 사회적 위계나 관계의 비대칭성이 드러나는 맥락에서 꾸준히 지지되었다. 특히 이별, 짝사랑, 감정의 불균형을 다룬 서사에서 헤지(hedge) 표현은 위계적 구조의 언어적 표지로 작용하였다.

이는 대중가요라는 장르가 단순한 감정 표현을 넘어, 성별과 권력의 관계를 언어적으로 재현하고, 사회의 젠더 이데올로기를 내면화하고 재생산하는 공간임을 시사한다. 특히 2010년대 이후 나타난 성평등 담론과 여성 주체성의 강화는 노랫말에서도 헤지(hedge) 사용의 방식과 주체에 변화를 가져왔으며, 이러한 변화는 향후 대중문화 속 언어의 젠더화와 그 해체 가능성에 대한 중요한 논의 지점을 제공한다.

V. 결론

1. 연구 요약 및 의의

본 연구는 1990년대부터 2020년대에 이르는 한국 대중가요 가사를 자료로 하여, 남성과 여성 화자의 헤지(hedge) 표현 사용 양상을 분석하고, 이를 통해 같은 시기 젠더 이데올로기에 따라 대중가요의 가사가 어떤 영향을 받는지 그 과정을 알아보고자 하였다.

특히, 여성어를 바라보는 시각 차이에 있어서 크게 대두되었던 차이 가설과 지배 가설을 본 연구에 적용하여 해석할 수 있는지, 헤지(hedge)의 사용 여부에 있어서 여성과 남성 중 누가 더 많이 사용하는지 탐구할 수 있었고, 이를 통해 기존의 헤지(hedge)가 여성의 사회적 지위를 반영하고 무력함의 표지라는 개념에 대해 반례를 제시할 수 있었다.

또한, 기존의 젠더 언어 연구가 주로 구어 담화나 인터뷰 등을 중심으로 이루어진 데 비해, 본 연구는 대중가요라는 문화적 텍스트를 자료로 활용함으로써, 보다 넓은 사회문화적 맥락 속에서 젠더 인식과 언어의 상관관계를 조명하였다는 점에서 의의가 있다.

그리고 Prince, Frader, Bosk(1982)의 헤지(hedge) 분류 체계를 기반으로 헤지(hedge)를 근접어와 방패어, 그리고 그 하위 유형으로 나누어 분석함으로써, 대중가요 담화 내에서 헤지(hedge)가 어떠한 담화적 기능을 수행하는지를 정밀하게 파악할 수 있었다. 특히 남성과 여성 화자의 언어에서 나타나는 헤지(hedge) 사용의 빈도와 양상이 시대별로 어떻게 변화해왔는지를 분석함으로써, 여성어가 단일하고 고정된 것이 아니라 시대적 맥락 속에서 유동적으로 구성되는 언어적 실천임을 보여주었다.

2. 한계 및 후속 연구 제언

다만 본 연구는 여러 한계를 가지는데, 먼저 화자의 성별 분류가 단순히 가수의 성별에 기반하여 이루어졌기 때문에, 작사가나 실제 화자의 젠더 정체성과 불일치할 가능성이 존재한다. 이는 헤지(hedge) 사용의 실제 의도 해석에 일정한 제약을 줄 수 있다. 또한 가사상에서 젠더적 내용 없는 곡에 대한 처리 문제가 있었다. 이런 경우 헤지(hedge) 표현은 더 이상 남성과 여성의 전유물이 아닌지에 대한 더 많은 생각을 해볼 필요가 있다.

둘째, 가사라는 장르 특성상 언어가 음악적 리듬, 대중성, 감정 전달을 우선시하여 비표준적이거나 시적인 표현이 많기 때문에, 헤지(hedge) 표현의 의도적 사용과 관습적 사용을 명확히 구분하는 데 한계가 있었다.

셋째, 통계를 내는 것과 같은 양적 분석은 시대별 경향을 드러내는 데 유용할 수 있지만, 방대한 헤지(hedge) 표현의 수로 인하여 각 표현의 맥락적 의미나 화행적 효과를 충분히 질적으로 분석하지는 못했다. 헤지 표현을 사용한 화용적 상황이 모두 다를 수 있는데 지나치게 많은 양으로 인해 이러한 상황적 특성을 나눠서 보지 못한 것이 아쉬운 점에 속한다.

마지막으로 시대적 측면에서의 한계이다. 먼저 시대별 차트에 중복되거나 리메이크된 곡의 가사를 처리하는 문제가 있었다. 발매가 과거에 되었음에도, 역주행하여 최근 차트에 반영된 노래도 많아 시대를 명확히 나누어 처리하는 데 있어서 완벽하기 어려웠다. 또한 시간적 측면에서 90년대 이전 가사의 헤지(hedge) 표현 양상은 어떠한지 확인하지 못했고, 2020년대는 아직 지속 중이므로 10년이라는 긴 시간에서 파악할 수 있는 연도별 특징을 제대로 알기 어려웠다는 한계가 있다.

따라서, 향후 연구에서는 가사 외에 남녀의 화용적 상황이 명시적으로 잘 드러나는 드라마나 예능 프로그램과 같은 다양한 담화 장르를 분석 대상으로 확장함으로써, 헤지(hedge) 표현의 실제 사용 맥락과 기능을 더욱 정교하게 분석해 볼 필요가 있다. 드라마나 예능 프로그램 또한 그 시대의 사회문화적 특성을 잘 반영하기 때문에 함께 분석 시에 더 유의미한 결과를 낳을 수 있을 것이다.

또한, 가사 내 발화자의 서사적 역할, 감정 상태, 사회적 위치 등을 함께 분석함으로써 헤지(hedge)가 수행하는 정체성 구성 전략을 질적 연구의 측면에서 더 입체적으로 고찰할 필요가 있을 것이다.

사회적 지위와 헤지(hedge) 사용 빈도 간의 연관성 연구

홍휘민

1. 서론

우리는 인식하지 못한 채 자신의 말을 모호하게 돌려 말하곤 한다. "이거 재밌는 것 같아."처럼 자신의 생각을 표현하는 것임에도 '-것 같다'를 사용하여 단언하여 표현하지 않은 것이다. '-것 같다'는 사전적 의미가 '추측이나 불확실한 단정을 나타내는 말'이듯, 자신의 생각을 딱 잘라서 판단하고 결정하지 못할 때 쓰이는 것이다. 그러나 자신의 판단이 이미 내려진 상태에서 화자가 메시지를 주고받는 청자와의 관계를 고려하여 '-것 같다'를 사용한 경우, 이는 추측표현이 아닌 단언화행을 피하기 위한 완화표현으로 사용된 것이다. 서바이벌 오디션 프로그램에서도 이러한 현상이 발견된다. 서바이벌 프로그램에는 두 가지 그룹이 필수적으로 등장한다. 오디션 '지원자'와 오디션 '코치'이다. 이들은 평가받는 자와 평가하는 자라는 사회적 위치적 차이를 가진다. 그렇다면 과연, 평가하는 자인 코치는 지원자에게 모호한 표현 없이 말하고, 평가받는 자인 지원자는 모호한 표현으로 자신의 발언에 확신 없이 말할까? 본 연구는 이러한 사회적 지위 차이와 발화의 모호함을 만드는 헤지(hedge) 표현의 연관성을 알아보려 한다.

2. 선행연구 정리와 연구의 방법 및 대상

2.1 선행연구 정리

완화표현은 여성이 많이 쓰는 여성어로 취급되는 경우가 많다. 이러한 여성어를 바라보는 크게 두 가지의 가설이 있다. 바로 차이 가설과 지배 가설이다. 차이 가설은 여성 언어와 남성 언어는 여성과 남성의 태생적 특질 차이에서 기인한다고 말하는 가설이다. 남아와 여아가 자라는 환경이 다르다는 게 주 이유이다. 남아는 상위 조직 속에서, 여아는 하위 소집단 내에서 자라난다. 이로써 남아는 행위 자체에 집중하여 청중의 이목을 끄는 일을 배우지만, 여아는 말을 통해서 친밀감을 유지하는 일을 배우게 된다. 또한 싸움 방식에서도 남아는 경쟁적이고 대립인 논쟁을 하지만, 여아는 화해, 회피, 묵인과 같은 완화적 방식을 취한다. 그러나 해당 연구가 진행된 1993년과 달리 현재는 남아와 여아의 양육 방식의 차이가 상대적으로 줄어들었기에 현시대에 연구를 다시 할 시 새로운 결과가 나올 수 있다. 두 번째 가설은 여성 언어가 여성들만의 특성이 아니라, 사회적으로 힘이 없는 남성들에게도 나타난다는 지배 가설이다. 즉 여성어로 여겨지는 완화표현이 사실 남녀의 차이보다는 사회적 지위, 사회적 권력 차이로 인해 발생하는 것이 더 크다는 말이다. 지배 가설에서는 사회적 힘이 약한 사람이 여성어를 쓴다고 말한다. 그러나 정소우(2011)에서는 이와 반대의 결과가 나왔다. 사회적 힘과 관련된 것은 맞지만, 오히려 사회적 권력이 더 있는 사람들이 완화표현을 더 많이 쓴다는 것이었다. 이는 예절 교육의 영향과 사회적 권위를 유지하기 위해 자신이 알고 있는 것이 확실하다는 표현이 아닌 완화표현을 통해 체면 손상을 최소화하려는 이유라고 연구되었다. 따라서 현재 완화표현에 대해 남녀 차이가 더 큰가, 사회적 힘의 차이가 더 큰가라는 의문과 사회적 힘이 더 많은 사람이 쓰는가 적은 사람이 쓰는가라는 의문이 존재한다.

2.2 연구의 대상

본 연구는 선행 연구의 두 가지 의문 중 후자인 '완화 표현을 사회적 힘이 더 많은 사람이 쓰는가, 적은 사람이 쓰는가.'에 집중해서 연구를 진행한다. 이를 위해 절대적인 사회적 지위 차이가 분명하게 드러나는 프로그램을 찾은 결과, 아이돌 지망생 즉 연습생과 대중적으로 인정받는 전문성으로 이들을 가르치고 평가하는 코치진이 존재하는 서바이벌 오디션 프로그램을 선택하게 되었다. 완화표현은 여성어로 취급되기에, 걸그룹 서바이벌과 보이그룹 서바이벌 중 걸그룹 서바이벌 프로그램을 연구 대상 조건으로 두었다. 또한 악마의 편집 등으로 불리는 편집으로 인한 발화 짜깁기가 적을 프로그램을 선택하기 위하여, 유명 서바이벌 프로그램을 여럿 방영한 Mnet이 아닌, JTBC에서 송출되어 시청자들에게 자극적인 편집이 적다고 평가된 프로그램을 선택했다. 이를 바탕으로 결정된 연구 대상 프로그램은 '알유넥스트'로 르세라핌, 뉴진스 다음으로 하이브의 넥스트 걸그룹을 뽑는 서바이벌이다. '알유넥스트'의 MC

는 소녀시대였던 최수영이 임했고, 코치로는 연예인인 조권, 이현, 박규리, 아이키, 김재환과 하이브의 실제 코치인 빈센조와 만두가 나왔다. 2023년 6월 30일부터 2023년 9월 1일까지 방영되었으며 총 10부작이다. '알유넥스트'는 하이브 여자 연습생들만이 모여 서바이벌을 진행한다. 시청자 투표 1, 2등의 연습생 2명과 소속사가 선택한 4명이 모여 최종 데뷔가 이루어지는 형태이다. 매 경연 이후 하이레벨, 미드레벨, 로우레벨로 나누어져 레벨이 정해진다. 처음에는 이러한 레벨에 따른 연습생 간의 발화 차이도 확인하려 했으나 매 경연마다 레벨이 바뀌고, 전부터 서로를 알았던 연습생들이었기에 레벨 차이보다 이전 관계성의 영향이 더 큼을 발견하였다. 따라서 완화표현의 사회적 힘 차이를 알아보는 것에만 집중하여 연습생과 코치들 간의 완화표현 발화 차이를 분석하려 한다.

2.3 연구의 방법

본 연구는 완화표현에 대한 다양한 이론 중 Caffi(2007)의 분류체계를 채택하였다. Caffi는 문장 단위까지 모두 포괄하여 완화표현을 다루었으며, 구체적으로 bush, hedge, shield로 나누었다. 명제 내용에 적용되는 완화표현인 bush와, 발화수반력에 작용하는 완화표현인 hedge와, 화자 혹은 청자를 탈초점화하여 책임을 덜어주는 shield이다. 전사 데이터 결과 bush와 shield의 빈도수는 hedge보다 현저히 적었고 이는 실전 회화에서 완화표현 사용이 더 많이 나타나는 것으로 판단, 따라서 hedge에만 집중하여 분석하였다. Searle의 적정조건을 바탕으로 고재필(2017)의 위반 사례를 참고하여 지시화행과 단언화행의 완화표현의 조건을 정리하려 한다.

연구에서 지시화행을 완화하는 위반 사례는 총 5가지로 정하였다. 지시화행은 '밥 먹어.'처럼 화자가 어떤 행위를 청자에게 하도록 하는 발화이다. Searle의 적정조건에 따르면 화자는 청자가 해당 행위를 할 수 있다고 믿으며(예비조건1), 화자와 청자 모두에게 청자가 지시 없이 해당 행위를 할지 분명하지 않다(예비조건2). 이러한 행위를 청자가 미래에(명제내용조건) 하기를 원하며(진실성조건) 화자가 발화하는 것이 지시화행이다. 그러나 의문문 '밥 먹을래?'처럼 청자에게 행위의 수행이 가능한지 물어 지시의 효과를 완화하는 것은 예비조건 1을 위반한 것이다. 청유형 '밥 먹자'는 청자 혼자가 아닌 화자 자신과 행위를 함께 하자고 요청하며 '청자'만이 할 수 있다고 믿은 명제내용조건을 위반한 사례이다. 가정문 '식탁에 앉을 수 있으면 밥 먹어'처럼 행위의 수행에 조건을 붙여 청자가 수행할 수 있는 조건이 충족되면 하라는 의미로 완화시킨 것 역시도 청자가 할 수 있다고 믿는 예비조건1을 위반한 경우이다. '-면 좋겠다'역시 '밥 먹으면 좋겠다.'처럼 지시가 아닌 화자의 바람을 표현하는 것으로 청자가 하기를 원하는 진실성 조건에 위배된다. 마지막 시도 보조용언인 '-어 보다'는 역시도 지시가 아닌 시험 삼아 해보라는 시도표현으로 완화되어 예비조건1에 위배되는 경우이다.

지시화행의 hedge		
의문문	예비조건1 위반	화자는 청자가 해당 행위를 할 수 있다고 믿는다.
청유형	명제내용조건 위반	청자의 미래 행위
가정문	예비조건1 위반	화자는 청자가 해당 행위를 할 수 있다고 믿는다.

-면 좋겠다	진실성조건 위반	화자는 청자가 해당 행위를 하기를 원한다.
시도 보조용언 -어 보다	예비조건1 위반	화자는 청자가 해당 행위를 할 수 있다고 믿는다.

연구에서 단언화행을 완화하는 위반 사례는 3개로 규정하였다. 단언화행은 화자가 진실/사실로 믿고 있는 명제를 청자에게 전달하는 것으로 '이 메뉴는 비싸'와 같이 객관적인 서술처럼 발화된다. Searle의 적정조건에 따르면 화자가 진실이라 믿는(진실성조건) 명제에 증거를 가지고 있으며(예비조건1), 청자가 해당 명제를 알고 있을지 화, 청자 모두 모르는 경우(예비조건2)에 단언화행의 명제는 어떠한 내용이든 가능하다(명제내용조건). 확인의문문/의문문은 '이 메뉴는 비싸. 그치?'처럼 청자가 알고 있음을 전제로 하는 의문문을 통해 단언화행을 완화한다. 주관적 표현인 '이 메뉴는 비싸, 나한테는.'처럼 사실이 아닌 자신만의 의견으로 한정하며 단언을 피한다. 마지막으로 '-인 것 같다/-인 듯하다'로 '이 메뉴는 비싼 것 같아'처럼 화자의 판단이 이미 완료된 명제이지만 추측 표현으로 전달되도록 돌려 말하는 경우이다.

단언화행의 hedge		
확인의문문 의문문	예비조건2 위반	청자가 해당 명제를 알고 있을지는 화,청자 모두에게 분명하진 않다.
주관적 표현	예비조건1 위반	화자는 해당 명제의 진리성에 대한 증거를 갖고 있다.
	진실성조건 위반	화자는 해당 명제를 믿는다.
-인 것 같다 -인 듯하다	예비조건1 위반	화자는 해당 명제의 진리성에 대한 증거를 갖고 있다.

위 사례들을 기준으로 완화표현 사용과 사회적 힘 차이의 관련성을 알아보기 위해, 본 연구는 프로그램 '알유넥스트'에서 코치는 항상 사회적 권위를 가진 화자로, 연습생은 항상 사회적으로 낮은 지위에 놓인 화자로 간주한다. 이는 발화 상황마다 화자와 청자 간의 상대적인 사회적 권력관계를 확인하여 연구하는 것이 아닌, 화자가 지닌 절대적인 사회적 지위에 주목하여 청자와의 관계와 무관하게 프로그램 내 모든 발화를 연구 대상으로 삼음을 의미한다. 이러한 분석 틀을 바탕으로, 다음과 같은 가설을 설정하였다.

> "연습생은 코치보다 전체 발화 수 대비 hedge 표현의 사용 비율이 높을 것이다."

해당 가설을 검증하기 위해서는 전체 발화 수와 hedge 발화 수를 바탕으로 연습생 집단과 코치진 각각의 hedge 표현 사용 비율을 구하여 비교해야 한다. 이후 지시화행과 단언화행에서 각각 어떤 집단이 hedge를 더 많이 쓰는지도 추가로 확인해 볼 것이다. 이를 통해 가설 검증을 하고, 연습생 집단과 코치진의 지시화행, 단언화행 위반 사례를 자세히 살펴보며 논의해 보려 한다.

3. 분석 결과 및 논의

3.1 가설 검증

'알유넥스트' 10부작 내 총 발화 수는 6,791개로 연습생은 총 5,119번의 발화를, 코치는 1,852번의 발화를 하였다. 코치진은 실제 무대와 중간 평가에 대한 코멘트, 적은 수의 연습 지도를 통해 발화가 나타나였고, 이외에는 모두 연습생들의 연습하는 모습, 인터뷰, 실제 무대 등으로 이루어졌다. 그렇기에 연습생의 발화 수가 코치의 약 2.7배 많게 나타났다. 그러나 hedge 표현은 연습생이 301번, 코치 241번으로 총 발화 수에 비해 적은 차이를 보였다. 이로 인해 연습생의 전체 발화 수 대비 hedge 사용 비율 약 5.9%, 코치의 전체 발화 수 대비 hedge 사용 비율 약 13.0%가 나왔다. 즉 총 발화 수가 동일하다고 가정했을 때, 코치진이 hedge 표현을 연습생들보다 2배 이상 사용하는 것이다.

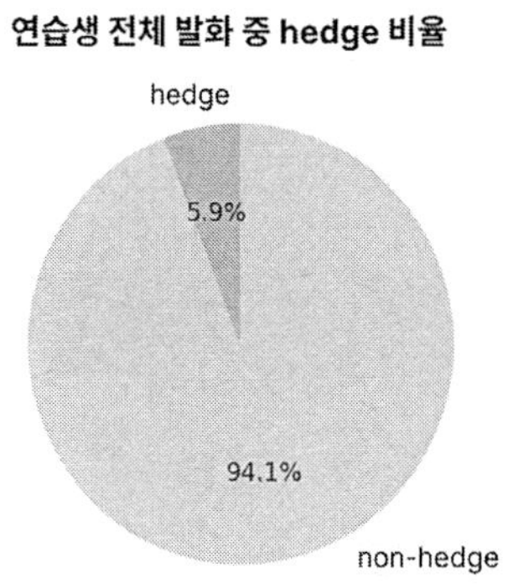

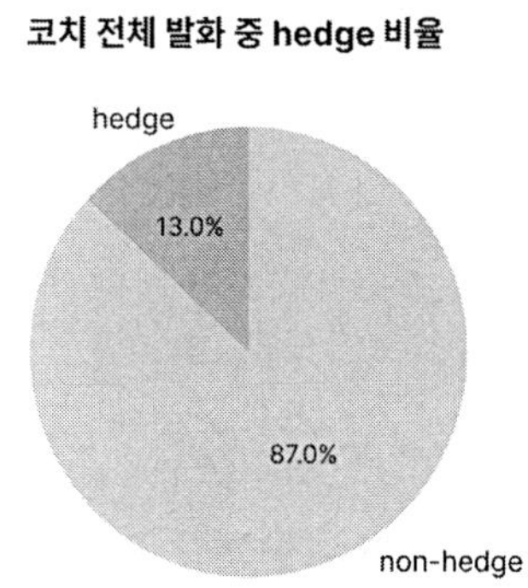

다음은 지시화행 사용 양상이다. 연습생은 총 302번의 지시화행을, 코치는 총 108번의 지시화행을 했다. 이 중 hedge 사용 수는 연습생 32번, 코치 36번으로 나타났다. 즉 지시화행 중 hedge 사용 비율이 연습생 약 10.6%, 코치 약 33.3%로 코치가 상대적으로 높게 나타났다. 약 3배의 차이이다. 지시화행에서도 코치의 hedge 사용률이 연습생보다 훨씬 높은 것이다.

연습생 지시화행 중 hedge 비율

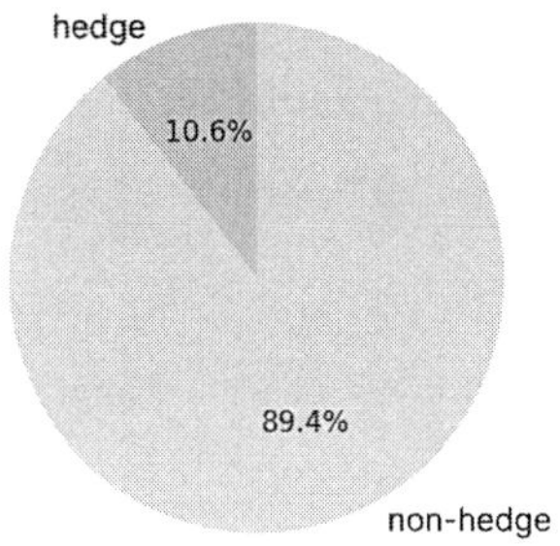

코치 지시화행 중 hedge 비율

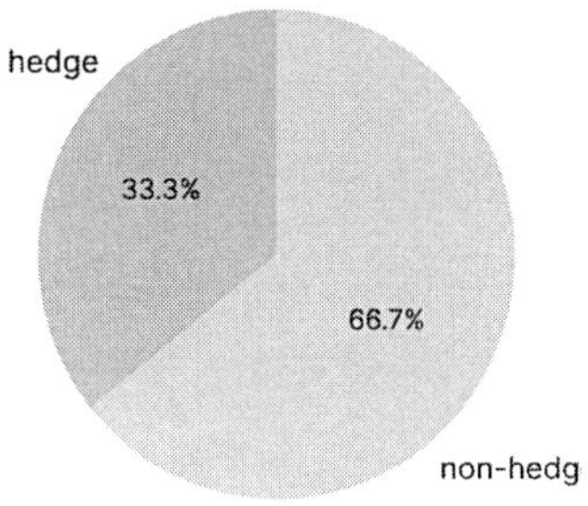

다음은 단언화행 사용 양상이다. 연습생은 총 2,494번의 단언화행을, 코치는 총 1,088번의 단언화행을 했다. 이 중 hedge 사용 수는 연습생 269번, 코치 205번으로 나타났다. 따라서 단언화행 중 hedge 사용 비율이 연습생 약 10.8%, 코치 약 18.8%로 코치가 상대적으로 높게 나타났다. 지시화행에서도 코치의 hedge 사용률이 연습생보다 더 높은 것이다.

연습생 단언화행 중 hedge 비율

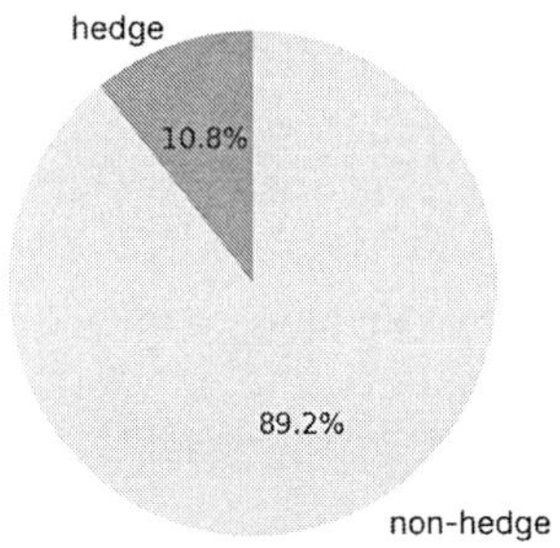

코치 단언화행 중 hedge 비율

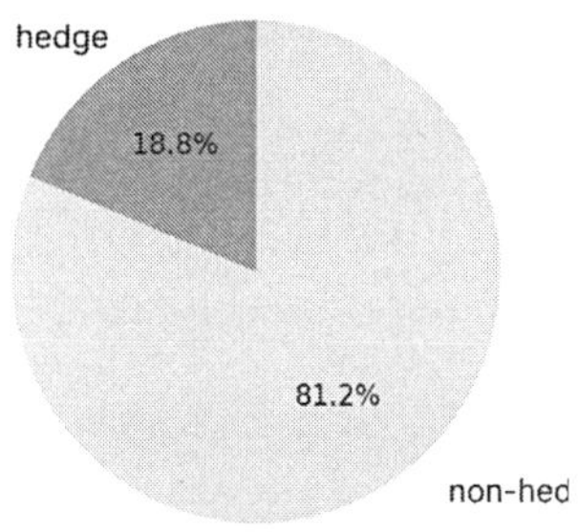

전체 발화 중 hedge 사용 비율이 연습생보다 코치가 높게 나타났기

에 가설 '연습생은 코치보다 전체 발화 수 대비 hedge 표현의 사용 비율이 높을 것이다.'는 기각되었다. 지시화행과 단언화행에서도 모두 코치의 hedge 표현 사용이 높게 나타났다. 이는 앞선 정소우의 연구를 뒷받침해 준다. 사회적 권위, 힘을 지닌 코치진은 체면 손상을 피하기 위해 hedge 표현을 사용한 것으로 분석된다. 전 세계로 송출되는 프로그램이기에 적은 발화로 쉽게 큰 사회적 평판을 잃을 수 있기에, 대부분 연예인으로 구성된 코치진들이 완화표현을 사용하며 부드러운 지시를 하고, 책임 여부가 있는 단언은 피한 것이다.

3.2 전사 자료 분석

이제 지시화행과 단언화행의 구체적인 hedge 표현 양상을 확인하고 실제 발화를 보며 분석할 것이다. 이에 앞서, 전사 기준이 된 위반 사례를 다시 간단히 정리하자면 다음과 같다. 지시화행의 hedge는 5가지, 단언화행의 hedge는 3가지이다. 화자가 어떤 일을 청자에게 하도록 하는 지시화행을 청자에게 수행 가능한지 묻는 의문문으로, 같이 하자고 요청하는 청유형으로, 수행에 조건을 붙이는 가정문으로, 지시가 아닌 바람을 표현하는 '-면 좋겠다'로, 지시가 아닌 시험 삼아 해보라는 시도 표현의 '-어 보다'로 바꾸어 사용한 총 5가지의 위반 사례를 지시화행의 hedge로 정하였다. 화자가 진실로 믿(알)고 있는 것을 청자가 알고 있을지 분명하지 않은 상황에서 확신을 가지고 전달하는 단언화행을 청자가 알고 있음을 전제로 하는 확인의문문/의문문으로, 진실이 아닌 자신만의 의견으로 한정하는 주관적 표현으로, 화자의 판단이 완료되었지만 마치 추측 표현처럼 돌려 말하기 위해 '-것 같다'로 사용한 총 3가지의 위반사례를 단언화행의 hedge로 결정했다.

연습생의 지시화행 중 hedge는 총 32번 발화되었다. 의문문이 17번으로 가장 많이 사용되었으며, '-면 좋겠다'가 9번, '-어 보다'가 4번, 청유형이 2번 사용되었다. 가정문은 단 한 번도 사용되지 않았다.

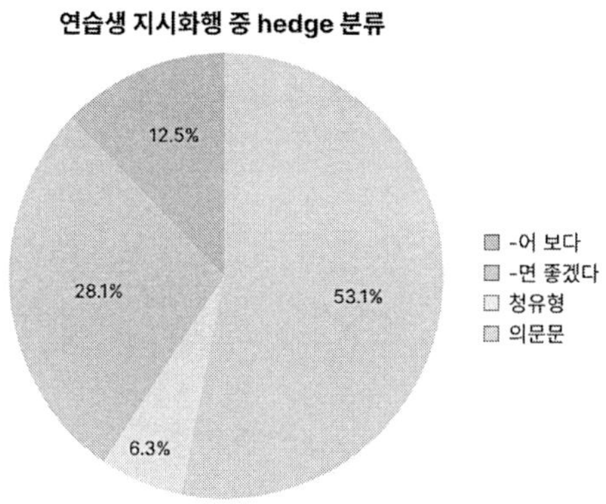

코치의 지시화행 중 hedge는 총 36번 발화되었다. '-면 좋겠다'가 18번으로 가장 많이 사용되었으며, 이어서 의문문이 12번으로 두 번째로 많이 사용되었다. '-어 보다'가 4번, 가정문과 청유형이 단 1번 사용되었다.

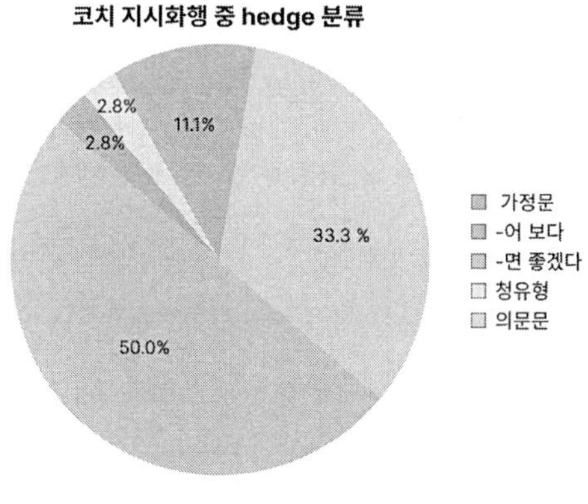

이를 통해 사람들이 사회적 지위와 관련 없이 전체적으로 '-면 좋겠다'와 의문문을 지시화행의 hedge 표현으로 많이 사용하고 있음을 알 수 있다. 그러나 가정문과 청유형은 거의 사용되지 않고 있다.

연습생 지시화행 '-면 좋겠다' hedge는 총 9번으로 두 번째로 많이 사용되었지만, 그중 과거의 자신과 시청자를 향해 말한 것을 제외하면 오직 4번의 발화만 같이 무대를 준비하는 동료 연습생에게 발화되었다. 그 4번 중 3번의 발화는 10부작 중 초반인 2, 3화에 나오며 존댓말을 사용한다.

(1) 가. (탈락이 결정된 이후 마지막 소감으로) 앞으로 더 응원해 주셨으면 좋겠습니다.
나. (마지막 밤, 입소 첫 날의 나에게 말하는 시간)날카롭게 얘기하는 모습을 고쳤으면 좋겠어
다. 뭔가 좀 더 샤하게 내면 좋을 것 같아요, 소리를." (2화)
라. 부담이 되면 어쩔 수 없는 거긴 하지만 베네핏이 걸려있으니까 너를 위해서 온전히 너를 위해서 고민을 해봤으면 좋겠어(8화)

그러나 지시화행 의문문 hedge는 17번 모두 연습생에게 발화되었다.

(2) 가. 샤넬, '난 널 선택했어 이미' 할 때 더 세게 내어줄 수 있어?
나. 천천히 틀고 하면 안 돼요?

코치에게서 '-면 좋겠다'는 연습생 '-면 좋겠다'의 약 2배 사용률인 50%가 나타난다. 18번의 발화 모두 연습생을 향해 사용되었으며 모두 존댓말을 사용하였다.

(3) 가. 잠재된 여러분들의 끼와 능력을 충분히 보여주시면 좋겠습니다
나. 무대 들어가기 전에는 멘탈을 좀 잡았으면 좋겠어요

코치의 지시화행 의문문 hedge는 총 12번이며 8번의 발화가 반말로 구성되었다.

(4) 가. 아이리스가 서연이 파트 여기 앞으로 불러볼 수 있어?
나. '버터 내는 거야, let's scrum' 거기 한번 다시 해 볼래?

이전부터 함께 연습해왔으며, 프로그램 기간인 약 5개월 동안 함께 살며 두터운 친분을 쌓은 연습생들 간의 사이는 처음 만났고 다른 자리에 앉아 프로그램을 찍은 코치진과 연습생들 간의 사이보다 훨씬 가까울 것이다. 이를 바탕으로, 코치는 '-면 좋겠다'가, 연습생은 의문문이 각각 지시화행 hedge로 가장 많이 사용되었으며, 연습생의 '-면 좋겠다'보다 의문문에서 연습생 대상 발화가 많이 나타났다. 모두 연습생 대상 발화였던 코치의 '-면 좋겠다'에서는 존댓말이, 의문문에서는 반말이 쓰였다. 따라서 청자와 화자 간 거리감이 가까운 경우 지시화행 hedge 중 의문문이, 먼 경우에 '-면 좋겠다'가 자주 쓰인다고 볼 수 있다.

코치들의 지시 화행 hedge만을 보자면, 당장 연습생에게 무언가를 해달라고 지시할 때는 의문문을 사용한다.

(5) 가. 저희가 춤을 한번, 본인이 가지고 있는 주 장기 한번 볼 수 있을까요?
나. 여기 한 번 불러 볼 수 있어?

반면 연습생은 지금 당장 해야 할 것이 아닌 경우 '~면 좋겠다'를 사용하였다.

(6) 가. 그래서 에나는 연습을 많이 했으면 좋겠습니다
나. 이거는 개인의 무대가 아니기 때문에 좀 더 팀과 융화되는 느낌으로 연습을 더 했으면 좋겠고요

예외의 경우, '지금'이라는 시간을 가리키는 명사가 사용되었다.

(7) 가. 그래서 저는 좀 '어머나' 배틀을 한번 하셨으면 좋겠어요. 지금

연습생의 단언화행 중 hedge는 총 271번 발화되었다. '-인 것 같다'가 211번으로 약 78%를 차지하며 가장 많이 사용되었으며, 의문문이 44번, 주관적 표현이 16번 사용되었다.

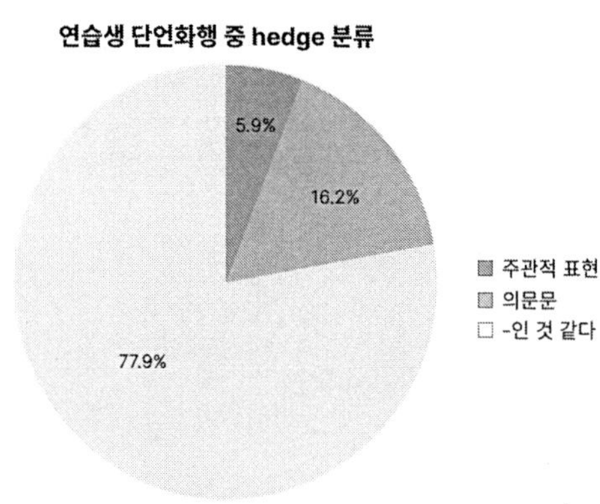

코치의 단언화행 중 hedge는 총 205번 발화되었다. '-인 것 같다'가

122번으로 연습생 통계처럼 가장 많이 사용되었으며, 이어서 의문문이 58번, 주관적 표현이 30번으로 사용되었다.

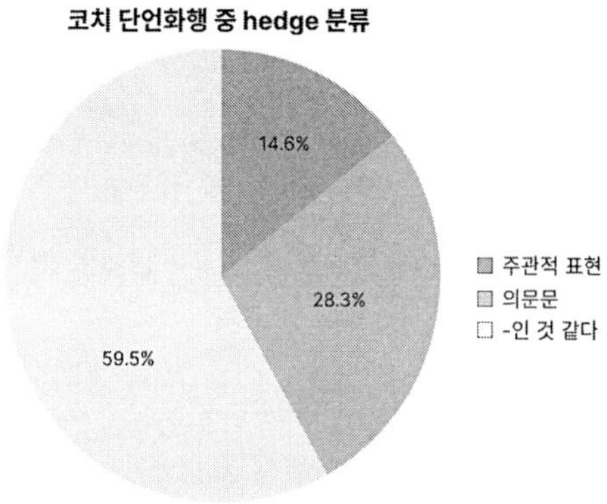

단언화행 hedge는 함께 사용되는 경우도 있었다. 첫 번째는 '-인 것 같다'와 주관적 표현이 함께 쓰인 경우였으며 연습생과 코치 모두에게 나타났다. 먼저 연습생의 발화부터 제시하면 다음과 같다.

(8)
가. 저는 좀 이해 못해서 답답했던 것 같아요
나. 저 때 굉장히 자신감이 넘쳤었던 상태였기 때문에 자신감 넘치는 모습이 되게 보기가 좋은 것 같아요 저는

(8-가)는 상황에 대한 자신의 판단을 단언적으로 표현하지 않고 추측의 '-것 같다'를 사용하여 완화한 경우이며 (8-나)는 '저는'과 같이 자신의 판단에 불과함을 덧붙여 표현해 단언의 힘을 약화시킨 경우이다.

코치 역시 동일하게 나타난다.

(9)

가. 힐코레오라는 정체성을 봤을 때는 밸런스가 맞지는 않았던 것 무대였던 것 같아요, 저는

나. 모카는 정말로 장르 소화력은 거의 제가 볼 때 탑인 것 같습니다

다. 좀 더 과하게 제가 봤을 때 끝처리들이 표현이 된 것 같거든요

(9)는 추측의 '-것 같다'와 자신의 판단에 불과하다고 선을 그은 '저는'(가) '제가 볼 때'(나) '제가 봤을 때'(다) 두 가지가 함께 사용된 경우이다.

두 번째는 '-인 것 같다'와 의문문이 함께 쓰인 경우였다. 아래는 코치의 발화 예시이다.

(10)

가. 다만, 다만 에나가 노래를 제일 많이 했던 것 같아요, 그쵸?

나. 근데 그게 자신감이 없으면 되게 발굴될 수 없는 목소리인 것 같거든요?

(10-가)는 '그쵸'와 같은 확인의문문을 사용하여 노래를 제일 많이 한 사람이 누군지 단언을 피하는 표현이며, (10-나)는 상승억양을 사용하여 자신의 생각이 갖는 힘을 완화시킨 경우이다.

마지막으로, 외형상으로는 단언화행이지만, 지시를 피하기 위해 이를 사용하려 하고, 그 단언성을 완화하기 위해 추측의 '-것 같다'를 사용하는 경우도 자주 나타났다. 아래는 이를 보이는 예문이다. 먼저 연습생 발화부터 제시한다.

(11)

가. 자, 2번 파트 지원하고 싶은 사람 손들면 될 거 같아요.

나. 서연이 조금 나가야 될 것 같아요.

다. 이거 할 때 좀 더 리듬감 살려야 될 것 같아요.

(11)은 2번 파트 지원하고 싶은 사람은 손들어(가), 서연이 조금 나가야 돼(나), 이거 할 때 좀더 리듬감을 살려(다)라는 지시화행이 단언화행으로 제시된 예이다. 그러나 단언화행의 '단언'이 가진 힘을 약화시키기 위해 추측의 '-것 같다'를 사용하였다.

이러한 모습은 코치 발화 역시 동일하다.

(12)

가. 근데 안 그래도 될 거 같아

나. 메인 보컬은 아무래도 지우가 하는 게 좋을 것 같고

다. 고개 안 숙여도 되고 차라리 코를 드는 게 나을 것 같아요

라. 마지막 거기 '확신했어 lalala' 거기 마지막 후렴은 샤넬이 하는 방향으로 가는 게 좋을 것 같긴 해요, 전반적으로.

4. 결론

'알유넥스트'라는 서바이벌 오디션 프로그램을 통해 사회적 힘 차이가 분명한 코치와 연습생 간의 hedge 발화 차이를 알아볼 수 있었다. 사회적 지위가 훨씬 높은 코치가 연습생보다 hedge 표현을 덜 사용할 것이라 짐작했으나, 실제 전사를 통해 코치가 연습생보다 2배 이상의 hedge 사용률을 가짐이 밝혀졌다. 또한 지시화행과 단언화행 각각의

통계에서도 코치진의 hedge 사용률이 더 높았다. 이는 지배 가설을 뒤엎는 결과이자 사회적 체면을 고려하여 사회적 힘을 가진 집단이 아닌 집단보다 hedge 사용을 더 한다는 정소우의 연구에 힘을 싣는 결과다.

지시화행 hedge 표현에서는 '-면 좋겠다'와 의문문이 청유형과 가정문보다 두 집단 모두에게서 훨씬 많이 사용되었다. 덜 친한 즉 심적 거리감이 먼 상대에게는 의문문보다 '-면 좋겠다'를 통해 지시를 하고, 지금 당장 청자의 행위를 바라는 경우에는 '-면 좋겠다'보다 의문문을 사용한다. 단언화행 hedge 표현에서는 '-인 것 같다'를 의문문, 주관적 표현보다 두 집단 모두 훨씬 많이 사용하였다. '-인 것 같다'와 주관적 표현 또는 '-인 것 같다'와 의문문이 함께 사용된 경우도 존재했다. 특이하게도 해당 발화가 지시의 의미를 가지는 상황이지만 '-인 것 같다'가 쓰이며 지시화행과 단언화행의 두 번의 완화 단계를 거쳐 발화된 경우도 있었다.

해당 연구 초반, 청자의 행동에 직접적인 영향을 미치는 지시화행이 자주 hedge 표현을 통해 사용되는 것은 예의가 중시되는 대한민국 사회의 영향으로 이해하였다. 또한, 청자나 제3자에 대한 부정적인 뉘앙스를 담은 단언화행도 마찬가지였다. 그러나 특정 사람에 대한 부정적인 단언이 아닌, 타인에 대한 긍정적인 단언이나 화자 자신의 생각과 감정을 표현하는 단언화행에서 어떠한 이유로 hedge 표현이 쓰이는지 명확하지 않았다. 점차 연구를 진행하며 이는 자신감과 관련 있을 것이라 추측되었다. 따라서 이후 단언화행 hedge 표현과 청자가 느끼는 화자의 자신감 정도/실제 화자의 자신감 정도와의 관련성에 대한 연구가 진행되기를 바란다.

부록

[부록 1]

1. 남아·여아 대상 애니메이션에 나타난 대상어 사용 비교

여아 대상 애니메이션에서 여성 대상어가 실제로 어떻게 사용되고 있는지 구체적으로 보기 위해, 본론에서의 두 개의 가설 외에 하나의 가설을 더 설정하고 다음과 같이 분석하였다.

가설 : 여성 대상어 사용을 통해 〈남·여〉 대상 애니메이션의 내용적 차이가 명확히 구분되어 나타날 것이다.

김지윤, 홍성욱(2010)의 연구[1]와 사단법인 서울 YWCA(2021)의 보고서[2]는 본 연구의 가설 3, 즉 "여성 대상어 사용을 통해 남아·여아 대상 애니메이션의 내용적 차이가 명확히 구분되어 나타날 것이다"라는 설정에 핵심적인 이론적 근거를 제공한다. 김지윤, 홍성욱(2010)은 "방송사에서 애니메이션 편성 시 코믹물, 액션물 등의 장르로 콘텐츠를 구분하기도 하지만 남아물, 여아물 등 시청대상의 성별로도 타깃별 콘텐츠

1) 김지윤, 홍성욱, 애니메이션 〈파워퍼프걸〉과 〈파워퍼프걸z〉 시청자 성별 선호도 연구, 애니메이션연구, 6(4), 2010, 7-22.
2) 사단법인 서울 YWCA, 「유튜브 어린이 애니메이션 2021 대중매체 양성평등 내용 분석 보고서」.

를 구분한다. 제작사 역시 애니메이션 기획 시 성별 타깃을 정의하고 그에 맞게 주제를 선택하여 애니메이션을 제작한다"[3]고 밝히고 있다. 이때 남아 대상 애니메이션은 파워, 대결, 용맹, 성공 등 남성적 감성 욕구를 충족하는 주제를, 여아 대상 애니메이션은 아름다움, 매력, 사랑, 모성애 등 여성적 감성 욕구를 충족하는 주제를 중심으로 제작된다.[4] 이는 기획 단계에서부터 남아와 여아를 주요 시청층으로 명확히 구분하고, 각 성별에 맞는 주제와 어휘, 캐릭터 특성을 부여함을 의미한다. 또한, 서울 YWCA(2021)의 「유튜브 어린이 애니메이션 2021 대중매체 양성평등 내용 분석 보고서」에서는 "유튜브 애니메이션이 젠더를 재현하는 방식에 따라 어린이들에게 고정관념을 학습시키는 도구가 될 수 있다"고 지적하며, "모니터링 결과 등장 캐릭터들이 성별에 따라 성격 특성을 보이는 경향이 있었다. 결과는 성별에 따라 특정 성격이 반복적으로 재현되고 있음을 보여준다"[5]고 명시한다. 이처럼 두 연구 모두 한국의 아동용 애니메이션이 기획 단계에서부터 남아와 여아를 명확히 타깃팅하여, 각 성별에 맞는 주제와 캐릭터 설정, 그리고 어휘(특히 여성 대상어)의 사용에 차이를 두고 있음을 실증적으로 보여준다. 따라서 이러한 성별 구분과 역할 차이가 실제로 여성 대상어의 사용을 통해 어떻게 드러나고 있는지 구체적으로 분석할 예정이다.

김지윤, 홍성욱(2010)과 서울 YWCA(2021)의 연구에서 밝혔듯, 한국의 아동용 애니메이션은 기획 단계에서부터 남아와 여아를 명확히 타깃팅하고, 각 성별에 맞는 어휘와 주제를 반복적으로 사용하는 경향이

3) 김지윤, 홍성욱, 앞의 논문, 7쪽.
4) 김지윤, 홍성욱, 앞의 논문, 7쪽.
5) 사단법인 서울 YWCA, 앞의 보고서.

있다. 본 연구는 이러한 선행연구를 바탕으로, 여아 대상 애니메이션의 스크립트 내 여성 대상어 사용 양상과 빈도를 통계적으로 제시함으로써, 어휘적 차이가 실제로 내용적 차이로 이어지는지 실증적으로 확인하고자 한다.

여아 대상 애니메이션으로 선정된 『치링치링 시크릿 쥬쥬』(2012), 『완소! 퍼펙트반장』(2009), 『마법변신! 아이돌 프린세스 리틀프릿』(2011), 『아이 엠 스타!』(2012)의 1~3회를 대상으로 스크립트를 전사한 후, 대상어 어휘와 등장 횟수를 전수조사하였다. 조사 내용을 토대로, 애니메이션별로 전체 대상어 개수, 대상어 종류별 횟수, 지칭어 횟수, 묘사어 횟수, 관련어 횟수 통계를 집계하였다. 통계 집계 결과를 제시하고, 각 애니메이션의 대상어를 살펴봄으로써, 의미를 분석하고자 한다.

1. 『완소! 퍼펙트 반장』

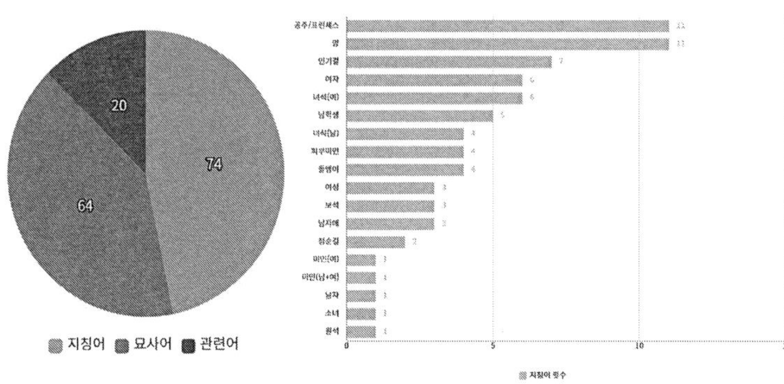

〈표 1〉『완소! 퍼펙트 반장』 대상어 / 지칭어 사용 종류 및 횟수

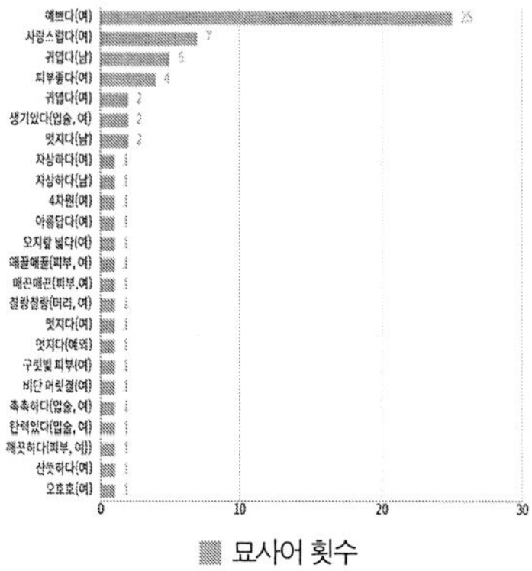

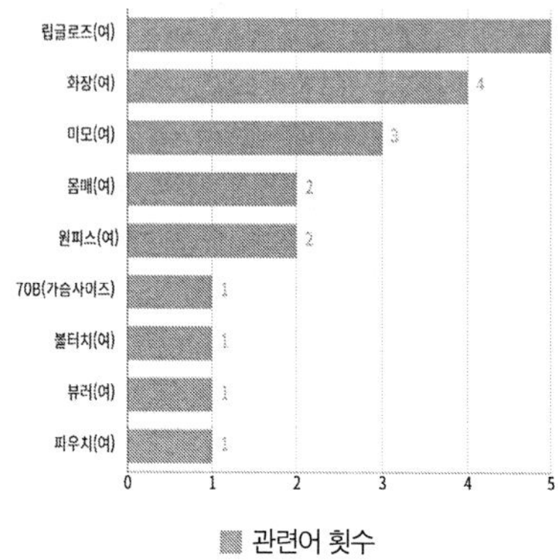

〈표 2〉『완소! 퍼펙트 반장』 묘사어 사용 종류 및 횟수 / 관련어 사용 종류 및 횟수

『완소! 퍼펙트 반장』에서는 지칭어가 74회, 묘사어가 64회, 관련어가 20회 사용되었다. 지칭어 중에서 주목할 만한 어휘는 '인기걸'과 '청순걸'이다. 이는『완소! 퍼펙트 반장』에서만 등장하는 어휘로, 인기와 청순에 '걸'을 합친 어휘이다. 인기걸과 청순걸은 주로 여성이 인기가 많거나 청순한 것을 강조하기 위해 사용되며, 인기가 많지 않고 청순하지 않은 여성과 인기가 많고 청순한 여성을 분리한다. 이는 '인기'와 '청순'이 꼭 있어야만 좋은 것이라는 생각이 들게 하며, 서사에서는 인기걸, 청순걸이 되기 위한 '노력'을 강조한다.

또한, 여성을 원석과 돌멩이, 그리고 보석으로 지칭한 점을 주목할 만하다. 인기가 많고 청순하고, 예쁜 여성이 될 가능성이 있는 단계의 여성을 원석, 돌멩이로 지칭하고, '노력'을 통해 변화에 성공한 여성을 '보석'이라고 지칭한다.『완소! 퍼펙트 반장』에서는 이러한 지칭어를 통해 '예뻐지는 노력'을 강조하고 노력하지 않는 여성은 게으르거나, 이상한 사람이 된다.[6] 이는 다양한 여성 이미지를 배제하고, 여성 이미지를 일반화하면서 획일화된 여성상만을 주입하는 효과가 발생할 수 있다.

『완소! 퍼펙트 반장』에서 나타나는 묘사어의 특징은 예쁘다, 사랑스럽다, 귀엽다와 같은 여성의 성격이나 전체적인 외양에 대한 평가도 드러나지만, 피부나 입술, 머릿결과 같이 외모를 세분화하여 평가하는 어휘 또한 많이 나타난다는 점이다. 이러한 여성 묘사어의 세분화는 사회가 규정하는 여성의 외양 기준이 매우 엄격하고 세분화되어있음을 간접적으로 보여주는 역할을 한다. 사회가 여성에게 들이미는 엄격한 외양 평가 기준을 '아동'을 시청 대상으로 하는 애니메이션에도 반영한다는 점은 미디어 리터러시나 비판적인 사고가 미숙한 아동들이 애니메이션을 시청하면서 무의식적으로 이러한 관점을 수용하게 한다. 이는 여성에 대한 잘못된 이미지를 내재하게 함으로써 아동들의 여성성 인식에 영향을 미칠 수 있을 것이다.

『완소! 퍼펙트 반장』의 관련어는 화장과 관련된 관련어인 립글로즈, 뷰러, 볼터치 등이 나타난다. 이뿐만 아니라 여성의 몸과 직접적으로 관련된 70B(가슴 사이즈)와 몸매, 원피스와 같은 옷 관련어도 드러난다. 전체적으로 외모와 관련된 관련어가 지속적으로 등장함으로써, 여성의 몸과 얼굴 같은 외양을 관리하고 꾸미는 것을 강조한다. 이는 작품에서 드러나는 지칭어와 묘사어 같은 어휘와 결부되며 잘못된 여성상 형성에 영향을 미칠 것이다.

---

6) 황진미, 「기막힌 반여성주의 애니메이션 : 완소! 퍼펙트 반장」, 『창비어린이』 제14권 제4호, 2015, 233-241.

2. 『마법변신! 아이돌 프린세스 리틀프릿』

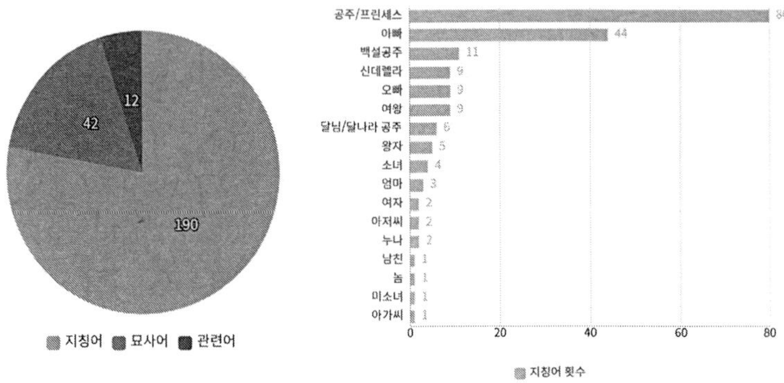

〈표 3〉『마법변신! 아이돌 프린세스 리틀프릿』 대상어 / 지칭어 사용 종류 및 횟수

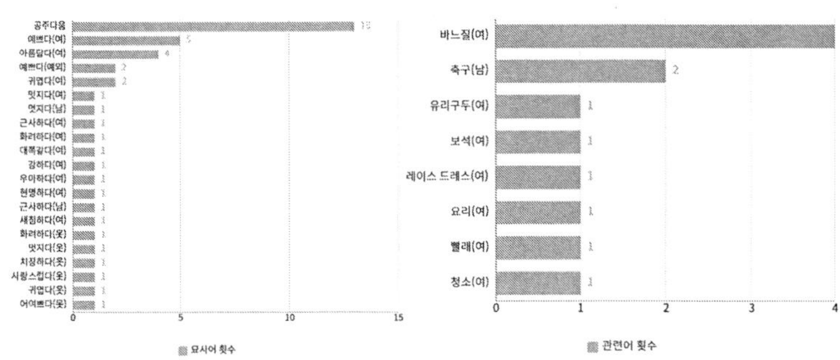

〈표 4〉『마법변신! 아이돌 프린세스 리틀프릿』 묘사어 사용 종류 및 횟수 / 관련어 사용 종류 및 횟수

『마법변신! 아이돌 프린세스 리틀프릿』에서는 지칭어가 190회, 묘사어가 42회, 관련어가 12회 사용되었다. 지칭어 중에서 주목할 만한 어휘는 '공주/프린세스'이다. '공주/프린세스'는 『마법변신! 아이돌 프린세스 리틀프릿』에 등장한 지칭어의 약 42.1%를 차지하며 가장 많이 사용

되었다. '공주/프린세스'라는 어휘가 많이 사용된 이유는 위기에 처한 동화 나라를 구할 수 있는 방법은 인간 세계의 아이 세 명이 '프린세스'가 되어 공연을 하고, 사람들의 행복을 유발하여 동화 나라를 구해야 한다는 『마법변신! 아이돌 프린세스 리틀프릿』의 주요 세계관 설정 때문이다. 이와 연관하여, 동화 나라의 '여왕'이라는 인물의 등장으로 '여왕' 지칭어가 등장하고, 신데렐라, 백설 공주, 달나라 공주 같은 구체적인 지칭어가 사용된다. 이렇듯 '공주/프린세스' 어휘가 다수 사용되는 것은 일상적인 삶을 살던 인간 세계의 여아에게 '공주'라는 고귀한 신분을 부여하고, 진정한 공주가 되기 위해 필요한 '노력'과 능력의 함양을 부각한다. '공주'는 사회가 여성에게 요구하는 능력과 외양을 반영하는 이상적인 여성상의 예시로서 작용한다.

지칭어에서 '공주/프린세스'가 많이 나온 것과 결부되어, 묘사어에서는 '공주다움/프린세스다움'이 전체의 약 30.9%를 차지하며 가장 많이 사용되었다. '공주다움/프린세스다움'은 '공주/프린세스'라는 지칭어에 형용사 접미사인 '-다움'을 결합한 말로 『마법변신! 아이돌 프린세스 리틀프릿』에서만 등장하는 묘사어이다. 위 애니메이션에만 등장하는 새로운 단어이기에, 애니메이션에서는 '공주다움'을 부가적으로 설명하기 위해 추가적으로 여성에게 묘사어를 사용하며 공주다운 행동, 성격 등을 보여준다. 현명하다, 우아하다, 아름답다 등이 그 예로 사용된다. 이렇듯 아동 애니메이션에서 '공주'가 되어야 함을 강조하고, 공주가 되기 위해 필요한 행동을 규정하는 것은 이상적인 여성상인 '공주'의 성격, 분위기, 외양 등을 한정하고, 사회가 규정하는 '공주'에 부합하도록 요구하는 것으로 해석할 수 있다.

관련어에서는 요리, 빨래, 청소, 바느질 등의 '가사 노동'과 관련된 어휘가 전체의 58.3%를 차지하였다는 점이 특징적이었다. 가사에 관한 어휘는 남성 대상으로는 등장하지 않고, 남아 대상 애니메이션에서도 등장하지 않는다. 이렇듯 오로지 여성을 대상으로만 등장하는 '가사'에 대한 어휘의 활용 양상을 통해 여아 대상 애니메이션의 관련어 사용이 '가사'의 영역을 여성에게 한정하며, 여성의 성역할을 고정적으로 규정하는 방향으로 이용되는 효과가 나타날 수 있다.

3. 『치링치링 시크릿 쥬쥬』

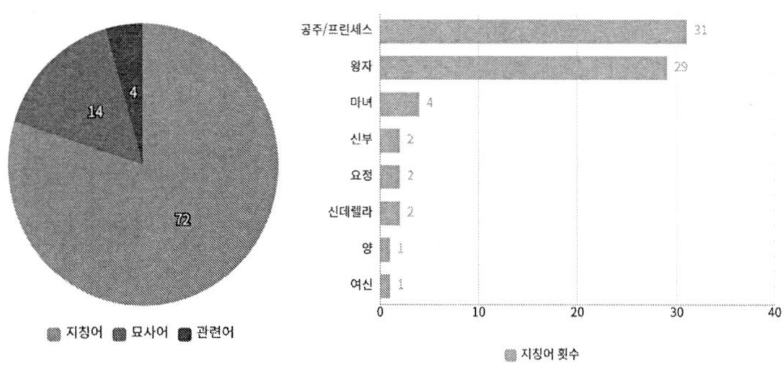

〈표 5〉『치링치링 시크릿 쥬쥬』 대상어 / 지칭어 사용 종류 및 횟수

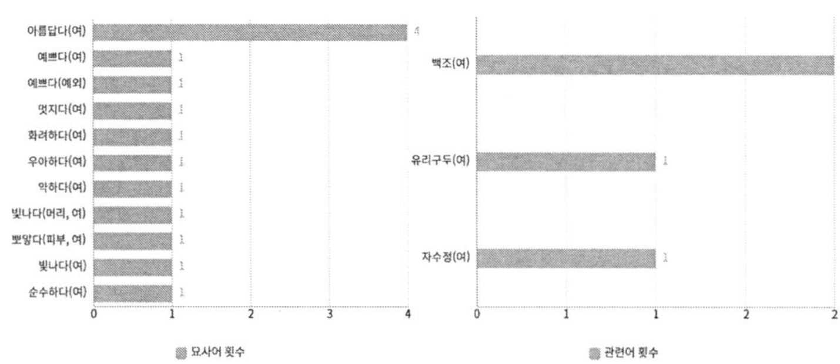

〈표 6〉『치링치링 시크릿 쥬쥬』 묘사어 사용 종류 및 횟수 / 관련어 사용 종류 및 횟수

『치링치링 시크릿 쥬쥬』에서는 지칭어가 72회, 묘사어가 14회, 관련어가 4회 사용되었다. 지칭어 중에서 주목할 만한 어휘는 '공주'와 '왕자'이다. 『치링치링 시크릿 쥬쥬』에서는 '공주'가 43%, '왕자'가 40.2%로 왕자 또한 공주와 비슷한 비율로 많이 등장하는 양상을 보인다. 이는 동화 나라에서 요정이던 '쥬쥬'가 마녀를 물리치는 과정에서 왕자와 동화 나라가 모두 사라져 인간 세계에서 미션을 수행하고 왕자를 다시 돌려놔야 하는 『치링치링 시크릿 쥬쥬』의 세계관을 원인으로 분석해 볼 수 있다. 『치링치링 시크릿 쥬쥬』에서는 실제 왕자인 인물이 등장하는 점에서 다른 여아 대상 애니메이션과 차이가 있다. 그러나, 예쁘다, 화려하다, 우아하다 등을 통해 묘사되는 여성과는 달리 '왕자'라는 지칭어만이 드러나고 관련된 묘사어는 나타나지 않는다. 사회가 규정하는, 또는 여성이 바라는 이상적인 남성상을 규정하는 어휘는 나타나지 않지만 이와 대비되게 여성상을 규정하고 드러내며, 평가하는 어휘가 다수 등장하는 어휘 사용 양상이 드러난다.

4. 『아이 엠 스타!』

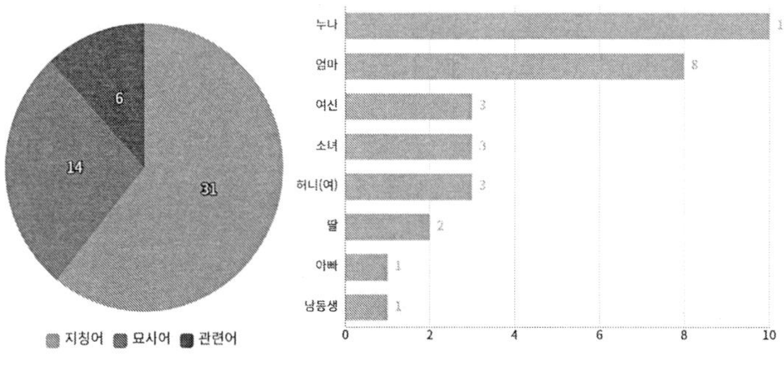

〈표 7〉『아이 엠 스타!』 대상어 / 지칭어 사용 종류 및 횟수

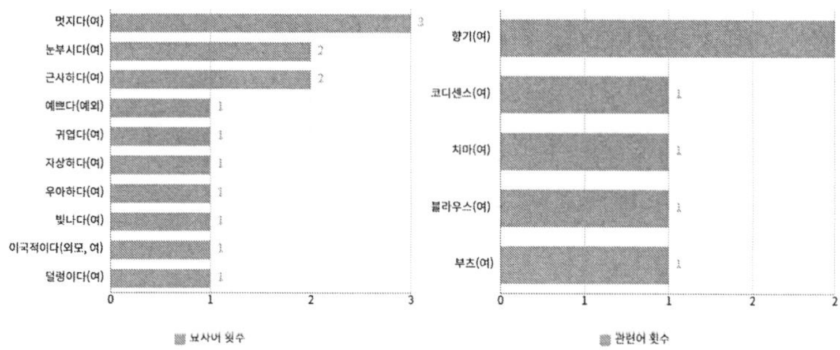

〈표 8〉『아이 엠 스타!』 묘사어 사용 종류 및 횟수 / 관련어 사용 종류 및 횟수

『아이 엠 스타!』에서는 지칭어가 31회, 묘사어가 14회, 관련어가 6회 사용되었다. 지칭어에서는 누나, 엄마, 딸 등 가족 지칭어가 주로 사용되었다. 묘사어에서는, 눈부시다, 근사하다, 우아하다, 빛나다와 같이 등장인물의 전체적인 분위기를 묘사하는 어휘가 다수 사용되었다. '이국적이다'와 같은 특이한 외모 묘사어와 귀엽다와 같은 성격 묘사어도 두루 등장했다.

가설 검증 결과 : 여성 대상어 사용을 통해 〈남·여〉 대상 애니메이션의 내용적 차이가 명확히 구분되어 나타날 것이다.

조사 결과 〈남·여〉 아동 대상 애니메이션은 성별에 따라 언어 사용과 캐릭터 묘사, 서사 구조 등에서 뚜렷한 차이를 보인다. 선정된 여아 대상, 남아 대상의 애니메이션에서는 확실한 내용상의 차이가 존재하며 이는 빈번하게 사용된 여성 대상어를 통해 드러난다. 여아 대상 애니메이션인 『치링치링 시크릿 쥬쥬』(2012), 『완소! 퍼펙트 반장』(2009), 『마법변신! 아이돌 프린세스 리틀프릿』(2011), 『아이 엠 스타!』(2012)에서는 주인공이 여성이며, 여성 캐릭터들이 이야기의 중심에 선다. 이들 작품의 큰 공통점은 '공주', '아이돌', '요정', 여성성을 지닌 '소녀' 등 과 같은 여성적 판타지를 내재한 인물을 주된 등장인물로 내세운다는 점이며 이는 '인기걸', '공주', '공주다움', '요정' 등의 대상어를 통해 잘 드러난다. 이 작품들에서는 노래와 춤, 변신, 무대, 우정, 감정 표현이 반복적으로 등장하며, 캐릭터의 외모와 그것을 돋보이게 하는 의상과 그 색상이 여성성을 강조하는 도구로 활용된다. 반면 남아 대상 애니메이션인 『변신자동차 또봇』(2010), 『헬로 카봇』(2014), 『터닝메카드』(2015) 등은 주인공이 남성이며, 남성 캐릭터들이 이야기의 중심이 되며 이야기가 전개된다. 이 작품들의 주된 소재는 로봇, 자동차, 미니카, 메카니멀 등의 기계적이며 과학적 상상력이 더해진 액션 장르의 소재이다. 주로 싸움, 대결, 모험, 승리와 실패 등 능동적이고 주체적인 남성성이 반복적으로 강조되며, 여성 캐릭터는 조연이나 부수적 역할에 그친다. 이는 아동이 미디어를 통해 내면화하게 되는 성역할 인식과 사회적 여성성/남성성에 대한 기대에 직접적인 영향을 미치며, 성별 고정 관념의 재생산에 기여할 수 있음을 보여준다. 특히 주목할 점은, 여아 대상 애니메이션에서 여성 대상어가 빈번하게 사용될 뿐 아니라, 주인공 및 주변 인물들이 자기계발이나 자기실현의 과정에서 개인의 고유한 정체성을 유지하기보다는, 사회적으로 규정된 미인상과 여성성의 규범에 부합하는 행동양식과 가치관을 내면화하고 이를 실천하는 대안을 제시한다는 점이다. 이러한 경향은 특히 『완소! 퍼펙트 반장』에서 두드러지게 나타나며, 작품 속 인물들은 '예뻐지기', '인기걸', '청순걸' 등 사회적으로 규정된 여성상에 부합하기 위해 변화와 노력을 강조한다. 이는 다양한 여성 이미지를 배제하고, 획일화된 여성상만을 이상적으로 제시함으로써, 아동

시청자들이 사회적으로 기대되는 여성성에 자신을 맞추는 것이 성장과 성공의 길이라는 메시지를 내면화하게 만들 수 있다.

결국 여아 대상 애니메이션에서 여성 대상어가 빈번하게 사용되었고, 이러한 어휘적 차이가 실제로 내용적 차이로 이어진다는 점이 실증적으로 확인되었다. 따라서 가설 3이 참이라는 것이 입증되었다.

2. TV 애니메이션 분석 자료

예시 (1)

새이 : 으아악! 애들이 프린세스!

람이 : 아직 어린애잖아요!

용이 : 이건 정말 아닌데.

새이 : 공주다움이 한참 모자라요.

용이 : 하지만 돌이 빛나고 있다고.

새이 : 뭔가 잘못된 게 틀림 없습니다요. 프린세스라 함은, 백설 공주처럼 달콤하게 노래하고.

람이 : 신데렐라처럼 화려하고 멋지게 춤추고.

용이 : 달나라 공주처럼 아름다운 법.

새이, 람이, 용이 : 그것이 프린세스! 그것이 프린세스의 증표! 아! 빨리 프린세스를 찾아야 하는데!

용이 : 그럼 그렇게 돼서, 우리 조금 더 큰 다음에 다시 만나자고 꼬맹이들!

- 〈마법변신! 아이돌 프린세스 리틀프릿〉

예시 (2)

가.

나레이션 : 아름답고 평화로운 동화 나라. 그날 밤은 왕자님의 생일 무도회가 열리는 날이었어요. 유리구두의 공주님이 도착했을 때, 왕자님은 드디어 신붓감을 찾았다고 생각했죠.

왕자 : 오, 아름다운 신데렐라 공주. 나와 결혼해 주겠소?

신데렐라 : 그 애는 가짜예요, 왕자님! 제가 진짜 신데렐라예요.

쥬쥬 : 요정 쥬쥬예요. 어서 청혼의 키스를 끝내세요, 왕자님.

-〈치링치링 시크릿 쥬쥬〉

나.

사과 : 아!

사과 엄마 : 왜 그래 사과야?

사과 : 저기 백설 공주 그림책이 있어요!

사과 엄마 : 또? 집에 백설 공주 그림책이 얼마나 많은데 또 사고 싶어?

사과 : 으으응, 그래도 더 사고 싶어요. 왜냐면 백설 공주는 언제나 예쁘고 근사한걸요!

사과 엄마 : 참...

-〈마법변신! 아이돌 프린세스 리틀프릿〉

예시 (3)

친구들 : 야 있잖아, 아침에 티비 봤어? / 리틀프릿 말야? / 정말 정말 예쁘더라 / 방송마다 다 나오던걸?

사과 : 리틀프릿, 인기가 대단하다.

유리 : 그러게. 그게 우리란 걸 알면 다들 놀라겠지?

친구들 : 그런데 어디서 나타나서 어디로 사라졌는지 수수께끼라며? / 응 그러니까 더 근사하지!

유리 : 프린스 오빠랑 얘기도 했잖아.

사과 : 그러게! 프린스 오빤, 백설 공주에게 입 맞춘 왕자님 같아!

유리 : 신데렐라와 춤 춘 왕자님 같아!

루나 : 달나라 공주님한테 프로포즈한 왕자님 같아!

유리, 루나, 사과 : 아아앙, 프린스~

-〈마법변신! 아이돌 프린세스 리틀프릿〉

예시 (4)

가.

차두리 : 쳇, 또 어른인척. 하나랑 같이 할거 없어. Y, 최고 속도로 시내로 가자.

또봇Y : 오케이~ 목표 지점 시내 출동! (혼자 가버린다)
차두리 : 출동~ 아하하하. 어? 야!

-〈변신 자동차 또봇〉

나.

(딩요엄마가 차고 밖에 서 있고 차고 안에서는 또봇Y가 차도운인 척 목소리를 내고 있다.)

또봇Y : 아, 딩요 어머니. 근데 딩요는 여기 안 왔는데요.
딩요엄마 : 오호호호. 아 네. 그래요? 오호호호. 아 그런데 요즘 통 안 보이시던데.
또봇Y : 네 신종 플루가 좀.이 아니라 요즘 신종 사고가 많아서 정신이 없네요.
딩요엄마 : 네? 아하하하하. 아이고~
(딩요엄마 뒤로 오혜라의 경찰차가 다가온다)
오혜라 : 안녕하세요. 혹시 이 근처에 까만 차가 지나가지 않았나요?
딩요엄마 : 네? 여기 제 집이 아니라서요. 오시는 길에 우리 딩요 못 보셨나요? 얘가 학원 갈 시간인데.
오혜라 : 글쎄요? 저는 치킨맨을 찾느라.

-〈변신 자동차 또봇〉

예시 (5)

가.

한가영 : 어떻게 하면 피부가 매끈매끈해질까... 이대로 가다간 창피해서 그 친구를 못 만날 것 같아. 그리고 거짓말한 것 같아서 미안하기도 하고... 그런 생각이 드니까 학교 친구랑 마주치는 것도 무서워졌어.
신미미 : 그래서 며칠간 학교에도 안 나왔구나.
한가영 : 응...
신미미 : 얘길 들어보니까 네가 많이 좋아하는 것 같은데?
한가영 : 응... 좋아해. 문자로 날 즐겁게 해주기도 하고 용기를 주기도 하거든. 정말 다정한 애야.

신미미 : 그럼 당연히 만나야지!

한가영 : 그렇게 간단한 문제가 아니야! 난 이미 초등학교 때부터 한 번도 여드름에서 해방된 적이 없어. 화장으로 숨기고 싶어도 피부가 약해서 화장이 다 뜨고. 어차피 나 같은 건 예뻐지긴 글렀어. 반장처럼 원래 피부가 좋고 얼굴이 예쁜 사람은 이런 내 맘 절대 이해 못 할 거야.

-〈완소! 퍼펙트 반장〉

나.

친구 1 : 진짜 예쁘다.

친구 2 : 대단해

친구 3 : 엄청난 실력이야 백조보다 우아해!

친구 4 : 바이올렛보다 잘 해! 새로운 공주 후보야!

발레 선생님 : 완벽해! 얘, 이름이 뭐니?

-〈치링치링 시크릿 쥬쥬〉

다.

사과 : 아!

사과 엄마 : 왜 그래 사과야?

사과 : 저기 백설 공주 그림책이 있어요!

사과 엄마 : 또? 집에 백설 공주 그림책이 얼마나 많은데 또 사고 싶어?

사과 : 으으응, 그래도 더 사고 싶어요. 왜냐면 백설 공주는 언제나 예쁘고 근사한걸요!

사과 엄마 : 참...

-〈마법변신! 아이돌 프린세스 리틀프릿〉

예시 (6)

가.

용이 : 벌레 한 번 되게 크네...

루나 : 응? 저건 자동차야. 벌레가 아니라.

지나가던 아이 : 저건 뭐야?

아이 아빠 : 벌렌가?
용이 : 무엄하다! 난 용이다! 용이란 말이다!
루나 : 이거, 장난감이에요! 건전지가 들었어요!
용이 : 역시 달나라 공주, 피하지 않고 그대로 직진하다니! 달빛처럼 대쪽 같은 분이야!
루나 : 야, 너! 인간 세계엔 용 같은 거 없단 말이야! 들키면 큰일난단 말이야!
-〈마법변신! 아이돌 프린세스 리틀프릿〉

나.
신미미 : 어, 황명희! 이 시간에 꽃구경하는 거야?
황명희 : 응! 꽃을 안주 삼아 술 한잔은 아니고 주스 한잔하고 있어.
신미미 : 저 있잖아, 이거 필요하면 쓸래? 너 줄게.
황명희 : 그게 뭔데?
신미미 : 내가 애용하는 선크림이야.
황명희 : 뭐? 야 나 일부러 태운 거거든. 너 바보 아니야?
신미미 : 어… 바보… 바… 보…?
황명희 : 뭘 그렇게 봐?
신미미 : 황명희, 있잖아. 나 바보 아니야. 뷰티풀하고 원더풀한 반장이야.
황명희 : 하~ 얘도 사차원이네
-〈완소! 퍼펙트 반장〉

다.
백혜련 : 저 애는 누구지?
권시인 : 글쎄?
신미미 : 황명희… 여기 무슨 일로?
황명희 : 하! 오지랖 넓은 반장, 너 보러 온 거 아니거든? 내가 만나고 싶은 사람은 백혜련 선배야.
-〈완소! 퍼펙트 반장〉

예시 (7)
가.

나레이션 : 아름답고 평화로운 동화 나라. 그날 밤은 왕자님의 생일 무도회가 열리는 날이었어요. 유리구두의 공주님이 도착했을 때, 왕자님은 드디어 신붓감을 찾았다고 생각했죠.
왕자 : 오, 아름다운 신데렐라 공주. 나와 결혼해 주겠소?
신데렐라 : 그 애는 가짜예요, 왕자님! 제가 진짜 신데렐라예요.
쥬쥬 : 요정 쥬쥬예요. 어서 청혼의 키스를 끝내세요, 왕자님.
- 〈마법변신! 아이돌 프린세스 리틀프릿〉

나.
용이 : 금, 은, 보석으로 화려하게 치장된 멋진 레이스 드레스!
새이 : 줄무늬, 물방울 무늬, 스팽글의 어여쁜 캐주얼!
람이 : 사랑스런 장식이 돋보이는 귀여운 옷! 이거면 공주다움도 단번에 쑥!
루나 : 글쎄 뭐 예쁜 옷이라면 나도 좋지만...
람이 : 저희들에게 모든 것을 맡겨주십시오!
새이 : 그럼, 지금부터 공주 변신의 방법에 대해서 알려드리겠습니다요.
사과, 유리, 루나 : 뭐? 아직 안 끝났어?
새이 : 아니! 지금 이 정도로 우는 소리를 하십니까요? 애초에 프린세스라고 함은 강하고 현명하고 아름답고 노래도 멋지게 춤도 우아하게! 모든 사람들이 동경하는 대상이 되어야만 하는 그러한 인물로써...
- 〈마법변신! 아이돌 프린세스 리틀프릿〉

다.
사과 : 동화의 나라를 돕고 싶어!
유리 : 내가 할 수 있는 일이라면.
루나 : 뭐든지 할게!
람이, 용이, 새이 : 정말 고맙습니다! 그렇다면, 마음 다잡고, 공주다움을 키워야겠습니다요.
사과, 루나, 유리 : 응? 하지만 우리는 공주로 선택된 거 아니야?
루나 : 공주다움이 넘쳐나니까.
용이 : 가당치도 않은 말씀.

람이 : 공주님들은 아직 한참은 어리네.
새이 : 공주다움을 한층 더 높이지 않으면 절대로 많은 사람들을 행복하게 해줄 수가 없습니다요.
사과, 루나, 유리 : 뭐? 옷 입기?
람이 : 네! 매번 공주 변신을 할 때마다 아름다운 의상으로 갈아입고서.
용이 : 공주다움을 키우는 거야!

-〈마법변신! 아이돌 프린세스 리틀프릿〉

예시 (8)

가.
사과 : 너희 프린스 보러 온 거야? 반가워. 난 사과라고 해. 아이돌이 돼서 프린스 오빠랑 만나는 게 꿈이야.
루나 : 멋지다! 내 이름은 루나라고 해.
유리 : 난 유리라고 해. 프린스 오빠 너무 멋있어!
다 같이 : 아아앙, 프린스 (웃음)

-〈마법변신! 아이돌 프린세스 리틀프릿〉

나.
황명희 : 어젠 진짜 고마웠다.
신미미 : 고마울 게 뭐가 있어? 난 반장으로서 당연히 해야 할 일을 했을 뿐이야.
황명희 : 반장 완전 멋졌던 거 알지? 잘난척하는 프린 클럽 한 방 먹였잖아. 혹시, 왕년에 싸움 좀 했던 거 아니야?
신미미 : 어… 말도 안돼. 그 얘긴 그만하고, 가자. 인기걸이 되기 위한 미션을 수행해야지.

-〈완소! 퍼펙트 반장〉

다.
마린 : 아이돌의 생명은 바로 카드! 요즘 아이돌은 전부 다 아이엠 스타 카드

를 사용해서 자신의 의상과 무대를 직접 꾸미고 있단 말이지. 그 레슨을 받으면서 탑스타 생활, 즉 아이돌로 살아가는 것이 즉 스타 라이트 학교야.

리키 : 여신 루나 님도 거기 학생이다!

라임 : 뭐? 정말 루나 님도? 와, 진짜네?

마린 : 맞아. 스타 라이트 학교에서도 제일 잘 나가는 아이돌이 바로 루나란 말이지. 그리고 중요한 정보는 지금부터야! 바로, 그 스타 라이트 학교의 편입 시험이 얼마 후에 있을 예정이래!

라임 : 편입 시험?

마린 : 난 시험 볼 거야.

리키 : 네? 아이돌이 되시겠다고요? 누님 정말 멋져요!

라임 : 굉장하다 마린아! 시험에 붙으면 학교는?

마린 : 학교는 전학 가야지.

–〈아이 엠 스타!〉

예시 (9)

가.

신미미 : 거울아, 거울아, 거울아. 세상에서 가장 예쁜 사람이 누구지? 그건? 바로 나! 흠... 왠지 2% 부족한 듯 한데... 아! 립글로즈! 깜빡했다. 립글로즈는 좌우로 빈틈없이 발라주는데, 입술 끝은 입을 살짝 벌린 상태에서 발라주는 게 포인트니까 절대 잊지 마! 많이 발랐을 땐 티슈로 살짝 눌러 줘. 자연스럽고 생기 있는 입술로 진정한 인기 걸이 돼 보자구!

동우진 : 반장, 너의 그 입술...

신미미 : 이 정도면? 우진이도 내 입술 맘에 들 거야. 아, 왜 우진이 얼굴이 떠오르지?

테모테모 : 그러니까 그건, 사랑이야 츄!

신미미 : 테모테모, 학교에선 파우치 안에서 들어가 있어야지!

–〈완소! 퍼펙트 반장〉

나.

유리 엄마 : 그럼 유리야, 문단속 잘 하고, 알았지?

유리 : 네. 다녀오세요 엄마.

유리 엄마 : 그렇지, 너희 아빠한테 메일이 왔는데, 이번 여름방학에는 집에 오실 수 있겠대.

유리 : 정말요?

유리 : 여름 방학~ 빨리 빨리 와라~ 아빠가 돌아오신대!

람이 : 요리에 빨래, 청소... 뭐든 못하는 게 없으시고, 공주님은 참 대단하세요.

유리 : 아, 프린스... (프린스 포스터를 보며 청소기를 돌림)

람이 : 그래... 이 정도라면 말야, 공주다움도 쑥 향상되겠지!

- 〈마법변신! 아이돌 프린세스 리틀프릿〉

[부록 3]

3. 노랫말 속 남녀 은유 분류 자료

아래 표에 쓰인 은유	특징은 아래 항목에 해당하는 것이다.
ㄱ. 남성은 여성을 소유하거나 지배할 수 있는 능동적 존재로, 여성은 정복의 대상이 되는 수동적 존재로 비유된다.	ㄱ-1. 여성이 남성을 소유하거나, 지배하며, 정복하고, 길들인다.
ㄴ. 남성은 어떤 대상을 사냥하거나 먹을 수 있는 포식자에, 여성은 어떤 대상에게 사냥당하거나 먹히는 피식자에 비유된다.	ㄴ-1. 여성이 포식자에, 남성이 피식자에 비유된다. ㄴ-2. 여성이 달지 않거나 해로운 음식에 비유된다.
ㄷ. 여성은 아름답거나 약한 것에, 남성은 공격적이거나 강한 것에 비유된다.	ㄷ-1. 여성이 거칠고 공격적인 것에, 남성이 아름답고 예쁜 것에 비유된다.

연도	노래제목	가수	발화자 성별	가사	은유 특징
1995	검은고양이	터보	남	그대는 귀여운 나의 검은 고양이	ㄷ
2001	One, Two, Three	은지원	남	오늘 니 덫에 걸린 다음	ㄴ
2008	여우가 (Feat. 은지원)	문지은	여	덫에 걸린 남자들은 Shaking	ㄴ
2012	2HOT	지나	여	Hey 거기 나를 보고 울부짖는 늑대 Wooh	ㄷ
2013	으르렁(Growl)	EXO	남	아무도 널 못 보게 품에 감추고 싶어 널 노리는 시선들	ㄴ

2013	BAAAM(Feat. Muzie Of UV)	다이나믹 듀오	남	내가 너의 옹달샘은 아닌데 왜 항상 커피 아님 술만 얻어 먹고 가냐	ㄷ
2013	I Got A Boy	소녀시대	여	언제 이 몸을 구하러 와 주실 텐가요	ㄱ
2014	나쁜 여자	키스&크라이	여	날 노리는 남자들 넘쳐나는데 넌 아직도 위기감이 없지	ㄴ
2014	Mr. 애매모호	마마무	여	니 덫에 걸린 난 애정결핍 여우	ㄴ
2014	사뿐사뿐	AOA	여	그대는 나만의 늑대	ㄷ
2014	사뿐사뿐	AOA	여	나는 그대의 귀여운 고양이	ㄷ
2014	Sunshine	씨스타	여	누구에게나 고양이 같던 나 그런 나 널 만나 순한 양이 된 나	ㄷ
2014	Darling	걸스데이	여	슈가 슈가 슈가 달콤해 너무 니가	ㄴ
2014	Darling	걸스데이	여	oh baby 상큼하게 톡톡 soda pop pop pop 내 목이 따끔하고 간지럽게	ㄴ
2014	중독(Overdose)	EXO	남	난 너를 맛보고 너를 마신다	ㄴ
2014	중독(Overdose)	EXO	남	난 너란 달콤함에 중독	ㄴ
2014	콜라병(Feat. 범키)	MC 스나이퍼	남	톡하며 터지는 탄산 맛보고 싶어	ㄴ
2014	으르렁(Growl)	EXO	남	결국엔 강한 자가 얻게 되는 미인	ㄱ
2015	Stop it Girl	빅스	남	널 노리는 남자들만 Stop it, Stop it	ㄴ
2015	스물셋	아이유	여	여우인 척 하는 곰인 척 하는 여우 아니면 아예 다른 거	ㄷ
2015	BAE BAE	BIGBANG(빅뱅)	남	BABY BABY 넌 시들지 마 이기적인 날 위해 그 모습 그대로 넌 그대로 여야만 해	ㄷ
2016	땡땡땡	수란	여	목적은 여잘 낚아 대충 맞춰지는 퍼즐 타임	ㄴ
2016	Hunt	데이식스	남	널 낚아채기 전에 눈빛은 바로 매가 돼 먹잇감 바라보듯이	ㄴ

2016	New Kings(Feat. JUSTHIS, Young B & The Quiett)	김효은	남	깔아놓은 덫에 걸린 넌 먹이	ㄴ
2016	자격지심(Feat. 은하 Of 여자친구)	박경	남	남잔 늑대	ㄷ
2016	자격지심(Feat. 은하 Of 여자친구)	박경	남	순하디 순한 너에겐 위험해 yo 숨어있어 내 울타리 안에	ㄷ
2016	Hunt	데이식스	남	눈빛은 바로 매가 돼	ㄷ
2016	피 땀 눈물	방탄소년단	남	취해도 돼 이제 널 들이켜 목 깊숙이 너란 위스키	ㄴ
2016	초콜릿	볼빨간사춘기	여	왠지 쌉쌀해 근데 또 달콤해	ㄴ
2016	I NEED YOU	방탄소년단	남	그만할래 이제 너 안 가져 〈방탄소년단_I NEED YOU_2016〉	ㄱ
2016	Monster	EXO	남	모두 날 두려워 해	ㄷ
2017	LO OK (빈챈현스S Ver.)	DIA (다이아)	여	날 노리는 애들이 많아도 재미있는 놀이	ㄴ
2017	상상	볼빨간 사춘기	여	지루해 혼자 집 지키는 강아지 마냥 누가 오길 기다리고 귀 쫑긋 세우고 있는 것도	ㄷ
2017	날 쏘고 가라	세븐틴	남	두 마리 맹수 먹잇감을 쫓아 날아오르지	ㄷ
2017	오늘 밤	보아, 매드클라운	남	완전 감쪽같이 여우짓해서 완전 속아	ㄷ
2017	가시나	선미	여	이미 꺾은 거잖아 굳이 미안해하지마	ㄷ
2017	가시나	선미	여	너는 졌고	ㄷ-1
2017	가시나	선미	여	나는 폈어	ㄷ
2017	피어나	가인	여	나 말이야 못다 핀 꽃 한송이야 그런 날 피어낼 sun shine	ㄷ
2017	Brown(Feat. Hoody)	SUMIN (수민)	여	너를 마셔도 돼	ㄴ
2017	Brown(Feat. Hoody)	SUMIN (수민)	여	그게 아님 날 마셔도 돼 깊이 마셔 줘	ㄴ

2017	HAPPY	우주소녀	여	제 멋대로 하던 난걸요 그래서 버림 받았죠	ㄱ
2018	꽃이야	JBJ	남	계속 피어나니까 감당 안 돼	ㄷ
2018	꽃	나플라	남	지나가던 길옆에 한 송이의 꽃을 꺾어	ㄷ
2018	花요일(Blooming Day)	EXO-CBX (첸백시)	남	네가 내 하루에 피어나	ㄷ
2019	Bloom Bloom	더보이즈(THE BOYZ)	남	너와 꽃이 피어나 물들여 와와 wow	ㄷ
2019	다섯 번째 계절 (SSFWL)	오마이걸 (OH MY GIRL)	여	네가 내게 피어나	ㄷ
2019	우리집(with 데이먼스 이어)	상은	여	네가 원한다면 시들게	ㄷ
2019	Senorita	i-dle (아이들)	여	갖고 싶다 말해 봐봐	ㄱ
2020	내 이름을 부를 때	아스트로	남	내 이름을 부를 때 니가 내 이름을 부를 때 난 피어나 Oh 난 피어나	ㄷ-1
2021	파랑새	유다빈 밴드	여	날아가는 것만 기다리네 할 수 없지 난 기다리는 것만큼은 누구보다 자신 있는 걸 알잖아	ㄷ
2021	Favorite(Vampire)	NCT 127	남	너를 탐하게 되고 (중략) 어떻게 너를 바라지 않을 수 있어	ㄱ
2021	뱀(Snake)	Medusa	여	I'm a snake 널 사냥하러 가네	ㄴ-1
2022	Drip	오마이걸 (OH MY GIRL)	여	덫을 놓고 나를 노리는 거 알고 있지만	ㄴ
2022	결혼행진곡	BIG Naughty (서동현)	남	넌 못이고 난 망치네	ㄷ
2022	Weapon(With 뉴니온, 플로어) (Prod. Czaer)	ITZY(있지)	여	찔러 찔러 (중략) Blade, 날을 세워	ㄷ-1

2022	Garden State Dreamers	검정치마	남	그녀는 슬로우모션처럼 슬그머니 날 다스렸고	ㄷ-1
2022	Poison	엘라스트 (E'LAST)	남	조용히 날 삼켜버린 너 최면에 걸린 사냥감에 불과했어	ㄴ-1
2023	Spicy	aespa	여	I'm too spicy	ㄴ-2
2023	Spicy	aespa	여	전부 가질래 지금부턴 Call you mine	ㄱ-1
2023	Bite Me	엔하이픈	남	Just come kiss me and bite me	ㄴ-1
2023	Bite Me	엔하이픈	남	남겨줘 on my neck 네 거란 증거	ㄱ-1
2024	Mr. Vampire	ITZY(있지)	여	어서 나를 깨물어 봐 Mr. Vampire	ㄴ
2024	i hate fruits	NCT Dream	남	널 찾은 후 들이켜	ㄴ
2024	Deer Hunter	&TEAM	남	이빨을 드러내 지금 더는 도망갈 수 없어 삼키지 널 놓치지 않아 난	ㄴ, ㄷ
2024	해야	IVE(아이브)	여	널 노리는 내 두 눈 숨을 죽인 그 다음 한 발 낮춘 attitude 때를 기다리는 pose	ㄴ-1
2025	Hello Stranger	권은비	여	날 원한다면 Stranger 다가와 줘	ㄱ
2025	데레	비비 (BIBI)	여	갖고 싶지 만지고 싶지 품에 쏙 넣어두고 싶지 절대 날 벗어나지 못하게	ㄱ-1
2025	데레	비비 (BIBI)	여	제 발로 널 내게 줄게 너조차 알지도 못하게 〈비비 (BIBI)_데레_2025〉	ㄱ-1
2025	만약 네가 4시에 온다면(Still 3PM)	NCT WISH	남	매일매일 더 날 길들여 줘	ㄱ-1

[부록 4]

4. 예능 사과화행 분류

사과 전략	성별	사과 화행
명시적 사과 (34회)	여성(18회)	dj: 통화에 응해주신 분, 청취자 분들께 진심으로 죄송하다는 말씀드립니다.
		솔: 죄송합니다.
		솔: 죄송합니다…
		솔: 미안해 선재야…
		솔: 미, 미안.
		솔: 미안해 엄마.
		솔: 죄송해요 선배.
		솔: 미안하다 친구야…
		솔: 죄송합니다!
		솔: 죄송해요…
		솔: 미안.
		솔: 미안…
		복순: 이를 어째~~ 죄송해요~~
		솔: 미안. 어떡해!
		솔: 엄마… 미안해…
		솔: 아, 아니에요. 죄송해요..
		서빙 직원: 어머. 죄송합니다.
		이대표: 죄송해요.

		선재: 아, 미안.
		남학생: 죄송합니다! 괜찮으세요?
		선재: 아깐 미안했다.
		선재: 죄송합니다…
		선재: 죄송합니다!!
		남학생: 미안! 괜찮아?
		선재: 죄송해요.
		선재: 죄송해요…
	남성(16회)	선재: 아, 미안.
		태성: 그러니까. 암튼… 미안해. 사실 이 말 하려고 온 거야. 진짜 미안하다.
		남자1: 죄송합니다.
		선재: 미안해… 미안
		선재: 미안… 나가자.
		선재: 미안. 계속해.
		선재: 아, 죄송합니다.
		보안 직원: 죄송합니다!
		dj: 정말 죄송합니다. 저희가 본의 아니게..
		솔: 또 나야. 미안. 방해할 생각 없었는데…
		솔: 화 많이 났지? 미안해… 내가 다 설명할게! 너 모른 척하고 막 변태라고 그런 거… 그거 나 아니야!
		솔: 미안. 내가 담금주엔 좀 약해서…
상황 설명/변명(15회)	여성(11회)	솔: (자신의 손길에 놀란 선재에게) 모래가 좀 있길래 … 미안.
		솔: 어머, 죄송합니다! 제가 정신이 없어서.
		솔: 그때 내 마음 말 못 해서, 상처 줘서 미안해. 이제 와서 이런 말 와 닿진 않겠지만 그래도 미안해. 근데 그땐 나도 어쩔 수가 없었어. 정말로 어쩔 수가 없어서… 괴롭고 아팠어.

		솔: 거짓말해서 미안해. 근데 선재야. 나는… 네 마음을 잃는 것보다 또 다시 널 영영 잃을 게 더 두려워서… 끊어낼 용기도, 붙잡을 염치도 없어서… 이렇게 비겁하게 밀어내는 것 말곤 할 수 있는 게 없어.
		직원: 죄송해요. 앞에 예약이 있었어서…
		솔: 봉투가… 바뀐 건 실수였어요. 죄송합니다.
		솔: 아, 그게...사과하려고. 어제 너 분수에 빠트린 건 정말 영화 때문에 앙심품고 그런 게 아니구 실수였거든. 급히 나가다가 넌 줄 모르고
	남성(4회)	근덕: 일이 바빠 깜빡했네요. 죄송합니다.
		금: 미안. 회의하느라 (핸드폰을) 꺼 놔서. 오빠 왔으니까 이제 괜찮아~ 응?
		태성: 그때 나 진심이었어. 너 이용한 거 아니라고. 때늦은 말인 거 아는데… 혹시 그것 때문에 상처받았으면 오해 풀고 털어내라.
		선재: 잊어버려. 다른 일로 신고했는데 어쩌다 경찰이 너를 데려갔는지 모르겠다. 곤란하게 해서 미안해.
보상 및 해결 방안(5회)	여성(3회)	솔: 미안해… 지금 당장 나갈게.
		솔: 정말 죄송합니다. 제가 급한 일이 있어서요! 연락주시면 변상해 드릴게요!
		이대표: 암튼, 이건 내가 해결할 거니까 그렇게 알어. 내 직원 내가 챙겼어야 됐는데 괜히 반성문만 쓰게 했네. 미안해.
	남성(2회)	정훈: 저기요 임솔 씨!! 저기. 제가 이력서를 제대로 안 보고 전활 드려가지고... 정말 죄송했습니다. 이거 차비 하세요!
		태성: 아 미안해~ 바꿔줄게. 응?
책임 인정(12회)	여성(9회)	복순: 솔아 미안. 너무 바짝 깎았다.
		솔: 혼자서 끙끙… 얼마나 외로웠을까. 누구한테 힘들다고 말도 못 하고… 그렇게 아파했는지 몰랐어… 몰라줘서 미안해…

		솔: 그리고 미안해. 고맙다고 진작 말했어야 했는데, 너무 늦었네.
		솔: 괜히 오지랖 넓게 굴어서, 흔들어놔서 미안해.
		솔: 그래두 괜한 오해하게 해서 미안하지…
		솔: 그러게, 이제 와서… 피곤할 텐데 쉬지도 못하게 했다. 미안, 이거 치우고 이만 갈게…
		솔: 미안해 선재야… 다 나 때문에 벌어진 일이니까 … 이번엔… 꼭 바꿀게
		솔: 오해해서 미안하다.
		솔: 어젠 죄송했어요. 감정적으로 말씀드릴 게 아니었는데
	남성(3회)	금: 엄마 내가 잘못했어 응?
		동섭: 미안. 키를 너무 높게 잡았다.
		선재: 늦어서… 미안
재발 방지(1회)	남성(1회)	금: 알았어. 미안… 안 할게. 응?

사과 응답 전략	성별	사과 응답 화행
이해하기(9회)	여성(6회)	솔: 네? 괜찮은데..
		솔: 몰랐는데, 뭘.
		솔: 미안하긴~ 너는 다 괜찮아.
		현주: 내 팔자가 왜 니 탓이냐?
		솔: 난 괜찮아…
		솔: 그래… 이제라도 말해줘서 고마워.
	남성(3회)	선재: 어제 말했잖아.
		정훈: 순산했다니 다행이네.
		선재: 그래. 알고 그랬을 리 없지.
상대 염려(1회)	남성(1회)	근덕: 속이 문드러질 놈이 죄송은… 봐봐!

이유 묻기 (2회)	여성(1회)	솔: 응?
	남성(1회)	선재: 뭐야? 니가 왜…
요구(3회)	여성(3회)	복순: 알면! 당장 연기학원인지 뭐시긴지 찾아가서 환불받아 와!
		솔: 그냥 나 좀 모른 척해. 걱정하지도 말고! 내가 어디서 뭘 하든, 무슨 일이 생기든 제발... 나 좀 내버려 두라고...
		이대표(여): 죄송하면 회사 나간다고 한 거 취소해!
재발 방지 (1회)	남성(1회)	금: 알았어. 미안… 안 할게. 응?
불만 표시 (17회)	여성(5회)	솔: 증말 매를 부를 상이다… 됐어!
		솔: 아주 개차반은 아닌가 보네.
		현주: 괜찮긴 뭐가 괜찮아! 아아악!
		현주: 한 번만 더 연기 소리 해봐. 법정 드라마고 뭐고 진짜 이혼 법정 서게 해줄 테니까!
		솔: 네, 뭐.
	남성(12회)	선재: 뭐?
		선재: 그러니까… 취해서 아무것도 기억이 안 난다?
		선재: 됐어.
		인혁: 아니. 키를 너무 낮게 잡았거든? 아오...저걸 보컬이라고...
		태성: 도대체 머릿속에 내 이미지가 어떻길래 매번 이런 식으로 날 막 대하지?
		선재: 그 힘이면 전기 충격기보다 주먹을 쓰는 게 낫겠네.
		근덕: 에잇!
		인혁: 사장님!
		도준 대표: 저한테 사과해서 뭐 해요. 상처받은 건 우리 아티스트인데.
		선재: 어딜 도망가요? 신고할까?
		선재: 죄송할 시간에 무단 침입자나 잡으시죠?
		선재: 하하하! 뭐야???

무응답(10회)	여성(5회)	솔: (피 나는 발톱 무심히 본다)
		솔: (혼잣말) 어떡해…
		솔: …
		솔: …
		솔: …
	남성(5회)	선재: …
		선재: …
		버스기사: …
		사장: …
		선재: …
말 돌리기(6회)	여성(1회)	복순: 미안하기는. 왜. 엄마 아프다니까 갑자기 철들었어?
	남성(5회)	근덕: 으휴… 눈치 없이 잔치한답시고 온갖 사람 다 불러 모아 그 난리를 쳤으니…
		선재: 줘 봐.
		선재: 그런 거 아니라니까.
		선재: … 솔아. 너… 나한테 할 말 없어?
		선재: 마지막 인사합니까? 일 때문에 또 볼 텐데 무슨.
사과(1회)	남성(1회)	선재: 받아들이죠. 나도 도둑으로 오해한 거 미안해요.

[부록 5]

5. 예능 평가화행 분류

1. 외모 칭찬화행

미미: 유진아! 가자.
영지: 야 잘 어울리겠다.
은지: 쿨제이 같고 좋은데

영지: 안유진 씨 벤츠가 잘 어울리시는데?
유진: 벤츠가 잘 어울리는 여자?

유진: 음~
영지: 어때요, 지금 비주얼? 괜찮아요?
　　(유진 웃음) 웃지만 마시고.
유진: 언니, 벌꿀, 벌꿀 아저씨.
영지: 말벌 아저씨?
미미: 매력적이다.
영지: 그죠?
미미: 어.
영지: 알고 있어요.

영지: 이거 봐 언니.
미미: 멋있는데?
유진: 아, 그래?

(일동 미미의 안경을 보고 야유)
영지: 귀여운데?
유진: 아니, 이거는!
영지: 처키인데, 처키?
유진: 아니, 너무 귀여워.

(은지 안경 씀)
영석: 여기도 비슷한 거 하나, 여기 또 사감 선생님 한 분 계시네.
미미: 약간 좀 멋있어 보이네.

(유진, 춤을 추다)
영지: 다시, 제대로, 제대로, 제대로 해줘(유진 춤 따라함).
은지: 어어, 좋은데 유진아?
미미: 오 이쁘다=

유진: 지금 너무 잘 어울려, 밀짚모자랑.
영지: 알겠어.

미미: 몸빼가 짧다 유진아.
영석: 너무 짧은 거 아니니?
유진: 7부예요 7부.
미미: 다리가 하도 길어서 바지가 짧아.
유진: 언니, 너무 편하다. 언니 안 갈아입어요?

영지: 김미현(*미미) 씨! 보여주세요. 빰빠빠빠.
은지: 어우, 야, 진짜 미국에서 온 사람 같애.
유진: 어머어머, 멜리사다, 멜리사.
미미: 왜 이렇게 전주가 기냐? 많이 길다.
예슬: 아 근데 오늘 옷이랑 가평에 되게 성공한 부농 같다.
은지: 고마워요. 나도 서울에 있을 땐 늘상 그렇게 바쁘게 살았어요. 하지만

귀농을 하고 알았죠.

2. 성격 칭찬화행

영지: 뭔가 너무 편해! 너무 든든하고
은지: 가사 같애.

유진: 호떡호떡?
미미: 바로 먹자
영지: 고. 야 안유진 너 똑똑해? 야! 너너.. 어디가 그렇게 애가 앙큼해졌냐

예슬: (웃음) 지금 텐션이 잔잔=
은지: 되게 잔잔하죠?
예슬: 잔잔=하게 됐어.
은지: 방지턱을 좀 늦게 밟았네요.
예슬: (웃음) 말투가 너무 이상해졌어 지금.

(은지, 노래 열창)
영지: 언니, 팀플에서 노래 이렇게 부르면 악플 달, 받아요, 언니~ 언니, 지금 너무 자기주장이 센 목소리잖아요?
미미: 인성 논란 위험해요.

영지: 유진이 맨날 늦니! 유진이 왜 이러니!
유진: 미안~

영지: 난 오늘 언니들과 유진이가 더 좋아졌어
유진: 왜
은지: (웃음)
미미: 왜 그렇게 새침데기처럼 말해?
유진: 얘기해 봐 이유가 뭐야

3. 능력 평가 화행

1) 칭찬화행
미미: 유진아 지금 (운전) 안정감 쩔어.
영지: 어 유진이 미쳤어 지금

은지: 야 이거 알았다. 영지가 없으니까 카감(카메라 감독)이 좀 쉽네.
미미: 다들 뭐 평소에 싸우다 왔어? 화가 나 있어.

은지: 잘하고 있어
영지: 그리고 눈이, 눈꺼풀 살짝 더 안정됐어 지금
유진: 어 나 지금 좀 괜찮아.

미미: 어 지금 완전 세이브인데
은지: 너무 잘했다 너무 잘했다 야야 너무 잘했다!
영지: 잘했다 잘했다 야 유진이 최고다

영지: 옆에서 정말 보조를 잘 보시던데
은지: 아이 제가 뭐 한 게 있나요.

유진: 과속방지턱 살~짝.
은지: 잘하셨어요.

미미: 근데 (운전이) 너무 스무스해서 약간 나른해.
영지: 어! 나도 진짜 살짝 졸려. 야 너(운전) 잘한다.

은지: 안무 잘 짠다 영지야, 너.
영지: 그치, 나 소질 있지. 아무거나 짤 수 있어. 아무거나 틀어줘, 언니.
(성시경의 노래가 나온다) (영지, 노래에 맞추어 창작한 안무를 보여준다) (모두 웃음)

미미: 잘한다, 잘한다! 잘한다, 잘한다! 잘한다! 와! 영지야, 너무 잘한다.
영지: 나 섭외해야돼.

영지: 왕년에 잘 나갔는데
은지: 야! 근데 너가 코빅 개그처럼 잘 왔잖아

(미미 다시 시도)
영지: 오 잘한다.
영석: 그치 그냥, 중력을 이용하세요.
영지: 오, 오케, 오케이.

미미: 와, 영지야, 직업 바꿔야겠다.
영지: 직업을 왜 바꿔(웃음).
미미: 너무 잘한다.

유진: 언니 우리 잘하는데? 이제 봐주지 말자 우리.
영지: 도전?
유진: (웃음) 우리 잘하니까.
미미: 와, 너희 정말 잘했다.

(영지의 영상을 찍어주는 유진)
유진: 언니 진짜 잘한다.

예슬: 이제, 직진만 잘 하면 돼요. 저기서 너무… 좋아요~ 됐다. 쭉 직진만 하면 된다. 잘하는데?

은지: 잘 했다 미미야!
미미: 잘 했어 오케이(자화자찬)

영지: 진짜 맛있게 구운 거 같은데. 아닌가?

은지: 맞아! 지금 잘 구운 것 같애!
영석: 맛있어 보여.
은지: 어! 잘 구웠어~ 초벌을 확실히 하니깐 이게

은지: 영지야 너 고기 잘 굽는다잉?
은지: 우리 왜 이렇게 다 잘해?
은지: 잘 굽는다 영지야
영지: 괜찮아요? 항정살은 더 잘 구워 볼게요!

은지: 으음!
영지: 괜찮아요?
미미: 언니 진짜 맛있게 먹는다
은지: 너무 잘 끓였다

영지: 야 유진아. 야 너 잘 끓였다?
미미: 진짜 잘 끓였어. 면 딱 좋아.

유진: 전 처음 먹을 때 꺾어 마시는 걸로 배워가지고~
은지: 오~ 아주 잘 배웠네!
유진: 한 입으로 배우는 게, 몰라요!
은지: 아주 잘 배웠네! 누구한테 배웠어?

은지: 유진아 이 (주차)선봐라 너무 완벽하지 않냐? 직진해도 되겠다 좀 더 가도 되고 되겠다

영지: 안유진 씨 수고 많으셨습니다. 워키토키 워키토키 안유진 운전 성공.

유진: 우리 지금 칼군무였는데.
유진: 나 나쁘지 않았어=
미미: 나쁘지 않은데?

(영지의 연이은 성공)
영지: 끝.
미미: 끝. 완벽합니다.
영석: 대박.

영지: 이, 사, 칠(숫자 틀림), 팔, 야 나쁘지 않아.

미미: 오케, 됐다. 오왓. 재능이 있는데?

유진: 언니 이거 진짜 자격증 따야 돼

2) 다짐화행
은지: 하나 하나씩 하지 뭐, 천천히. 다 할 수 있지, 무조건이지.

3) 비판화행
영지: 언니, 팀플에서 노래 이렇게 부르면 악플 달, 받아요, 언니~

은지: 진짜 중요한건, 깜빡이 켰죠? 맞아요. 깜빡이 켰어요. 깜빡이 내가 키는 건데. 바보 같이.

미미: 근데 둘 다 원래 배드민턴이 특기야? 특기가 아닌데 지금 돈을 걸고 하는 거지?

영지: 소세지 좀 더 살 걸.
미미: 좋다, 좋다. 아, 우리 너무 아끼(었다).
영지: 우리 너무 자린고비를 했다.

은지: 아니 사장님.. 고기 잘 구우신다고 했잖아요
영지: 잠시만요 사장님. 어우 저도 이렇게 정신없이 고길 구워본 적이 처음이어 가지고

4) 비난화행

(미미, 유진, 은지 Gee 다같이 노래 부르고 춤. 영지 혼자 카메라 뒤에서 춤)

영지: 내가 도입부를 안 들어가니까 정리가 안 되네. 정리가 안돼, 정리가. 아냐, 아냐, 아냐. 당신들 무대 별로야. 당신들 물래, 무대 최악이야.

유진: 나 나쁘지 않았어

영지: 아니 나빴어, 넌, 콩트까지 발 들일 생각하지 마.

영지: 내가 안무 즉흥으로 짜볼 테니까(주먹질하는 춤).

은지: 그냥 태권도장 노란 띠 아니야?

유진: 그냥 태권도장~

참/고/문/헌

〈논문 및 단행본〉

- 강소영, 「여성다움을 나타내는 어휘의 의미구조」, 『한국어의미학』 제30권, 2009.
- 강소영, 「남성다움의 연상어휘들이 갖는 의미체계 연구」, 『탈경계 인문학』 제3권 1호, 2009.
- 강소영, 「성별 대상어의 의미와 성별 분포와의 상관관계 – 남성다움과 여성다움의 연상어휘를 중심으로」, 『여성학논집』 제27집 제1호, 2010.
- 강정원, 「발터 벤야민의 아우라 개념에서 본 스포츠」, 『움직임의 철학 : 한국체육철학회지』, vol.33, no.1, 한국체육철학회, 2025,
- 강창우, 「화행의 하위분류 가능성에 대한 고찰-'이유 말하기'를 중심으로-」, 『독어학』 제5집, 2002.
- 강창우, 「화행 유형의 하위분류 가능성과 그 문제점」,『독어학』 제9집, 2004.
- 고재필, 「한국어 완화 표현 연구」, 서울대 박사학위논문, 2017.
- 공나형, 「신문 사설 텍스트에서 헤지와 부스터로 기능하는 보조사 '(이)나마'의 의미와 통사」, 『한국어 의미학』 79, 2023.
- 김강희, 「 한국어 지시화행의 담화문법 연구 : 의미, 형태, 사용에 대한 맥락 분석적 접근을 중심으로」, 연세대학교 박사학위논문, 2019.
- 김강희, 「한국어 지시화행의 체계에 대한 소고」, 『국어국문학』 191, 2020.
- 김미령, 「대화 화행의 유형 설정에 대한 연구」, 2009.
- 김선희 · 이석규, 「남성어 · 여성어에 관한 연구」, 『어문학 연구』, Vol.2 No.1, 목원대학교 어문학연구소, 1992.
- 김수정·구은미, 「양육 실제, 아동의 미디어 중독, 언어 발달의 구조 관계.」, 『아동과 권리』제23권 제4호, 2019,
- 김승희, 「초등학교 고학년의 토론 담화 화법 연구」, 광주교대 석사학위논문, 2001.
- 김영진 역, 『말과 행위- 오스틴의 언어철학, 의미론, 화용론』, 서광사, 1992.
- 김용학. 「한국 대중가요의 의미 연결망 - 1960년대부터 2000년대까지의 변화를 중심으로」. 『대중서사연구 21-1, 2015.

• 김지윤, 홍성욱, 「애니메이션 〈파워퍼프걸〉과 〈파워퍼프걸z〉 시청자 성별 선호도 연구」, 애니메이션연구, 6(4), 2010.
• 김지환, 「요구화행 하위분류의 새로운 가능성」 서울대학교 석사학위논문, 2002.
• 김진무, 「사과화행의 화용론적 분석」, 『프랑스문화예술연구』 가을호 제37집, 프랑스어권 문화예술연구, 2011.
• 김주환, 「대학생 토론 담화의 반박 전략 분석」, 화법연구31. 45-71, 2016.
• 김태룡, 「한국 걸그룹 음악 가사의 주제 양상과 여성 화자의 태도 - 여성 연애 경험의 수용 · 발화 방식에 대한 통시적 접근 - 」, 『문화콘텐츠연구』 제18호, 2020.
• 김태자, 『발화 분석의 화행의미론적 연구-어학의 문학에로의 접근-』, 탑출판사, 1987.
• 김현정, 「발표 담화에서의 헤지 표현 교육 연구」, 인천대 석사학위논문, 2022.
• 나은선, 「학술 발표 담화의 응결 장치와 태도 표현 연구」, 이화여대 박사학위논문, 2023.
• 노유경, 「완화적 표현 교육 내용 연구」, 서울대 석사학위 논문, 2016.
• 노지운,최진영. 「초등학교 고학년 아동의 스마트폰 과다사용과 행복감 간의 관계: 사회적 관계(부모, 교사, 또래)의 매개효과.」 『학습자중심교과교육연구』 제19권 12호, 2019..
• 도성경, 진송수, 「신문 텍스트에 나타난 한국어 헤지 표현의 사용 양상 연구」, 『이중언어학』 70, 이중언어학회, 2018.
• 류팡, 「한국어 간접화행과 공손표현」, 인하대학교 석사학위논문, 2009.
• 문현지, 「학문 목적 한국어교육을 위한 학술적 발표에서의 헤지 표현 교육 내용 연구」, 성대 석사학위논문, 2024.
• 민현식, 「국어의 여성어 연구」, 『아시아여성연구』 제34권, 1995.
• 박나리, 「한국어의 '자기인용 구문'에 대하여」, 『언어와 정보사회』 23, 2014.
• 박수연. 「학문 목적 한국어 학습자의 쓰기 교육을 위한 학위논문의 장르 분석 연 구」, 연세대 박사학위 논문, 2016.
• 박수진. 「평가 양태적 요소의 언어 구조화에 대한 연구」. 영남대 석사학위 논문, 2010.

- 박용익, 「질문이란 무엇인가?」, 『텍스트언어학』 14, 2003.
- 박용익, 『대화분석론』(개정판), 현문사, 2014.
- 박정운, 「틀지식과 은유의 번역 - 인지언어학적 접근」, 『통역과 번역』, vol.15, no.1, 한국통역번역학회, 2013.
- 박주화. 「토론에 나타나는 한국어 헤지 표현 연구」, 『인문과학』66, 2017.
- 박지영, 「한국어 학습자를 위한 요청화행 교육 방안 연구」, 숙명여자대학교 석사학위논문, 2006.
- 박창원, 김창섭, 전혜영, 차현실, 『언어와 여성의 사회적 위치』, 태학사, 1999.
- 박철우 외, 『한국어 의미론』, 사회평론아카데미, 2023.
- 박충선, 「대중매체 속의 여성과 남성」, 『社會科學硏究(JOURNAL OF SOCIAL SCIENCE RESEARCH)』, Vol.6 No.1,大邱大學校 社會科學硏究所, 1999.
- 배승희 · 최민경 · 이혜용, 「보이스피싱 대화의 대화원형 연구」, 『한국어 의미학』 83, 2023.
- 사단법인 서울 YWCA, 「유튜브 어린이 애니메이션 2021 대중매체 양성평등 내용 분석 보고서」.
- 성례아, 「애니메이션 캐릭터의 젠더 정체성」, 『한국콘텐츠학회논문지』 제7권 제11호, 한국콘텐츠학회, 2007.
- 서혜옥, 「애니메이션이 청소년에게 미치는 영향에 관한 연구」, 『만화애니메이션연구』 통권 제5호, 한국만화애니메이션학회, 2001,
- 성민규. 「우리말샘 미등재 외래어의 정착도 및 사용 동기 연구.」 국내석사학위논문 경북대학교 대학원, 2025
- 손달임. 「현대국어 의성의태어의 형태와 음운 연구」, 이화여자대학교 박사학위논문, 2012.
- 손세모돌, 「'잖'의 의미, 전제, 함축」, 『국어학』 33, 1999.
- 신명선(2006), 「국어 학술텍스트에 드러난 헤지 표현에 대한 연구」, 『배달말』 38, 2006.
- 송승현, 「한국어 외래어의 의미 변화 및 수용 양상- 구어 말뭉치를 바탕으로」, 『언어사실과 관점』, vol.56 ,연세대학교 언어정보연구원, 2022,.
- 안선경, 정익중, 「부모가 인식한 초등학생 자녀의 부정적 미디어 영향에 관한 잠재프로파일분석」, 『유아정책연구』 제18권 제3호, 2024.

• 이성범 역, 화용론 개관, 한신문화사.[Mey, J.L. 1993. Pragmatics : an introduction, Oxford, UK], 2007.
• 아야 · 이혜용, 「TV 쟁점 토론에서 나타난 공손성과 불손성 전략」, 『어화어문논집』, 제60권, 이화어문학회, 2023.
• 양명희. 「大衆歌謠에 나타난 性別 對象語의 變化에 대한 硏究 - 1960년대, 2000년대 前半期 가요를 中心으로」, 어문연구 40.2 .-,2012.
• 엄정윤, 윤영민, 「유아 만화 프로그램에 재현된 성역할 분석」, 『한국방송학보』통권 제29-2호, 한국방송학회, 2015.
• 양현미 외 4인, 「애니메이션이 어린이 · 청소년층에 미치는 사회.문화적 영향 분석」, 상명대학교 산학협력단, 2011.
• 柳美子, 「Kitsch의 생성과 그 기능에 대한 연구」, 『미술디자인 논문집』, Vol.- No.4 ,홍익대학교 산업디자인 연구소 ,1999.
• 이금희. 「한국어 학술논문에 나타난 헤지 표현의 담화 전략에 따른 유형 분류 연구」. 『반교어문연구』 57, 2021.
• 이두원, 「CEDA 찬, 반 논쟁의 커뮤니케이션 전략 연구」, 『커뮤니케이션학연구』 4(1), 2006.
• 이성범, 「언어적 무례함에 대한 실험화용적 연구: 공격성 발화를 중심으로」, 2014.
• 이슬비, 「한국어 학술 텍스트의 필자 태도 표현 교육 연구」, 서울대 박사학위 논문,2016.
• 이유미, 「한국어 사과 화행 연구, 인제대학교 석사학위논문」, 2008.
• 이준호, 「학술 텍스트에 나타난 한국어 헤지 표현 선정 연구」. 『이중언어학』 49, 2012.
• 이찬영 · 유현경, 「신문 텍스트에 나타나는 한국어 헤지 표현의 담화 전략에 대한 연구」, 『언어사실과 관점』 56, 92022.
• 이찬규.노석영, 「의사소통에서 나타나는 울타리 표현의 특성에 관한 연구」, 『화법연구』 21, 2012.
• 이현정, 「위기적 남성성 재현에 관한 연구 - 90년대 한국 영화를 중심으로」, 연세대학교 대학원 석사 학위논문, 2003.
• 이혜용, 「평가 화행의 적정 조건과 화행 분류 체계 내에서의 지위」, 『텍스트

언어학』 35.
- 이혜용,『한국어 정표화행 연구-정표화행의 유형 분류와 수행 형식』, 역락,2015.
- 이혜용 외,「장기구득 코디네이터의 의사소통 능력 계발을 위한 의사소통 교육의 이론과 방법론」,『인문과학』 131,2024.
- 이혜용,「온라인 청원문의 텍스트 구조와 의사소통적 특성」,『한국어 의미학』 86,2024.
- 이혜용,「의과대학생이 임상실습 교육과정에서 체험한 의사소통 장애(3)-의사와 환자의 의사소통을 중심으로」,『한국어학』 108, 2025.
- 이혜용 · 방영심,「의사소통의 관점에서 본 유튜브 자막 기능」,『한국어 의미학』 86, 2024.
- 이혜용 · 이향,「한국어 말하기 평가에서 '담화 능력' 등급 기술을 위한 기초 연구」,『한국어 교육』 29(1), 2018.
- 이혜용 · 이향「한국어와 영어의 거절 담화 비교 연구: 사회적 지위 변수를 중심으로」,『국제한국어교육학회 학회지』 35(4), 2024.
- 자이, 팡위안,「한국어 교재에 나타난 사과 화행 및 응답 화행 분석 연구」, 부산대학교 석사학위논문, 2021.
- 장경희,「국어 지시 화행의 유형과 방법 및 지시 강도」,『텍스트언어학』19, 한국텍스터언어학회, 2005.
- 조용길,「정표화행의 하위분류 가능성에 대한 연구」,『독어학』, 36, 2017.
- 장문예,「요청과 거절 화행을 중심으로 본 공손 전략 연구」, 충남대학교 석사학위논문, 2018.
- 장석진 역, 〈〈오스틴 화행론〉〉, 서울대학교출판부, 1990.
- 장아남.「학문 목적 한국어 학습자를 위한 헤지 표현 교육 연구」. 고려대 박사학위 논문, 2019.
- 장아남.「한국어 학술텍스트의 부스터 표현 사용 양상 연구」,『한국어 교육』 32(2), 261-283. 2021.
- 장아남.「한국어 학술지 논문 초록의 헤지 표현 및 부스터 표현 사용 양상 연구」.『한국어 교육』 32(4), 2021.
- 전정미,「요청화행에 나타난 공손 전략의 실현 양상」,『한말연구』, 제21호,

2007.
- 전정미, 「설득 텍스트에 나타난 공손 전략 연구」, 『한말연구』 37, 한말연구학회, 2015.
- 전혜영, 「 한국어 공손표현의 의미」, 『한국어의미학 』 15, 한국어의미학회, 2004.
- 정유진, 강범모. 「성별 명사와 관련어의 의미특성, 『언어』 40.4, 2015.
- 정종수, 「한국어 약속화행에 관한 연구」, 『인문학논총』, 2023.
- 정종수 · 신아영, 「정표화행에 관한 연구」, 『인문과학연구』 36, 2013.
- 정종수, 「정보의 반입, 반출 방식에 따른 제보화행 연구: 전달화행, 기억화행, 기록화행, 발설화행을 중심으로」, 『인문학연구』 36, 2021.
- 조국현, 「의사소통 목적 분류의 타당성 문제-Searle이 제시한 화행 분류 기준의 고찰」,『독일문학』 제71집, 1999.
- 조은영. 「중국인 학문 목적 한국어 학습자의 장르별 글쓰기 특징에 대한 사례연 구」. 이화여대 박사학위 논문, 2017.
- 주광호, 「2천년대 이후 한국 대중가요의 정서변화」, 『인문사회 21』, 12권 5호, 2021.
- 주현정, 「한국어 학습자와 교사의 적극적 · 소극적 공손 전략 실현 양상 연구 학문 목적 2 · 3 · 4급 학습자의 수업을 중심으로」, 『한국어문화교육』, 제12권 제2호, 한국어문화교육학회, 2019, .
- 차현실, 「담화방식에 나타난 여성상과 여성의 사회적 위상」, 『언어와 여성의 사회적 위치』, 서울: 태학사, 1999.
- 추병식, 「대중가요 가사에 나타난 낭만적 사랑의 탈근대적 변화: 신세대 문화 이전과 이후의 비교」, 『미래청소년학회지』, 12권 3호, 2015.
- 최운향. 「신문 사설에 나타나는 한국어 헤지 표현과 그 특징」. 『관악어문연구』39, 2014.
- 태혜경, 「요청 중심의 간접화행에 관한 연구」, 동아대학교 석사학위논문, 1995.
- 통계청, 「한국의 SDG 이행보고서 2024」, 2024.
- 황진미, 「기막힌 반여성주의 애니메이션 : 완소! 퍼펙트 반장」, 『창비어린이』 제14권 제4호, 창비어린이, 2015.

- 홍혜란.박지순.「 한국어 교육을 위한 텍스트 장르별 메타 담화 표지 연구」. 『국제 어문』 84,2020.

- Austin,J.L.How to Do Things with Words.Oxford :Oxford University Press, 1962.
- Brown, & Levinson, Politeness: Some Universals in Language Usage, Cambridge, Cambridge University Press, 1987.
- Coates, J. Women, Men and Language, London:Longman, 1986.
- Coats, J. Women Talk, Cambridge:Blackwell. 1996.
- Cohen, A. D.& Olshtain E, "Developing A Measure of Cultural Competence: The Case of Apology", Language Learning, 1981.
- Goffman, E., Interaction Ritual: Essays on Face-to-Face Behavior, NewYork: Anchor, 1967.
- Holmes, J., Women's Language, General Linguistics 24. 1984.
- Hyland, K.. Hedging in Scientific Research Articles, Amsterdam: John Benjamins, 1988.
- Hyland, K., Writing without Conviction, Applied Linguistics 17, 1996.
- Lakoff, R, "Hedges: A study in meaning criteria and the logic of fuzzy concepts", Papers from the Eight Regional Meeting of the Chicago Linguistic Society, University of Chicago, 1972.
- Lakoff, R,, "The logic of politeness; or minding your p's and q's". Papers from the 9th Regional Meeting of the Chicago Linguistic Society, 1973.
- Lakoff, R., Language and Woman's Place. New York: Harper and Row, 1975.
- Leech, G., "Politeness: Is there an East-West divide?", Journal of Foreign Languages, Vol. 6, 2005, pp.3~31
- Leech, G., Pragmatics of Politeness, New York. Oxford University Press, 2014.
- Fraser, B., "Conversational mitigation", Journal of Pragmatics 4, 1980.
- Fraser, B., "Perspectives on politeness", Journal of Pragmatic, Vol. 14, 1990,
- Fraser, B., Pragmatic Competence: The Case of Hedging, in G. Kaltenböck, W. Mihatsch & S. Schneider(eds.), 2010.

• Prince, E., Bosk, C., & Frader, J.. "On hedging in physician-physician discourse", In J. Di Pietro (Ed.), Linguistics and the professions, Norwood/New Jersey: Ablex, 1982.
• Searle,J.R. Speech Acts,The Handbook of Pragmatics,Blackwell Publishing, 1969.
• Searle,J.R. "A classification of illocutionary acts". Language in Society 5, 1976.
• unicef, "Children in a Digital World", THE STATE OF THE WORLD'S CHILDREN 2017, 2017.
• Searle, J. R., A taxonomy of illocutionary acts, Expression and Meaning: Studies in the Theory of Speech Acts, Cambridge: Cambridge University Press, 1977
• Wittgenstein, Ludwig, Philosophical Investigations, Oxford: Blackwell, 1953.

〈인터넷 자료〉
• 김경년, 「빈 말 된 대통령 '끝장토론'...사과 이유 묻자 엉뚱 답변」, 『오마이뉴스』, 2024.11.7, https://www.ohmynews.com/NWS_Web/View/at_pg.aspx?CNTN_CD=A0003077979.
• Kayti burt, 「The 10 Best K-Dramas of 2024 」, 『TIME』, 2024. 12. 18., https://time.com/7201080/best-k-dramas-2024/, 접속일 2025. 06. 20.
• 『실험심리학용어사전』, https://terms.naver.com/list.naver?cid=41990&categoryId=41990, 접속일 2025.06.23.

강소영

이화여대 대학원에서 국어학을 전공하고 「명사구보문구성의 문법화」로 박사학위를 받았다.

「성과 말끼어들기」(2018), 「성별 대화진행방식」(2022) 등 다수의 논문과 『언어와 여성』(2013), 『구어 전사 자료의 구축과 실제』(2017), 『방송매체 속의 여성어』(2023) 등 다수의 저역서를 집필하였다.

이화여대 국문과 전임강사, 이화여대 한국문화연구원 HK 연구교수를 거쳐 현재 홍익대 교양학부 초빙교수로 재직 중이다.

이혜용

이화여대에서 국어 의미, 화용론을 전공하고 「한국어 정표화행 연구」로 박사학위를 받았다. 이후 보이스피싱 대화, TV토론, 온라인 청원문, 의료 현장 등 다양한 담화를 분석하며 의사소통의 의미와 문제를 탐구해 왔다. 『한국어 정표화행 연구-정표화행의 유형분류와 수행형식』(2015), 『간호사의 인수인계 의사소통』(2018 공저), 『한국어 의미론』(2023 공저) 등을 집필했으며, 현재 이화여대 국어국문학과에서 강의하며 언어의 힘과 가치를 전하고 있다.

대중매체 속 언어와 사회

초판 인쇄 | 2025년 11월 27일
초판 발행 | 2025년 11월 27일

지 은 이 강소영 · 이혜용 공저

책임편집 윤수경

발 행 처 도서출판 지식과교양
등록번호 제2010-19호
주 소 서울시 강북구 삼양로 159나길18 힐파크 103호
전 화 (02) 900-4520 (대표) / 편집부 (02) 996-0041
팩 스 (02) 996-0043
전자우편 kncbook@hanmail.net

ISBN 978-89-6764-218-1 93700 정가 26,000원